Best of Menschen

Die schönsten Kolumnen

Susanne Falk

Cover: freepik.com

Foto der Autorin: Ulrik Hölzel

Logo Feuilletonscout: Barbara Hoppe

ISBN: 9798867099718

VORWORT

Was darf es denn sein: Malerei, Musik oder Literatur? Ganz gleich wofür unser Herz schlägt: Kunst macht unser Leben erst interessant. Durch Kunst lernen wir, wer wir sind oder wer wir sein könnten. Wir hinterfragen, was für uns nicht mehr stimmt und visualisieren eine andere Welt mit gänzlich neuen Möglichkeiten.

Dass Sie mich dabei in den letzten Jahren ein Stück weit begleitet haben, hat mir viel Freude gemacht. Ob Sie mit mir in „Menschen im Museum" durch Kirchen und Kunsttempel spaziert sind, mit mir im Konzert saßen bei „Menschen mit Musik" oder Sie mir beim Schreiben über die Schulter geschaut haben in „Meine Bücher!" – es war sehr schön, den Weg mit Ihnen gemeinsam zu gehen.

Meine Kolumnen bei Feuilletonscout gibt es nun schon seit fünf Jahren. Da wurde es Zeit für ein Best-of. Voilà! Viel Freude beim Lesen und Wiederentdecken!

Ihre Susanne Falk

feuilleton scout

Mit freundlicher Genehmigung von Feuilletonscout, dem Kulturmagazin für Entdecker.

MENSCHEN IM MUSEUM

NACKTE TATSACHEN

Mir graut. Denn nun heißt es wieder: Was tun mit Kind und Kegel bei Hagel, Wind und Sturm? Unsere Miniwohnung bietet nur bedingt Auslauf für bewegungshungrige Kinder und meine Lust, jeden Tag bei Regen, wahlweise gefrierendem Nebel, in den Fußballkäfigen unserer Stadt herumzubolzen, ist enden wollend. Demzufolge besitzen wir eine schier unübersichtliche Anzahl von Jahreskarten für die Wiener Museen. Indoor-Entertainment mit einem Hauch von Kultur. Leider werden wir dadurch genau zu der Sorte Mensch, die ich früher so bemitleidet (und ja, verachtet) habe. Aber der Reihe nach.

Während meines Studiums war ich Aufsicht in einer Kunstausstellung, ganze drei Jahre lang. Es gab andere Jobs davor und es gab andere Jobs danach, aber diese drei Jahre waren ziemlich prägend. Man konnte die Bilder betrachten und viel über Kunst lernen (und nebenbei etwas Geld verdienen) und man konnte die Besucher beobachten und viel über Menschen lernen – für eine Autorin eine großartige Sache. Wer war am lautesten (Schulklassen), wer war am höflichsten (Schweizer), wer benahm sich fast immer daneben (Sponsoren bei

Charityveranstaltungen), wer war wirklich interessiert an dem, was er sah (Volksschulkinder, unter guter Anleitung) und wer kaufte den Shop leer (alle)? Und dann gab es die Kategorie, mit der man am meisten Mitleid hatte, den Mitgeschleiften.

In einer Familie gibt es immer denjenigen, der sich mehr als alle anderen für etwas begeistern kann, sei es Theater, Fußball, Rockmusik, Vanilleeis oder eben Kunst. Wo halt die Leidenschaft und der Konsumwille hinfallen. Und der Wille fällt fast immer auf die Erwachsenen. Was haben sie also für eine Wahl, die Kleinen?

Ein bisschen Kultur hat noch niemandem geschadet, also ab ins Museum, wahlweise Dinoskelette, alte Schinken, neue Technik oder Musikinstrumente anschauen. Und da steht sie nun, die Kinderschar, dankbar für jede neue Sonderausstellung, weil sie den Rest eh schon tausend Mal gesehen hat und lärmt sich ihren Weg durch die Hallen der Kunst. Anfassen ist nicht, das haben sie mittlerweile verinnerlicht, aber den Abschaltknopf für den Ton habe ich noch nicht gefunden. Also hinein ins Getümmel. Genauso wie das Familien schon getan haben, als ich noch auf der anderen Seite der Absperrung stand und diese kleinen Geister immer bemitleidet habe, die doch viel lieber draußen herumgetobt wären, statt sich

von Mama erklären zu lassen, was eine Allegorie ist. Wie heißt es doch bei Peppa Wutz? Dumme Mama.
Bei den Dinos ist es noch einfach, da gehen sie noch bereitwillig mit. Auch alte Mumien haben etwas für sich. Aber schon wieder zu den Alten Meistern? Mein Vorschlag, wir könnten angebissene Äpfel auf Stillleben zählen, kommt nicht ganz so gut an. Dann schon eher nackte Popos. Die finden sich in der sakralen Kunst erstaunlich häufig. Putten wohin man schaut. Wenn ich Glück habe, werde ich einen Zwei-Minuten-Vortrag über die Darstellung nackter Haut bei Rubens los und stoße auf Interesse, auch wenn es etwas ausgesprochen Voyeuristisches hat. Warum zur Hölle Leute Kunstobjekte mit Nackten abhängen wollen, ist mir ein Rätsel. Es ist *der* Knackpunkt, an dem sich Interesse wecken lässt, nicht nur für das Nackte, sondern für das gesamte Werk. Gut, und grausame Schlachtenszenen finden die Kinder auch toll. Also läuft es doch wieder auf dasselbe hinaus: Sex and Crime. Mich beschleicht das Gefühl, das es mit der Kulturvermittlung nicht so viel auf sich hat beim Nachwuchs. Egal, Regentag gerettet. Jetzt erst einmal in den Shop. (17.1.2019)

KLEIN, ABER LAUT

Ich bin nicht groß. Das ist an und für sich kein Problem, ich kann mir ja einen Stuhl heranziehen, wenn ich mal die guten Gläser von oben aus dem Küchenregal brauche. Simples Problem, noch simplere Lösung. Was sich nicht so leicht ändern lässt, ist mein Mangel an Autorität, der mit einem Mangel an körperlicher Größe einhergeht. Mich nimmt man nicht so schnell ernst. Da kann ich noch so wichtige Schildchen auf meiner Brust spazieren tragen, auf denen mein akademischer Titel und die Bezeichnung "Security" stehen. Hinzu kommt mein Geschlecht, an dem ich gleichfalls nichts ändern kann. Und da haben wir das Dilemma: Eine kleine Frau als Security im Museum ist in den Augen vieler Menschen offenbar ein Paradoxon.

K., eine gute Freundin von mir, die noch einen halben Kopf kleiner ist als ich, macht jetzt Krav Maga. Sie sagt, das hilft ihr, Selbstbewusstsein zu entwickeln, weshalb sie auch mehr Autorität ausstrahle. Sollte ich vielleicht auch mal ausprobieren. Allein, ich bin der Typ, der sich allenfalls Kämpfe mit der Pralinenschachtel auf dem Sofa liefert, statt Kampfsport zu betreiben. Scheiß Plastikverpackung. Dasselbe Problem bei CDs und

DVDs. Ich meine, wie kriegt man diese Schutzfolien eigentlich runter, ohne sich zum Deppen zu… Wo war ich? Ach ja, mangelnde Autorität. Merke ich gelegentlich bei meinen eigenen Kindern, noch schlimmer wird's bei Schulausflügen, wo die brave Mutter als Begleitung mit muss. Wer hat denn auch sonst an einem Dienstag um 10.30 Uhr Zeit? Eben: Freiberufler. Nur ist es leider so: Fremde Kinder respektieren mich schon mal gar nicht. Bis, ja, bis ich meine Stimme erhebe. Das tue ich ungern, manchmal geht es aber nicht anders. Ich bin zwar klein, aber sehr, sehr laut!

Zu der Zeit, als ich als Miniausgabe eines ernstzunehmenden Security-Mitarbeiters durch die Ausstellungshallen eines Wiener Kunsttempels wandelte, mündete das regelmäßig in einen Überraschungsangriff. Stellen Sie sich folgende Szene vor: Pärchen betritt Ausstellung, Frau sieht Bild, Frau gibt Begeisterung für Bild zu erkennen, Mann greift sofort in Brusttasche und holt Kugelschreiber heraus, womit Mann dann wild vor dem Bild herumfuchtelnd Frau das erklärt, was Frau eh schon selbst gesehen hat. Was Mann nicht gesehen hat: mich. Ist ja auch nicht so einfach, zugegeben. Und dann schlug stets meine große Stunde, wenn ich aus der Deckung kam und mit einem gezielten "ABSTAND

BITTE!" laut und deutlich Mann und Kugelschreiber in die Schranken wies. Und kommen Sie mir ja nicht mit piepsenden Lichtschranken. Die beeindrucken Männer mit Kugelschreibern herzlich wenig. Ich allerdings auch nicht. Doch zum Glück greift hier der soziale Mechanismus des Gruppendrucks, denn wenn die Aufsicht den Übeltäter erst einmal in den Augen der Museumsöffentlichkeit lautstark angeht, drehen sich unter Garantie sämtliche Köpfe im Raum zum Mann um und dann war's das. Der Kugelschreiber verschwindet dahin, wo er hingehört, und Frau zieht ihn schnell in den nächsten Raum weiter. Alles gut. Mal abgesehen von der Ächtung meiner Person, die die heilige Ruhe gestört hat, um den Picasso zu retten. Das verzeiht einem dann auch wieder keiner.

Wenn Sie also das nächste Mal in aller Stille ein Museum betreten, dann sehen Sie sich, bevor Sie sich den Bildern zuwenden, einfach mal nach den Aufsichten um. Nicht dass Sie da wen übersehen haben, der sich dann lautstark bemerkbar machen muss, wenn Sie einen Kugelschreiber zücken. Aber das würden Sie ja ohnehin nie tun, oder?!

(31.1.2019)

DUMME ANTWORTEN AUF DUMME FRAGEN

In meinem Au-pair-Jahr in Italien hatte ich mir angewöhnt, aufdringlichen Verehrern auf ihre Fragen („Ciao, bella, wie heißt du? Woher kommst du?“) mit der immergleichen Mär zu antworten: „Ich kann dir nicht sagen, wie ich heiße oder woher ich komme, denn ich bin eine Geheimagentin von Interpol.“ Keine Ahnung, ob das strafbar war. In jedem Fall stiftete es genügend Verwirrung, um mich aus dem Staub zu machen. Dumme Fragen verlangen dumme Antworten.

In einem Museum ist das nicht ganz so einfach. Man kann sich, wenn man dort arbeitet, ja nicht einfach so in Luft auflösen. Also ist man gezwungen, sich den dummen Fragen, die an einen herangetragen werden, zu stellen. Das geht nicht immer schmerzfrei ab, für beide Seiten.

Die wahrscheinlich häufigste Frage, die man mir als Museumsaufsicht gestellt hat, war diese: „Sind die Gemälde hier alle echt?“ Das klingt nur beim ersten Mal hinhören blöd, nimmt man einfach mal zur Kenntnis, dass wir uns täglich in einer Welt aus Bildern bewegen. Steht also ein Museumsbesucher plötzlich vor einem echten Seerosenbild von Claude Monet, das er so oder so ähnlich schon auf Taschentücherverpackungen, Schulheften und Schokoladentafeln gesehen hat, dann kann das schon mal zu einer solchen Frage führen. Wann treffen wir denn im Leben schon auf etwas Echtes und Einzigartiges? Da muss man Milde walten lassen, auch wenn man versucht ist zu antworten: „Nein, Sie zahlen hier zwölf Euro Eintritt, um sich wertlose Kopien anzuschauen."

Sehr gerne wurde auch nach dem Wert der Kunstgegenstände gefragt, frei nach dem Motto: „Welches ist denn das teuerste Gemälde hier?" Je höher der Wert ausfiel, desto zufriedener waren die Besucher. Nannte man ihnen dann den gesamten Versicherungswert der Ausstellung, stieg die Laune gleich noch einmal an. Sie hatten ihr saures Geld gut investiert, indem sie sich eine Eintrittskarte für eine Ausstellung gekauft hatten, die viele, viele Millionen Euro wert war. Da stimmte das Preis-Leistungsverhältnis. Übrigens: Das teuerste Gemälde ist selten das, von dem Sie annehmen, es sei das teuerste.

Der absolute Spitzenreiter aller wirklich dummen Fragen lautete aber: „Was machen Sie, wenn ich jetzt dieses Bild da einfach mitnehme?" So etwas fragen nur Männer. Und, zugegeben, wenn man sich die kürzlich erst im

Wiener Auktionshaus Dorotheum zugetragenen Ereignisse vor Augen führt, dann hat selbst diese Frage eine gewisse Berechtigung. Aber was zum Teufel soll man darauf denn nun antworten? Etwa die Wahrheit? Dass man den Herrn dann auffordern würde, das Bild wieder zurückzuhängen? Klingt nicht sonderlich beeindruckend. Oder man versucht es keck und sagt: „Das können Sie ja gerne mal versuchen. Schauen wir doch, wie weit Sie kommen, bis die Polizei Sie eingeholt hat.“ Die Reaktion darauf: ein müdes Lächeln. Oder aber man macht es auf die brutale Art und verkündet mit großen Rehaugen: „Dann muss ich Sie leider erschießen!“ Habe ich einmal gesagt, mach ich sicher nie wieder. Die Stimmung wechselte von belustigt zu panisch in zwei Sekunden, wobei der Besucher mich mit seinen Augen nach Waffen abtastete. Passt auch gar nicht zu mir, ich bin doch schließlich Pazifistin. Und die erste Lektion einer Aufsicht lautet: Kein Bild ist ein Menschenleben wert.

Was also tun, wenn einem jemand dumm kommt? Freundlich bleiben, antworten, Dinge richtigstellen und erklären. Und wenn das immer noch nichts bringt: Vielleicht bietet Interpol ja Umschulungen im Kunstsektor an. Die potenziellen Kunstdiebe kenn ich ja schon. (14.2.2019)

DIE IM SPEICHER SIEHT MAN NICHT

Ein Museum ist weit mehr als die Summe seiner Objekte. Es ist auch mehr als das bedeutendste Ausstellungsstück oder die jährliche Auslastung in Besucherzahlen. Es ist mehr als das, was wir sehen. Und einiges bekommen normale Besucher nie zu Gesicht, denn nahezu jedes Museum besitzt so etwas wie ein Depot, nicht wenige auch eine Bibliothek oder ein Archiv, in denen die Sammlungsgeschichte des Hauses dokumentiert wird. Diejenigen die dort arbeiten, tun dies von der Öffentlichkeit nahezu unbemerkt, fast im Verborgenen.

Archivare und Bibliothekare sind im Allgemeinen nicht unbedingt die geselligsten Menschen, das bringt der Beruf so mit sich. Wenn man sich mit alten Sachen umgibt, ist nicht viel Platz für Neues, Lebendiges da. Was ja nicht heißt, dass man sich über Besucher nicht freuen würde, schließlich will man seine Kostbarkeiten ja auch einmal jemandem zeigen, der sie zu schätzen weiß. Und genau hier treffen Nerd und Freak gerne aufeinander.

Ich hatte vor einigen Jahren das Vergnügen, das ehemalige Post- und Telegraphenmuseum Österreichs, heute ein Bestandteil des Technischen Museums Wien, zu sortieren. Es gibt wenige Jobs, in denen man dem Skurrilen so offen und ungeniert begegnen kann wie bei der Arbeit in einem Archiv. Sie öffnen eine Box unbekannten Inhalts und plötzlich fällt Ihnen ein Stapel alter Sachen entgegen. Und mit alt meine ich wirklich, wirklich alt, so zwischen 300 und 400 Jahre alt.

Nun liegt die Neugier in der Natur des Menschen und Archivare bilden da keine Ausnahme. Wer will denn nicht wissen, was zum Beispiel in einem alten Brief steht? Gut, es sei denn, die Handschrift ist so fies, dass man das ganze nur Buchstabe für Buchstabe entziffern kann, mühsam und mit viel Geduld, bloß um dann festzustellen, dass der Brief auf Ungarisch abgefasst wurde. Ich spreche kein Ungarisch. Blöd gelaufen.

Aber dann steht man plötzlich vor einem neuen Rätsel, denn in meinen behandschuhten Händen halte ich auf einmal ein ungeöffnetes Kuvert. Schlappe 400 Jahre alt und kein Mensch hat das je geöffnet. Ja, gibt's denn so was? Wer ist denn in den letzten 400 Jahren nicht auf die Idee gekommen, das Teil zu öffnen? Und wieso hat es seinen Adressaten nie erreicht? Voller Fragen und durchflutet von brennender Neugierde stapfe ich zu Kollege M. Kollege M ist Postexperte, sieht das von mir stolz präsentierte Objekt an und sagt nur, völlig unaufgeregt: „Ah ja, das kommt wegen des Papiersiegels." Stellte sich doch heraus, dass das Papiersiegel (ja, so etwas gibt es) wertvoller war als der Inhalt des Briefes. Demzufolge wurde er nie geöffnet. Musste man auch nicht, denn wie wir herausfanden, war das ganze nur eine Art historische Sicherheitskopie eines tatsächlich versandten Briefes an irgendeinen Herrscher, den man mit Steuerfragen belästigte.

Was mich so fassungslos machte, war die vollkommene Gelassenheit meines überaus geschätzten Kollegen, mit der er dieses anfängliche Mirakel nicht nur hinnahm, sondern mir, dem Neuling, geduldig erklärte: „Unbeschädigte Siegel sind meistens mehr wert als der Inhalt eines Briefes. Dasselbe gilt für die Poststempel. Auch häufig wertvoller als die Briefmarke."

Und so kommen wir von den Nerds (Archivare) auf die echten Freaks (Stempelsammler) der Posthistorie zu sprechen. Wer also in Zukunft bei Postmuseen an Briefmarken denkt, dem rufe ich zu: Weit gefehlt, Freund! Die wahren Sammler sind nicht die schnöden Philatelisten, nein, es sind die schrägen Typen, die weite Reisen auf sich nehmen, nur um in einem Wiener Archiv in Ekstase zu geraten, wenn sie einen außergewöhnlichen Poststempel zu sehen kriegen!

Apropos Ekstase: Es gibt einen Ort, an den garantiert nie ein Museumsbesucher vordringen wird und das ist der Tiefspeicher des Archivs. Der ist klimatisiert, weil altes Papier konstante Temperaturen und genügend Luftfeuchtigkeit braucht, um sich zu erhalten. Was bedeutet, es ist der beste Ort der Welt, denn wenn alle anderen Menschen im Sommer in ihren Büros wie verrückt schwitzen, geht die Archivarin einfach in den Keller und genießt ihr Leben bei konstanten 19 Grad Celsius, während sie uralte Briefe sortiert, die nie einer gelesen hat und dabei glücklich vor sich hinsummt: *Super Freak* von Rick James. Die 1980er sterben nämlich auch nie aus! Und immerhin sind wir in einem Archiv, also: *U Can't Touch This*! Und ja, das ist MC Hammer, nicht das Original, aber auch alt. (28.2.2019)

DAS NASSE-MÄNTEL-UND-PELZE-WORKOUT

Ich war so fertig wie noch nie in meinem ganzen Leben zuvor. Ich bin kein sportlicher Typ, und das hier, daran gab es keinen Zweifel, war das härtestete Workout, das ich je absolviert hatte.

Es war Tag der Ausstellungseröffnung und die geladenen Gäste strömten bereits ins Haus. Ihr erster Gang: zur Garderobe. Und da stand ich, bereit dem Feind zu begegnen. Und der Feind hieß: nasse Wolle.

Neben den vielen Tätigkeiten, die ich in Museen schon ausgeführt habe, war dieser Job ohne Zweifel der schlimmste. Als Garderobiere stand ich sommers manchmal stundenlang herum und wartete auf Besucher, die, meist aufgrund des schönen Wetters, nicht kamen. Es war zum Sterben langweilig. Bücher lesen war unerwünscht (und fand demzufolge heimlich unterm Tisch statt). Wenn sich dann doch einmal jemand ins Museum verirrte, hatte der oder diejenige meistens keine Jacke dabei, höchstens mal einen Rucksack. Ich war nahe am Bore-Out.

Und dann gab es die kalten Regentage, wenn Touristen und Wiener das Haus stürmten, um ihre Freizeit bei uns zu verbringen, Tonnen von Jacken, Regenschirmen und Taschen bei mir an der Garderobe deponierten und die jeweilige Ausstellung besuchten. Das Dumme an der Sache: Der Eintritt ins Museum war bereits so teuer, dass die Leitung des Hauses beschlossen hatte, dass die Garderobe dafür umsonst sein müsse.

Nun ist es so, dass der Mensch wenig denkt und die Brieftasche lenkt und wenn die Geldbörse gar nicht erst hervorgeholt werden muss, kommt kein Besucher auf die Idee, dass man vielleicht Trinkgeld geben sollte. Bei einem Lohnniveau, das in etwa so hoch liegt wie der Spannteppich auf dem Fußboden der Direktion, sind Garderobieren und Garderobier (ja, das gibt es auch in männlich) aber auf Trinkgeld angewiesen, sonst bleibt am Ende des Einkommens zuviel Monat übrig. Deshalb freute sich die Belegschaft stets auf die Vernissagen.

Wer zu einer Vernissage eingeladen wird, der gehört meist einer gehobenen Einkommensschicht an. Wer dort arbeitet nicht. Darum ist es nur fair, wenn man die feineren Damen und Herren ihre Börsen zücken lässt und sie via eines Schildes und eines Körberls um Trinkgeld bittet. Die Guten ins Töpfchen, die Schlechten können scheißen gehn', wie der Wiener sagt. Und die oberen Zehntausend lassen sich da meist nicht lumpen.

Blöderweise gehören allerdings auch ihre Wintermäntel einer anderen Gehaltsklasse an und die wiegt schwer.
Wenn Sie glauben, Sie sind hart im Nehmen und völlig durchtrainiert, dann schlage ich Ihnen vor, doch mal bei einer im tiefsten Winter stattfindenden Vernissage dicke Pelze (ohnehin ethisch bedenklich) und feuchte Wintermäntel zu stemmen und zwar zwei Stück im Zehn-Sekunden-Takt, drei Stunden lang. Auf, ab, auf, ab, Zettel herausgeben, Zettel entgegennehmen, Fräulein, geht des ned a bisserl schneller… Ich schwöre, ich habe an diesem Abend sämtliche meiner Sünden abgebüßt. Das satte Trinkgeld war zwar ein kleiner Trost, aber eben nur ein kleiner. Zuhause angekommen konnte ich weder mich noch meine Arme spüren. Ich hatte so viel totes Tier in der Gegend herumgetragen, wie sonst nur eine Fleischereifachverkäuferin im Supermarkt kurz vor Heiligabend.
Wenn Sie also das nächste Mal die Freude haben, jemandem Ihren Mantel, Ihren Rucksack oder Ihren nassen Schirm für eine Weile anzuvertrauen, dann denken Sie daran, dass dieser jemand heute vielleicht das härteste Workout seines Lebens absolviert. Das verdient Anerkennung. Und mindestens einen Euro Trinkgeld. (14.3.2019)

TERRA INCOGNITA

Jede Stadt hat einen Star unter den heimischen Museen. Paris hat den Louvre, Florenz die Uffizien und Wien ist ganz besonders stolz auf sein Kunsthistorisches Museum. So bekannt, so gut. Und dann gibt es da die Häuser, in die sich kaum einmal jemand verirrt, liebevoll zusammengetragene Sammlungen nutzloser Dinge, die sich in schwer zugänglichem Rahmen präsentieren. Es sind die Underdogs der Museenlandschaft, und genau ihnen gehört mein museales Herz.

Das Schloss Schönbrunn ist Wiens beliebteste Sehenswürdigkeit. Hierher pilgern auf der Suche nach Maria Theresias Nachttopf (den es hier gar nicht zu sehen gibt, stattdessen kann man das Klo Kaiser Franz Josefs bewundern) jedes Jahr um die 3,8 Millionen Besucher. Und übersehen dabei doch allzu oft das wesentlich spannendere Museum gleich ums Eck: die Kaiserliche Wagenburg. Die gehört nämlich eigentlich gar nicht zum Schloss dazu, sondern ist ein Teil der Sammlungen des Kunsthistorischen Museums und daher mit der normalen Jahreskarte des KHM zu besuchen. Und was findet sich hier? Kutschen. So weit das Auge reicht. Na gut, und Schlitten natürlich auch, halt einfach alles, womit man ein gekröntes Haupt so durch die Lande kutschieren konnte. Im Winter ist es hier ziemlich kalt, man darf seinen Mantel also durchaus anbehalten, denn wirklich beheizbar ist die Wagenburg nicht. Dafür bietet sie Freunden des unnützen Wissens hervorragende Möglichkeiten, sich mal wieder den Kopf mit sinnlosen Details vollzustopfen, wobei man dann oft Jahrzehnte darauf wartet, sie endlich bei einem passenden Partygespräch wieder loszuwerden. Ich zum Beispiel freue mich schon jetzt auf die Gelegenheit, bei einem geselligen Beisammensein wie nebenbei zu erwähnen, dass nur gekrönte Häupter ihren letzten Weg in einer *schwarzen* Kutsche (Leichenwagen) antreten durften, alle anderen hohen Herrschaften mussten dasselbe in einer *roten* Kutsche tun. Was das Spanische Hofzeremoniell halt so verlangte. Oder wussten Sie, dass es einen Jagdwagen gibt, der aufgrund seines prägnanten Äußeren allen Ernstes „Jagdwurst“ genannt wurde? Ich finde das großartig! Und komplett sinnlos sich so etwas zu merken.

Nun ist die Wagenburg vielleicht kein allzu großer Geheimtipp und es verirren sich durchaus Leute hierher. Aber haben Sie gewusst, dass es in unmittelbarer Nachbarschaft zum Schönbrunner Schlosspark auch ein

Ziegelmuseum gibt? Es liegt im schönen Stadtteil Penzing und ich hege den Verdacht, dass es bis heute wahrscheinlich noch nie einen Besucher gesehen hat, denn die Öffnungszeiten sind so krude, dass selbst ich es noch nie hierher geschafft habe. Oder haben Sie jeden 1. und 3. Sonntag im Monat zwischen 10 und 12 Uhr Zeit? Na, dann mal auf in die Penzinger Straße Nr. 59! Allerdings können Sie das Unternehmen im Juli und August sowie an Feiertagen gleich wieder vergessen. Was die Betreiber jedoch nicht davon abhält, die Besucher dazu aufzufordern, doch gerne einen eigenen Ziegelstein mitzubringen. Ja, so einen mit dem man Häuser baut. Ich finde das absolut großartig! In welches Museum dürfen Sie schon einen gut ein Kilogramm schweren Gegenstand mitnehmen, der problemlos sämtliche Vitrinen zerschlagen würde? Ich schwöre, der nächste Ziegel, dessen ich habhaft werden kann, wandert mit mir dorthin. Ich will doch meine Sammlung unnützen Wissens erweitern und alte Ziegelsteine sind da geradezu ein Muss. Sicher, ich könnte auch in der Albertina etwas über Gerhard Richter lernen oder mich an den Klimt-Bildern im Belvedere erfreuen. Aber was können Gerhard Richter oder Gustav Klimt, das ein alter, römischer Ziegel nicht kann? Manchmal muss man neue

Wege bestreiten und wenn diese Wege einen ins Wiener Ziegelmuseum führen, umso besser, denn hier findet sich doch die wahre Terra incognita der Museenliebhaber. Und: Nur wenn wir Neuland betreten, haben wir auch die Chance, etwas Neues über uns selbst zu lernen. Mein Selbst jedenfalls verlangt nach handgeschlagenen Mauerziegeln mit Prägung. (28.3.2019)

DIE SCHÖNHEIT DES SINNLOSEN

Man entgeht ihnen nicht. Sie lassen sich so sicher am Ausgang eines jeden Museums finden wie nasse Schirmständer und stehen gelassene Ehemänner, deren Frauen „nur mal kurz noch“ auf die vor Besucherinnen wimmelnde Damentoilette müssen. Die Rede ist von den Museumsshops. Die Frage ist nur: Warum braucht es zur Seligkeit Mozart-Brillenetuis oder Metallschachteln in Form von ägyptischen Sarkophagen?

Die Antwort ist so einfach, wie kompliziert: weil es sie gibt. Nichts, was man in einem Museumsshop erwerben kann, braucht man wirklich fürs Leben. Wir kaufen hier weder Lebensmittel noch Unterhosen im Fünferpack, bestellen keine Bettmatratzen und ich kann mich nicht daran erinnern, je in einem Museum so etwas wie Kopfschmerztabletten erworben zu haben, obwohl man die durchaus brauchen könnte, wenn man erfolgreich sein brüllendes Kleinkind an dem Regal mit der Quengelware (irgendetwas aus Plüsch und mit großen Glasaugen) vorbeigezogen hat.

Alles, was Sie in einem Museumsshop kaufen können, gibt es so auch billiger in einem normalen Geschäft zu erwerben. Das weiß der aufgeklärte Museumsbesucher natürlich. Die einzige Ausnahme bildet vielleicht der passende Katalog zur aktuellen Ausstellung, aber, ganz ehrlich, wann schauen Sie sich den denn noch einmal in Ruhe zuhause an? Na? Und trotzdem können wir an dem Sammelsurium aus überteuerten Himbeerzuckerln, Sigmund-Freud-T-Shirts oder dem klassischen Kühlschrankmagneten mit dem schönen Stillleben von dem flämischen Maler, an dessen Namen wir uns schon an der Kasse nicht mehr erinnern können, nicht vorbeigehen. Denn Museumsshops treiben den Konsumrausch auf die Spitze, indem sie uns Exklusivität vorgaukeln. So etwas wie diese Goethe-Handpuppe, davon sind wir felsenfest überzeugt, finden wir nirgendwo sonst noch auf der Welt!

Nun ist es so, dass auch ich diesem Wahnsinn von Zeit zu Zeit erliege. So erwarb ich in Museen schon ausgesprochen sinnvolle Dinge wie Klimt-Kugelschreiber (braucht man schließlich immer), essbare Gummidrachen und -ritter (weil die Kinder wenigstens irgendetwas kaufen wollten – „Egal was, Mama!“) oder die besagte Goethe-Handpuppe – und den Schiller gleich dazu. (Es sei hier nur am Rande erwähnt: Damit haben wir dann unsere Kinder gefüttert, als sie noch im Karottenbreialter waren. Einen Löffel für Herder, einen

Löffel für Wieland, einen Löffel für Schlegel… Wer sagt denn, dass Germanisten nicht auch einen Vollschuss haben dürfen?)

So finden die Dinge, die wir in den Museumsshops rund um den Globus kaufen, irgendwie Eingang in unseren Alltagsgebrauch. Auch wenn das nicht immer ganz einfach zu bewerkstelligen ist, weil man nun einmal so schwer etwas mit einem schicken Mozart-Brillenetui anfangen kann, wenn man bloß eine billige Sonnenbrille aus dem Drogeriemarkt besitzt. Doch braucht man das alles wirklich?

Im Sinne der Minimalisten, die ja angeblich prima mit nur 100 Dingen ihr Leben bestreiten können, kann man diese Frage getrost mit „Nein!“ beantworten. Aber ich sage: Wer braucht schon Minimalisten? Wer anderen ständig erzählt, sie hätten zuviel, der hat noch nie zu wenig gehabt. Gut, es braucht vielleicht nicht immer etwas aus einem Museumsshop, aber was ist denn bitte sinnloser im Leben als Kunst? Und was erfüllt uns gleichzeitig mit so viel Glück? Und es macht keinen Unterschied, ob wir nun das Original eines Vincent-van-Gogh-Gemäldes anschauen oder uns nur dank eines Magneten daran erinnern, dass wir es gesehen haben – allein beim Blick auf den Kühlschrank kommt mit der Erinnerung auch jedes Mal das Glücksgefühl wieder in uns hoch. Denn Souvenirs aus dem Museumsshop sind im Grunde nichts anderes als ein Tagebuch aus exquisitem Krimskrams. Wir waren dort – und wir erinnern uns gerne daran. Und manchmal geben wir diese Erinnerungen auch weiter an eine nächste Generation. Davon zeugen zahlreiche Karottenbreispritzer auf Goethes Rock. (11.4.2019)

ZOO ODER MUSEUM?

Manchmal ist es eine Frage von Tod oder Leben. Manchmal kenne ich darauf die Antwort nicht. Denn ein kleiner Schritt entscheidet alles: Stehe ich vor oder hinter dem Glas?

Als bekennender Trekkie hatte ich mich auf die neue Star-Trek-Serie „Discovery" sehr gefreut – und wurde schwer enttäuscht. Das Ganze entpuppte sich als endloser Gewaltporno im All und hatte zu Recht eine Altersfreigabe ab 16. Besser wäre natürlich gewesen, man hätte die Altersfreigabe auf 120 angehoben, dann hätte den Mist wenigstens niemand sehen müssen.

Ganz anders dagegen war meine Reaktion auf die Serie „The Orville" von Seth MacFarlene. Die ist nämlich großartig! Humorvoll, schräg, voller Action – so wie Star-Trek-Fans es lieben. In der ersten Staffel (aktuell sind es schon zwei) gibt es eine Folge, in welcher der Captain des Raumschiffes und sein erster Offizier, die nicht ganz zufällig auch seine Ex-Frau ist, in einem Zoo für Außerirdische landen und zwar als Ausstellungsstücke. Die höher entwickelte Spezies, die sie gefangen genommen hat, hält sich gerne Wesen von anderen Planeten hinter digitalem Glas, um sich an ihrem Anblick

zu erfreuen. Und schon befinden wir uns als Zuschauer mit Jahreskarte für den Schönbrunner Tiergarten in der Zwickmühle: Sind wir Menschen etwa genauso böse wie die roten Außerirdischen mit den riesengroßen Köpfen?
Wien ist ja nicht nur für seine Walzerseligkeit und seine Schnitzel berühmt, es verfügt auch über den ältesten Zoo der Welt. Ich bin dort mit den Kindern oft und gern hingegangen, um Fische anzusehen, Kühe (zum Zoo gehört auch ein altertümlicher Tiroler Bauernhof) oder Giraffen. Aber, ich gebe es zu: Beim Anblick der Tiere kam mir das ein oder andere Mal der Gedanke, dass uns als Menschen von den Viechern nur ein dünner Zaun aus Elektrodraht trennt. Ansonsten sind wir alle fühlende Wesen und ich kann mir nicht vorstellen, dass es mich im Sinne eines Rollentausches glücklich machen würde, den ganzen Tag hinter Gittern zu sitzen und von vorbeischlendernden Pandabären beglotzt zu werden.
Zum Zoo gibt es in meiner Stadt jedoch eine Alternative und die heißt Naturhistorisches Museum. Da kann man dieselben Tiere wie im Zoo hinter Glas anschauen, nur sind diese dann mausetot. Einige davon schon ziemlich lange, weshalb sie etwas mottenzerfressen aussehen.
Wenn ich also die Kinderschar vor die Tür bringen muss, damit sie ihren Bewegungshunger außerhalb unserer vier

Wände stillen können, stehen sie stets vor der Wahl: tot oder lebendig? Sprich, gehen wir in den Zoo oder ins NHM? Doch damit machen wir es uns zuweilen zu einfach, denn so sauber ist die Trennung zwischen Lebenden und Toten gar nicht, wie man vermuten würde. So gab es bis vor einiger Zeit durchaus Aquarien mit lebenden Fischen im Museum. Und wenn man nicht aufpasst, landet man im Zoo wiederum zur falschen Zeit am falschen Ort und kann bei der Fütterung der Kormorane dabei zusehen, wie die Vögel mit Massen von toten Hühnerküken gefüttert werden. Gruselig.

So verschwimmen plötzlich die Grenzen zwischen Leben und Tod und damit auch die zwischen Zoo und Museum. Das Ganze auf die Spitze treiben dann Ausstellungen wie die „Körperwelten", in denen wir als Lebende zwischen den Toten wandeln. Die „Körperwelten" sind damit, von tierischer Perspektive aus betrachtet, vom Naturhistorischen Museum vielleicht gar nicht mal so weit entfernt. Mit dem Unterschied, dass Tiere ihre eigenen Toten nicht zur Schau stellen.

So fühlen wir uns manchmal allzu sicher auf der anderen Seite des Glases. (Von der anderen Seite des Tellers mal ganz zu schweigen.) Dabei sollten wir uns vielleicht hin und wieder Gedanken über unsere eigene Rolle in dem machen, was wir Leben nennen und was von außen betrachtet einem Zoo manchmal ziemlich nahe kommt. Oder einem Museum. Alles eine Frage der Perspektive. (25.4.2019)

TERRA INCOGNITA, TEIL 2

Wir kommen nicht daran vorbei. Nie. Da kann ich an meinem Kind herumziehen und zerren soviel ich will, mit Engelszungen auf es einreden – keine Chance. Es muss das Wildschwein ansehen. Unbedingt. Immer.

Der Wiener Bezirk Hietzing verfügt über ein großes Naherholungsgebiet, den so genannten Lainzer Tiergarten. Der hat mit dem Tiergarten Schönbrunn nichts gemeinsam, denn hier geht es nicht um Affe, Elefant und Gnu sondern um frei lebende Tiere wie Wildschwein, Hirsch und Fuchs. Na ja, wie frei es sich halt hinter einer 22 Kilometer langen Mauer auf 2450 Hektar Grün- und Waldfläche so leben lässt. Den Tieren geht es gut dort, sie rödeln in friedlicher Koexistenz mit den Wienern herum, die hier bei Schönwetter gerne wandern gehen und die örtlichen Gasthäuser stürmen, wo sie, zugegeben, gerne die Tiere verspeisen, die sich wild und frei um sie herum bewegen. Das hat dann mitunter etwas Barbarisches, wenn man Wildschweinschnitzel mit Blick auf ein sich frei bewegendes Wildschwein verspeist. Aber sei es drum, was ich eigentlich sagen wollte: Wir lieben den Lainzer Tiergarten, denn er ist groß, voller

Wald, Wiesen, Viecher, freundlicher Wandersleute (Die sich tatsächlich grüßen! Das macht in Wien sonst kein Mensch…) und wo man nach Herzenslust die Sau rauslassen kann, solange man die echten Säue dabei nicht stört.

Nun hat der Lainzer Tiergarten verschiedene Tore, durch die man in das Gebiet erst hineingelangt. Man kann ja nicht über die Mauer fliegen und schließlich soll alles Schweinische auch dort bleiben, wo es hingehört. Also Mensch rein und raus, Sau nicht. Beim so genannten Lainzer Tor, zu dem auch ein Bus fährt, gibt es dann ein Wärterhäuschen und, mit dabei, eine winzige Naturkundeausstellung. Und hier findet man sich Auge in Glasauge mit Reh, Marder, Fuchs und dem unvermeidlichen Wildschwein wieder. Es gibt auch Modelle von Käfern, wie etwa dem Alpenbockkäfer. (Für die Freaks unter uns: Rosalia alpina.) Man kann hier also einen kurzen Blick auf alles werfen, was durch den Lainzer Tiergarten kreucht und fleucht und das, weil tot, ausgestopft und aufgespießt, nicht gleich ins Unterholz davonrennen kann, wenn es dem gemeinen Wiener Wanderer begegnet.

Meine Kinder lieben diese Ausstellung! Und sie müssen immer, immer, immer dem Wildschwein Hallo sagen.

Und immer, immer, immer wieder muss ich sie daran erinnern, dass sie das Vieh nicht anfassen dürfen, denn immerhin ist es ein Ausstellungsstück, geschossen wahrscheinlich in einer Wintersaison vor vielen Jahren, als der Tiergarten wieder einmal geschlossen war und die Schweine und Rehe zum Abschuss freigegeben worden sind, damit sie sich mangels natürlicher Feinde nicht allzu stark vermehren.

Es sind diese Ausstellungen am Weg, die unverhofften Schaukästen, die unvermuteten Nebenräume und zu Galerien umfunktionierten Arztpraxen, die mich jedes Mal wieder in Erstaunen versetzen. Da geht man nichts ahnend zum Orthopäden und wird plötzlich mit Aquarellen zum Thema „Die kroatische Küste“ beglückt. Oder man schlendert fröhlich an der nordkoreanischen Botschaft vorbei und sieht eine der abstrusesten Fotoausstellungen der Welt, die in zwei großen Schaukästen den Wienern und dem Rest der Menschheit zeigen soll, was Kim Jong Un für sein Volk alles tut und welche wichtige Fabrik er jetzt schon wieder eröffnet hat. Wobei die Fotos regelmäßig gewechselt werden, was an und für sich niemandem auffallen würde, weil die Fabriken und Kim Jong Un immer gleich ausschauen. (Kurz nachdem er seinen Halbbruder hat ermorden

lassen, waren allerdings alle Fotos von Kim Jong Un verschwunden. Stattdessen durften wir uns Bilder des Republikgründers Kim Il-sung ansehen, wie er, Sie ahnen es, eine Fabrik eröffnete.) Und manchmal betrachten wir mit Inbrunst und großer Faszination ein totes Wildschwein, das uns aus seinen Glasaugen treudoof entgegenblickt und freuen uns über diese Terra incognita der musealen Landschaft und den Funken Kultur, der das geplante Naturerlebnis erst so richtig rund macht.
Es sei zum Schluss für alle Sissi-Fans noch kurz erwähnt: Wenn die Kaiserin sich von ihrem Göttergatten Franz Josef I. mal zurückziehen wollte (also immer), dann zog es sie in den Lainzer Tiergarten, wo sie über ein wunderschönes Anwesen, die Hermesvilla, verfügte, in der man heute Ausstellungen des Wien Museums besuchen kann. Falls einem die Wildschweine nicht genug sein sollten. (9.5.2019)

AUF LEISEN SOHLEN

Es ist laut. Überall. Um mich herum ploppen die Baustellen aus dem Boden wie Gänseblümchen an einem ersten warmen Frühlingstag und machen vor allem eines: Lärm. Und Dreck. Also gut, das sind zwei Dinge. Mit Dreck kann ich leben, auch wenn ich gerne einmal wieder aus dem Fenster sehen würde, ohne mich zu fragen, ob es eigentlich gerade regnet. Nein, das sind nur die Spuren des Baustellenstaubs, die sich wie ein Schleier über meine Aussicht legen. Aber was soll ich gegen den Lärm tun? Die Antwort ist so einfach wie effektiv und lässt sich problemlos von einem Beatlessong herleiten, so wie sich ja im Grunde alles von den Beatles herleiten lässt: Run For Your Life, Little Girl!

Wenn draußen der Pressluftbohrer knattert, dann ist es Zeit, sich einen ruhigen Ort zu suchen, an dem der Wahnsinn für kurze Zeit zum Stillstand kommt. Und zwar mit Betonung auf der ersten Silbe, also Still-stand. Das heißt, ich suche mir einen Ort, wo ich in aller Ruhe still herumstehen kann und sich kein Mensch daran stört. Das geht in einem Supermarkt nur für kurze Zeit, denn nach etwa 30 Sekunden wird die Verkäuferin misstrauisch und überlegt, ob man etwa zu den Wahnsinnigen oder

den Ladendieben gehört. Und so sehr ich die Natur liebe: Ich stehe nur ungern regungslos im Wald herum. Ganz still und stumm. Zumal ich einen purpurroten Mantel besitze und das kommt einem dann doch irgendwie komisch vor. Es gibt ja so schon genügend Lieder über mich. Der einzige Name, der noch öfter in Songs besungen wird als Susanne (gerne in den Varianten Susi, Sue, Suzanne oder gar Susannah) ist Maria. Und wenn Sie bislang noch keinen Ohrwurm im Kopf hatten, dann bekommen Sie den spätestens jetzt. Nicht dass ich Ihnen in schwierigen Zeiten nicht zur Seite stehen möchte, aber Mother Mary kann das besser. Sie müssen es nur zulassen. Behauptet zumindest Paul McCartney.
Wir halten also fest: Draußen (das Draußen, dass Sie durch ihre dreckigen Fenster kaum noch sehen können) lärmt der Pressluftbohrer und in Ihrem Kopf dudelt es *Let it be* von den Beatles. Wie entkommen Sie dem Wahnsinn? Antwort: Sie gehen dorthin, wohin Ihnen der Lärm nicht folgen kann, nämlich ins Museum.
Dabei ist es vollkommen gleich, in welches Haus es Sie zieht, denn eines haben Museen alle gemeinsam: Sie sind Orte der Ruhe. Gut, man kann zu diesem Zweck natürlich auch eine Kirche besuchen oder einfach eine Sauna, aber da dürfen Sie auch nur eine gewisse Zeit still

herumsitzen, bevor man sich entweder Ihrer Seele (hab ich möglicherweise keine) oder Ihres Körpers (hab ich zuviel von) annehmen möchte. In einem Museum können Sie dagegen stundenlang vor einem Bruegel herumstehen (ganz gleich ob jüngerer oder älterer) und versunken auf das Bild starren, ohne es dabei wirklich zu sehen und ohne dass Sie jemand doof anschaut. Sie brauchen nur die richtige Pose dazu einzunehmen und natürlich hilft es, wenn Sie einen Cordanzug und eine dicke Hornbrille tragen und schon lässt man Sie in Ruhe, um sich herum nur ein Klangteppich aus kaum hörbarem Gemurmel. Es ist geradezu so, als würden Sie Ihren Kopf unter Wasser halten oder als ob Sie zumindest irgendwie abtauchen, vorzugsweise in einem gelben Unterseeboot. Und schon wird es um Sie herum ganz, ganz leise. Und wenn Sie lange genug dort stehen bleiben, dann wird es auch in Ihnen drinnen ganz, ganz leise. So leise wie in einem norwegischen Wald. Dann sind der Dreck und der Lärm der ganzen Welt mit einem Mal vergessen. Schön wäre das, nicht wahr? Blöderweise haben Sie jetzt immer noch die Beatles im Ohr und die trällern dort. Besser als ein Pressluftbohrer, oder etwa nicht? Und, glauben Sie mir, das geht vorbei. So ganz Ob-La-Di und Ob-La-Da. (23.5.2019)

UNGEBETENE GÄSTE

Ich war nicht eingeladen, ein ungebetener Gast. Und, ich gebe es zu, darüber hinaus noch ein überaus unhöflicher. Ich stöberte in den privaten Erinnerungsschätzen, besah mir das Hab und Gut meines Gastgebers und hatte keine Scheu, selbst intime Aufzeichnungen des Mannes zu studieren, dessen Wohnung ich betreten hatte. Zu meiner Ehrenrettung kann ich anführen, dass mein Gastgeber schon ziemlich lange tot war. Also dürfte es ihn nicht sonderlich gestört haben, was ich da so in seiner Wohnung trieb. Aber ja, es grenzte ein wenig an Leichenfledderei. Und bevor Sie jetzt Böses denken: Nein, ich war's nicht! (Soll heißen: Ich hab ihn nicht auf dem Gewissen.) Tatsächlich liegt der Tote schon lang begraben auf dem Zentralfriedhof herum. Ganz genau sind es jetzt schon 131 Jahre. Die ersten 61 Jahre verbrachte er nämlich tot auf dem Währinger Friedhof, bevor die Wiener beschlossen, ihn umzubetten. Und obwohl der Gute schon so lange nicht mehr unter uns weilt, hat er immer noch eine Adresse in der Mölker Bastei 8. Und eine in der Probusgasse 6. Und dann noch eine in der Schwarzspanierstraße 15. Also, wenn ich so darüber nachdenke, sind das reichlich viele Adressen für nur einen Toten – und das, wo gute Wohnungen selbst in Wien gar nicht so einfach zu bekommen sind. Aber der Mann ist damit ja nicht alleine.

Da gibt es noch einen Herren, der unglaublich viele Wohnungen und Häuser zu besitzen scheint und das, obwohl er sage und schreibe schon 228 Jahre tot ist. Ich meine, wo gibt es denn so etwas? Darunter ist eine Adresse in der Salzburger Innenstadt. Piekfein. Wissen Sie, was ein Haus in der Getreidegasse kostet??? Und der Mann wohnt da ja nicht einmal mehr, weil er, wie schon erwähnt, seit 228 Jahren tot ist! Und unsereiner sucht und sucht und findet keinen günstigen Wohnraum für sich und Kind und Kegel, weil die besten Adressen natürlich längst weg sind. Logisch. Da wohnen ja überall die Toten drin.

Nun ist Wien zweifelsohne eine Stadt, die für Morbides viel übrig hat und man könnte meinen, das Ganze sei primär eine Wiener Eigenart, den Toten den besten Wohnraum zu überlassen, aber: weit gefehlt! Es ist ein Phänomen, das man weltweit beobachten kann. Es gibt Beispiele aus Deutschland (Ich sage nur: Weimar, Frauenplan 1. Da wohnt auch so einer.), Rom (Piazza di Spagna 26), London (48 Doughty Street in Holborn) und sogar auf der Insel St. Helena (Jamestown STHL, 1ZZ).

Alles leerstehender Wohnraum, reserviert für die Toten. Da ist es ja das Mindeste, dass man wenigstens mal einen Blick hineinwerfen darf, in die heiligen Hallen. Und ein bisschen in den alten Briefen, Tagebüchern oder Instrumentensammlungen der Verstorbenen herumstöbert. Stört ja keinen. Und in einem Anfall von Größenwahn darf man sich dann natürlich überlegen, ob man selbst seinen Wohnraum so großzügig ans Fremdenverkehrsamt abtreten würde, sollte man je in die Verlegenheit geraten, zu Ruhm und Ehren zu gelangen (eher nicht) und dann den Löffel abzugeben (garantiert). Ich für meinen Teil fände es schöner, wenn in den Wohnungen noch meine Enkelkinder herumflitzen würden. Aber das haben sich diese Toten womöglich auch gedacht. Und dann: Nachkommen alle verstorben und flugs wird das Häuschen in ein Museum umgewidmet. Man kann also nie wissen. Die einzige Möglichkeit, hier auf der sicheren Seite zu bleiben, ist die, gar nicht erst berühmt zu werden. Ein Lebensziel, das sich problemlos verwirklichen lässt. (6.6.2019)

SEHEN UND GESEHEN WERDEN

YouTube ist ein Segen. Und ja, ich weiß, dass das viele Menschen anders sehen. Mir hat es erst kürzlich den Arsch gerettet, indem ich mir dort Gleichungsrechnungen für Fünftklässler erklären ließ, die ich im Anschluss wiederum meinem Sohn erklären konnte. Meine eigene Schulzeit lag einfach viel zu lange zurück und so richtig begriffen habe ich schon damals nicht, was es mit x und y auf sich hatte. Nun wusste ich es endlich. Man könnte also sagen: YouTube, das ist Nachhilfeunterricht für Arme. Oder für begriffsstutzige Eltern mit Rechenschwäche.

Natürlich kann man den Videokanal auch dazu nutzen, sich mehr oder minder lustige Tiervideos anzusehen, amerikanische Late-Night-Talkshows oder die Abschiedsrede von Obama, falls man sich einmal kurz daran erinnern möchte, wie ein echter amerikanischer Präsident redet und regiert. Der Mann in Orange, der gerade das Weiße Haus okkupiert, gibt da außer diversen (Sex-)Skandalen wenig her. Apropos Sex: Dafür existiert natürlich ein eigener Videokanal. (Die haben aber auch noch nicht das Pipi-Tape gefunden…)

Das Absurdeste, was YouTube jedoch zu bieten hat, sind

Videos von Menschen die Videos gucken. Absurd deshalb, weil sich hier die Katze quasi in den Schwanz beißt – womit wir bei den lustigen Tierfilmchen wären. Und dennoch – es entbehrt nicht eines gewissen Reizes, sich die Gesichter der Leute anzusehen, die wiederum einen Krimi oder einen spannenden Trailer anschauen und anhand ihrer Reaktion, die wir ja ganz unmittelbar mitbekommen, zu entscheiden, ob der nächste Superheldenfilm tatsächlich spannend ist oder ob alle nur so tun, als ob. Denn die abgefilmten Gesichter sind in der Regel echt und ihre Reaktionen sind es meist auch.

Ich gebe es zu, wir machen das auch gerne mit unseren eigenen Kindern. Wir schieben eine beliebige DVD in den Player und beobachten in der Folge verzückt die Gesichter unserer Kleinen, wenn sie vor Spannung mitfiebern oder sich vor Lachen nicht mehr einkriegen. Da wechseln die Gesichtsausdrücke manchmal im Sekundentakt.

Um so erstaunlicher, wenn Sie dasselbe einmal in einem Museum versuchen, Ihren Blick von den Exponaten abwenden und stattdessen die Gesichter derjenigen betrachten, die wiederum aufmerksam die Kunstwerke studieren, nur um dann feststellen zu müssen: Da regt sich nichts. Absolut gar nichts. Ich wage es zu behaupten,

90 Prozent aller Museumsbesucher haben den gleichen Gesichtsausdruck, wenn Sie die Kunstwerke betrachten und der auf mich so wirkt, als hätten sie einst in der Schule ein Fach mit dem Gegenstand „Zurückhaltend interessiert Gucken in der Öffentlichkeit" belegt. Was auch immer die Kunst in diesen Menschen auslöst (und ich hoffe, dass sie wenigstens irgendetwas in ihnen auslöst), sie zeigen keinerlei Anzeichen dafür.

Fühlen die sich alle beobachtet und wollen sich nicht danebenbenehmen, weil man das in einem Museum nun einmal nicht tut? Tun die nur so, als ob es sie kalt lässt und in Wahrheit treibt sie jeder Chagall innerlich zur Raserei? Lösen die Bilder schlichtweg keine Reaktionen bei den Menschen aus, weil sie sich nicht bewegen? Wir reagieren ja als empathische Wesen auf nahezu jedes lächelnde Gesicht, gleich ob es uns in der Realität oder im Fernsehen begegnet. Ich habe mich schon dabei ertappt, ganz, ganz üble Gestalten anzustrahlen, nur weil sie ihr doofes Grinsen in eine Fernsehkamera hielten, darunter den Mann in Orange. Das war mir hinterher äußerst unangenehm…

Was es auch immer sein mag – ich kann mir keinen Reim darauf machen. Und im Reimen bin ich nicht einmal so schlecht, jedenfalls besser als bei Gleichungsrechnungen.

Apropos: Sie hätten mein Gesicht sehen sollen, als endlich der Groschen fiel! Aber das konnten Sie natürlich nicht, weil ich mich nicht dabei gefilmt und das Video auf YouTube gestellt habe. Oder sonst wo ins Netz. Muss ja nicht jeder immer alles sehen. (20.6.2019)

WAS VOM LEBEN ÜBRIG BLEIBT

„Mama, Ogg hat meine Puppe geklaut!"

„Ogg, gib deiner Schwester ihre Puppe wieder, sonst gibt es heute kein rohes Fleisch für dich zu essen!"

Klong.

„Mama, Ogg hat meine Puppe aus der Höhle geworfen!"

„Ogg, geh und hol die Puppe deiner Schwester zurück. Aber sofort!"

„Aber Mama, da draußen lauern mindestens zehn Säbelzahntiger herum!"

„Pech für dich. Hättest du mal nicht die Puppe deiner Schwester aus der sicheren Höhle hinausgeschleudert, dann müsstest du dich jetzt auch nicht vor den Säbelzahntigern in Acht nehmen…"

„Aber Mama…"

„Los jetzt!"

Leider wurde Ogg von den Säbelzahntigern gefressen. Ende der Geschichte. Könnte man meinen. Tatsächlich aber grub ein ambitionierter Archäologe gute 30.000 Jahre später, genauer am 7. August 1908, das Püppchen von Oggs Schwester in dem schönen Ort Willendorf wieder aus und übergab es dem Naturhistorischen Museum in Wien, wo die Venus von Willendorf heute als

Prunkstück der Sammlungen des NHM der Öffentlichkeit präsentiert wird. Doof für Oggs Schwester, die ihre Puppe nie wiedersah, gut für uns, die fasziniert vor dem winzigen Figürchen mit der lustigen Frisur und den dicken Brüsten stehen und sich darüber wundern, wie es in der Entwicklungsgeschichte des Menschen von der Venus von Willendorf zur Barbiepuppe kommen konnte.

Nun ist es so, dass die Venus wahrscheinlich eher kein Kinderspielzeug war, aber genau sagen lässt sich das natürlich nicht. Fakt ist aber: Irgendein Mensch hat sie einst angefertigt und wahrscheinlich auch besessen. Und dieser Mensch ist nun schon lange, lange tot. (Wofür wir jetzt mal nicht den Säbelzahntigern die Schuld in die Schuhe schieben wollen.) Was die Frage aufwirft, welche persönlichen Gegenstände wohl Raum und Zeit überdauern, nur um dann Jahrtausende später in einem Museum wieder aufzutauchen.

Wir leben bekanntlich im Zeitalter des Plastiks. Das kann man gut oder schlecht finden, aber die Reihenfolge ist unbestritten: Steinzeit, Bronzezeit, Eisenzeit, Plastikzeit. Ein Artefakt unserer Moderne lagert aktuell unter dem Stockbett meiner Kinder. Wir nennen es die „Terrormaschine“. Es blinkt, es spielt absurde Melodien, kann zum Laufenlernen verwendet werden, bietet Löcher für alle möglichen Steckförmchen und war das große Highlight meiner Lieben im Babyzeitalter. Das haben sie zwar schon lange hinter sich gelassen, aber die Terrormaschine ist geblieben. Und wird wohl auch weiterhin bleiben, bis sich einst unsere Enkelkinder über das Ding erbarmen werden.

Nun stellen Sie sich einmal vor, alles, was von uns bleibt, ist diese Terrormaschine. In gut 30.000 Jahren zerrt ein ambitionierter Archäologe das Ding aus einem tiefen Loch der Geschichte hervor und präsentiert es der Menschheit. Dann wandert es in irgendein Museum und wird dort bestaunt von unseren Urururururururururururenkeln. Und die halten uns, rückblickend, für Plastikfans mit einem Hang zu blinkenden Gegenständen und null Musikgeschmack. Man kann es sich natürlich nicht aussuchen, was einen an persönlichen Gegenständen überlebt, aber ich wäre ganz dankbar, wenn es etwas anderes wäre als die Terrormaschine. Und werde in Zukunft gnädiger auf die überlieferten, persönlichen Gegenstände unserer Vorfahren schauen. Vielleicht waren die ja nur halb so gaga wie wir, die mit einem riesengroßen, blinkenden, dudelnden Plastiktrum unter dem Bett leben. (4.7.2019)

DAS KIND BRAUCHT EINEN NAMEN

Sie kennen das sicher: Man wandelt durch die heiligen Hallen der Kunst und bleibt vor einem Portrait aus dem 17. Jahrhundert stehen. Einem entgegen blickt ein aufmerksames Gesicht mit wachen Augen, umrahmt von einer strengen Frisur mit Kopftuch und man fühlt sofort, dass es da eine Verbindung gibt. Wer ist diese Frau?, fragt sich da der aufmerksame Besucher. Und was will mir dieser Blick sagen? Dann wandern Ihre Augen auf die Bildlegende und dort steht: „Porträt einer Dame", dazu der Maler und im besten Fall vielleicht noch der ungefähre Zeitrahmen, in dem das Bild entstanden ist. Wer die Dame ist, deren Blick Sie gefangen hält, das erfahren Sie nicht. Ihr Name: vergessen. Ihre Geschichte: nicht überliefert. Alles, was bleibt, ist ein anonymes Gesicht, das Sie nicht loslässt, aber das seine Geschichte auch nicht preisgeben kann und will.

Wer hat das Bild in Auftrag gegeben? Woher stammte die Frau, wo hat sie gelebt? War sie verheiratet, hatte sie Kinder, starb sie jung oder alt? Wir wissen nichts über sie. Diese Augen, die so viel erzählen wollen, sie nehmen ihr Geheimnis mit in ein beinahe anonymes Grab.

Unsere Dame ist damit nicht allein. Fast täglich laufe ich

an einem Altwarentandler vorbei, der gleich bei uns ums Eck Verlassenschaften erwirbt und wieder veräußert. In seiner Auslage stapeln sich Fotos in Schwarzweiß und Sepia, aufgenommen um die Jahrhundertwende, voller ernster Frauen-, Männer- und Kindergesichter. Auch ihre Namen sind vergessen, ihre Geschichten kennt niemand mehr und keiner weiß, was aus ihnen wurde. Aber ihre Gesichter sind noch da, festgehalten für eine kleine Ewigkeit, ohne Bildlegende zur Anonymität verdammt.
Das Entscheidende entschwindet: Wen haben sie geliebt, was haben sie getan, wie haben sie ihre Welt gestaltet?
Plötzlich geht es mit mir durch und ich fange an, Biografien zu erfinden. Das süße Kind mit dem Matrosenkleidchen und den wilden Lockerln braucht doch einen Namen. Es sieht meiner Großmutter ähnlich, also nennen wir es Hildegard. Und der Herr mit dem feschen Schnauzbart? Eindeutig ein Franz, wenn nicht gar ein Franz-Josef. Ich ersinne wilde Biografien, stelle Verwandtschaftsverhältnisse her, wo keine waren und lasse es die sepiafarbenen Menschen im Schaufenster ziemlich bunt treiben.
Und die Dame ohne Namen, die aus dem 17. Jahrhundert? Die wartet noch auf eine neue Identität. Vielleicht fällt Ihnen ja was dazu ein? (18.7.2019)

WERK OHNE KÜNSTLER

Wir bewundern sie, wir lieben sie und wir heben sie auf ein Podest, von dem wir sie seit neuestem auch wieder herunterholen, sollten wir ihnen massives Fehlverhalten nachweisen. Doch in einigen Fällen tun wir uns mehr als nur schwer mit dem Sturz vom Künstlersockel.

Künstler, und das sage ich mit allem Nachdruck, sind nur äußerst selten auch Genies. Es sind Menschen wie du und ich, die eine Sache besonders gut können, im besten Fall sehr viel besser als alle anderen, aber zum Genie braucht es da doch etwas mehr. Meine Großmutter machte eine absolut hinreißende Stachelbeertorte, das macht sie aber noch nicht zum Genie unter allen Konditorinnen dieser Welt. Sie konnte eben eine Sache ganz besonders gut, so wie ja im Grunde jeder etwas ganz besonders gut kann. Das sind manchmal auffällige Dinge wie expressionistische Gemälde und manchmal einfach nur die Fähigkeit, sehr gut Seilspringen zu können. Der Unterschied liegt in der Generierung von Aufmerksamkeit, denn: Manche Dinge erregen mehr Aufmerksamkeit als andere. Manche Künstler erregen mehr Aufmerksamkeit als andere. Und manchmal beginnt mit dieser Generierung von Aufmerksamkeit ein teuflischer Kreislauf, der in einem „Too-big-to-fail“ endet.

Große Namen erregen großes Interesse und es tat und tut weh, große Namen fallen zu sehen, wenn wir ihnen Verfehlungen nachweisen, die ein Fallen unabdingbar machen. Dann fragen wir uns, ob wir noch ungestraft Michael-Jackson-Songs hören dürfen oder Filme sehen, die von Harvey Weinstein produziert oder von Woody Allen gemacht wurden. Wir überfrachten große Namen gerne mit Ruhm und Ehre und heben, ganz im Sinne des Geniekults, diese Personen dann auf das besagte Podest, auf das wir sie, hätten wir das alles nur vorher gewusst, besser nicht gehoben hätten. Und nun stehen wir da und schämen uns für unsere Verehrung eines Menschen, der dieser Verehrung nicht würdig war und spüren Wut in uns, weil man uns so getäuscht hat. Also machen wir Tabula rasa und glauben, danach ist alles wieder gut. Das ist es aber nicht.

Stellen Sie sich vor, eine große Tageszeitung, nehmen wir einmal die New York Times, verkündet den Sensationsfund des Jahrhunderts: Ein privater Briefwechsel Leonardo da Vincis ist aufgetaucht und gibt ungeahnte Einblicke in das Leben eines Ausnahmekünstlers. Und nun erfahren wir aus dem

Briefwechsel, dass Leonardo da Vinci als über Fünfzigjähriger eine sexuelle Beziehung zu einem dreizehnjährigen Knaben hatte. Was jetzt? Alle Kunstwerke des Meisters weltweit abhängen? Es mit dem lapidaren Satz „Andere Zeiten, andere Sitten" von uns schieben oder mal wieder einen Diskurs zur Trennung von Werk und Künstler entfachen? Was auch immer wir tun, glücklich kommen wir aus dieser Sache nicht mehr heraus. Leonardo da Vinci ist definitiv „too big to fail". Dasselbe gilt für Goethe oder Shakespeare.

Wir sind möglicherweise einzig und allein aufgrund der schlechten Datenlage über manche dieser „Genies" soweit, dass wir sie nicht auf ewig verdammen müssen, eben weil wir zu wenig über sie wissen. Das gilt aber nicht für die Künstler und Künstlerinnen der Gegenwart. Über die wissen wir eine ganze Menge und reden auch vermehrt darüber. Das ist gut und richtig und führt doch oft in eine völlig falsche Richtung. Kriminelles Fehlverhalten von Künstlern nicht zu ahnden ist falsch. Das Werk unabhängig von seinem Künstler zu betrachten ist es auch. Alles einfach zu ignorieren ist so falsch wie es überhaupt nur sein kann, vor allem den Opfern gegenüber. Und genauso falsch ist und war es, Künstlern einen Status zuzuerkennen, den sie nicht verdienen. Soll heißen: Wenn wir Personen des öffentlichen Lebens nicht auf einen so hohen Sockel heben würden, dann täte es auch nicht so weh, sie von dort wieder herunterzuholen, wenn sich herausstellt, dass diese Person ein guter Künstler (wahlweise Politiker oder Sportler) aber ein sehr schlechter Mensch ist. Genies sind ohnehin fast keine darunter. Menschen sind sie jedoch alle. Und dass der Mensch ein äußerst fehlbares Wesen ist, dass vergessen wir leider allzu oft. (1.8.2019)

GANZ SCHÖN GAGA

Wenn ein Kunstmuseum zur Kulisse wird, dann geschieht dies oft und gerne aus einem einzigen Grund: Geld. Das Metropolitan Museum of Modern Art wiederum hat diese Art des Geldverdienens zur Kunst erhoben. So schließt sich ein Kreislauf.

Nein, man muss nicht unbedingt ein Fan von Lady Gaga sein, aber es empfiehlt sich, die Dame wenigstens zu kennen, wenn es um hochkarätige Charity-Events geht, denn die Met-Gala gerät da schnell mal zur Met-Gaga-Show. Da wird gestrippt, was das Designerzeug hält, denn nur ein Outfit zu einem der meist beachteten Red-Carpet-Momente des Jahres zu tragen wirkt schon fast schäbig. Also entkleidet sich die Gaga Stück für Stück und steht am Ende in Unterwäsche da, die teurer ist als mein Jahresgehalt. So weit, so gaga.

Immer zu Beginn der Modeausstellung steht sich die vorwiegend amerikanische Prominenz die Beine in den Bauch, denn dann heißt es wieder: alles bereit zum großen Schaulaufen. Da werden dann als Glitterpapst oder gar als Kronleuchter verkleidete Sängerinnen, Schauspielerinnen oder anders prominente Menschen vor die Kameras geholt, um sauteure Modekreationen zu präsentieren und einem Abend beizuwohnen, der gut und gerne einmal 13 Millionen Dollar einspielt, die dem Museum zugute kommen sollen. Die Frage ist bloß: Wer kommt hier wem zugute?

Die Modewelt feiert sich gerne selbst. Daran ist nichts Verwerfliches. Sie tut dies allerdings um einiges effektvoller als es die Kunstwelt kann. Kunst um der Kunst willen zu machen kann schließlich jeder, Mode um der Mode willen steht schon auf einem ganz anderen Blatt und erhebt diverse Designerstücke schließlich gar in den Olymp der musealen Ausstellungswelten.

Nun ist es oft schwer zu definieren, was Kunst ist. Genauso schwer ist es manchmal zu definieren, was Mode ist. Nur weil man einen Kronleuchter um Katy Perry herumbaut, ist das ja noch lange kein Kleidungsstück. Aber Grenzen lustvoll zu überschreiten ist ganz ohne Zweifel ein Kennzeichen wahrer Kunst. Insofern ist es natürlich logisch, das ganze wiederum in einem Museum abzuhalten, oder wenigstens auf den Stufen davor.

Was die Veranstaltung jedoch in gänzlich andere Sphären erhebt, ist die Tatsache, dass ein Museum für alle Menschen da sein sollte, was man von der Met-Gala nun eindeutig nicht behaupten kann. Die ist nur für Reich und ab und zu auch für Schön, aber vor allem für einen sehr exklusiven Kreis gedacht. Das Fußvolk muss draußen bleiben oder dem ganzen als Kellnerin oder Security beiwohnen.

Aus eigener Erfahrung als Security bei Charity-Events in Kunstausstellungen kann ich sagen, dass es kaum einen enervierenderen Job gibt, als auf prominente Persönlichkeiten aufzupassen, die so tun, als ob ihnen die halbe Welt und auf jeden Fall die Kunst gehört. Da werden Miró-Statuen zu Schreibunterlagen umfunktioniert (tatsächlich geschehen und schnellstmöglich geahndet von nicht weniger als vier entsetzen Securitys), schwungvoll mit Sektgläsern vor Picassos herumgewedelt (keine Ahnung, wie diese Leute es immer wieder schafften, den Sekt in die Ausstellungsräume zu schmuggeln) und über Gott und die Welt geredet, aber sicher nicht über Kunst. Oder wenn, dann nur ganz am Rande. Denn, wie gesagt, bei solchen Veranstaltungen geht es einzig und allein ums Geld. Wer keines hat, bleibt draußen. Wer welches spenden will, nun, der kann kommen. Oder sinnvollerweise auf den ganzen Rummel verzichten, einfach einen Scheck schicken und hinterher bei einem Privatbesuch die Kunstwerke betrachten, um deren

Erhalt es eigentlich gehen sollte. Macht nur keiner, sei es aus Furcht vor Anna Wintour, die die Gala seit Jahrzehnten veranstaltet, oder weil man einfach den Wert der eigenen Marke steigern möchte. Um den Wert der Kunst geht es jedenfalls nicht. Aber zum Glück führt so ein roter Teppich ja nicht nur in ein Museum hinein, sondern auch wieder heraus und wenn Reich und Schön das Gebäude verlassen haben, wird es wieder zu dem, was es sein sollte: ein Ort für alle. (15.8.2019)

MEIN ANDERES ICH

Als ich noch als junges Au-pair-Mädchen durch Italien wandelte und quasi jedes Museum mitnahm, das irgendwo am Weg lag, tat ich dies in der Regel als mein anderes Ich. Soll heißen: Aus Susanne Falk, Germanistikstudentin und Au-pair aus Deutschland wurde am Ticketschalter eines Kunsttempels plötzlich Elizabeth, Studentin der Kunstgeschichte mit auffälligem britischem Akzent und schleierhafter Identität.

Studierende der Kunstgeschichte haben es nicht leicht. Sie bekommen trotz hervorragender Uniabschlüsse selten einen Job in ihrem Bereich und falls sie doch endlich einen ergattern können, dann ist der häufig mies bezahlt. (Nicht, dass es Germanisten da besser ergeht, aber sei es drum…) Einen Vorteil gibt es allerdings: Wenn Sie sich als Studentin der Kunstgeschichte oder als Mitglied einer Kunstuniversität ausweisen können, bekommen Sie, vor allem in Italien, häufig freien Eintritt in Museen.

Dass dem so war, hatten meine Freundin Sarah und ich ziemlich schnell mitbekommen und genauso schnell unsere internationalen Studentenausweise (meiner aus Deutschland, ihrer aus Großbritannien) verschwinden lassen. Stattdessen versuchten wir es fortan mit einer neuen Identität als Studentinnen der Kunstgeschichte. Und weil wir so viel Zeit zusammen verbrachten, übernahm ich wie beiläufig den Akzent meiner britischen Freundin, so dass wir dank unserer bleichen Gesichter, mangelndem Modegeschmack und heftigem Watford-Akzent nunmehr beide als Britinnen wahrgenommen wurden, die ganz dringend und ohne Geld die Römischen und Florentiner Museen besuchen wollten.

Dass das moralisch verwerflich sein könnte, war uns bei den damals schon hohen Eintrittspreisen herzlich wurscht. Wir logen und flirteten uns an den Ticketschaltern vorbei, was das Zeug hielt. Ausweisen konnten wir uns nie. Aber das war in der Regel auch nicht erforderlich und hätte in meinem Fall auch wenig genützt, hatte ich mir doch gleich auch noch einen neuen Vornamen zugelegt. Nötig war das nicht, fühlte sich aber plausibler ab. Es war ja nicht Susanne, die sich die zehntausend Lire für das Eintrittsgeld ersparen wollte, sondern Elizabeth.

In zwei von drei Fällen ließ man uns anstandslos und ohne Eintritt zu verlangen hinein. In den anderen Fällen bot man uns einen Deal an: Wir bekämen einfach ein ermäßigtes Ticket, wenn wir es nicht an die große Glocke hängen würden, dass man uns verbilligt eingelassen hatte.

Wir schworen, dies Geheimnis für uns zu behalten und genossen im Anschluss eine Ausstellung über El Greco zum halben Preis.

Wenn ich heute Museen betrete und sehe Menschen an der Kasse um Tickets feilschen, finde ich das hochnotpeinlich. Und trotzdem kann ich sie verstehen, etwa wenn man für den Einzeleintritt in die Wiener Albertina stolze 16 Euro verlangt. Es ist ja nicht so, dass sich der Besuch der Albertina nicht lohnen würde, aber welcher Mensch fängt bei 16 Euro nicht innerlich an zu stöhnen? Ich denke dann stets an meine liebe Freundin Sarah zurück, deren flehender Augenaufschlag Steine erweichen konnte und bezweifle, dass wir mit unserer Nummer heute noch durchkommen würden. Völlig zurecht, denn Museen brauchen das Geld zum Erhalt der Sammlungen, des Hauses und für die Begleichung von Personalkosten. Und dennoch – manchmal ertappe ich mich dabei, wie sich beim Bezahlen der Eintrittskarten der Hauch eines britischen Akzents bei mir bemerkbar macht. (29.8.2019)

PURE IGNORANZ

Wir waren in Italien, die ganze Familie. Wir badeten im Meer, wir aßen Unmengen Eis und Pizza und wir genossen das italienische *dolce vita* nach Kräften. Was wir im Urlaub nicht getan haben: Wir besuchten kein einziges Museum. Das lässt sich nur mit purer Ignoranz begründen. Dafür gibt es keine Entschuldigung – aber eine ziemlich gute Erklärung.

Eine Woche in Triest zu verbringen, ist eine schöne Sache. Zwar weist die Stadt keinen Sandstrand auf, bietet jedoch eine schier unendlich lange Bademeile, die quasi direkt neben der Einfallstraße zur Stadt liegt und von der alle zwanzig Meter Treppen ins klare, saubere Wasser führen. So wurde es zwar nichts mit der Sandburg, was für uns Ostseeerfahrene eindeutig gewöhnungsbedürftig war, aber hatte man sich erst einmal den Umständen angepasst, so dass man, den Einwohnern Triests gleich, sein Handtuch oder seine Bastmatte auf dem Beton auslegte, begann auch schon der Badegenuss. Und keinen Sand in der Poritze zu haben hat ja auch etwas für sich.

Die Kinder haben sich an den Kiosken entlang der Barcola Pineta mit Eis, Brioche und saurem Gummizeug den Magen verpickt und wurden jeden Tag braun gebrannter und verklebter, mit fröhlichen Gesichtern und voller aufrichtiger Begeisterung für jeden Krebs, der ihnen am Kai begegnete. Und wir Eltern genossen es, ins Wasser abzutauchen und im Anschluss daran unsere Kleinen vor dem ganzen ungesunden Zeugs zu bewahren, indem wir es heimlich selbst aufaßen, wenn sie gerade mal damit beschäftigt waren, ihren gigantischen, aufblasbaren Gummihai ins Wasser zu lassen, der das Monster aus Steven Spielbergs Film wie einen harmlosen Guppy aussehen ließ.

So weit, so idyllisch. Triest ist allerdings auch die Stadt der Schriftsteller und Dichter und nicht zuletzt war dies der Grund, warum wir genau dort weilten, nämlich aufgrund eines Stipendienaufenthalts für meine Familie und mich, den wir der Förderung von Schriftstellern und Schriftstellerinnen durch die österreichische Literar Mechana verdankten. Da könnte man ja zu Recht annehmen, wir würden uns etwas Mühe geben und etwa die zahlreichen Schriftstellerstätten Triests besuchen, gewidmet etwa James Joyce oder Italo Svevo. Oder eines der nicht minder sehenswerten Kunstmuseen Triests, etwa das Museum Revoltella oder das Museum für orientalische Kunst. Oder wenigstens das tun, was alle tun, nämlich das Habsburgerschloss Miramare besichtigen. Aber nein, wir lagen, die Bäuche voller Zitronengranite, am Wasser herum und zeigten der Kultur die sonnenverbrannte Schulter.

Nun ist es so, dass Wien, unser Heimathafen, über nahezu unzählige Kunsttempel verfügt, die wir mit den Kindern auch regelmäßig aufsuchen, sowie diverse Schriftstellerwohnungen. (In einer davon leben und wohnen wir immerhin selbst, auch wenn die kein Museum ist, sondern ein Heidenchaos, dank der vielen Urlaubswäsche und den Legosteinen, die überall herumliegen und den… Verdammt, Kinder, räumt euer Zeug endlich weg!) Von den vielen Stätten der Habsburgerverehrung Wiens wollen wir an dieser Stelle lieber schweigen. Da kann selbst Triest nicht mithalten. Was Wien jedoch nicht hat, ist ein Ozean vor der Haustür. (Sonst hieße diese Kolumne sicherlich nicht „Menschen im Museum“ sondern „Menschen am Meer“.) Und so leid es uns tut, liebe Einwohner Triests, das fanden wir an eurer Stadt nun einmal eindeutig am reizvollsten.

Immerhin – einmal haben wir es auf den historischen Leuchtturm geschafft, der in der Tat sehenswert ist und von dem man bis nach Lignano hinüberschauen konnte. Aber das zählt wohl kaum.

Fazit: Die Kultur konnte uns diesen Sommer einmal kreuzweise. Dafür schämen wir uns im Stillen ein wenig, wandern im Geiste aber gerne zurück an die Barcola Pineta und zu dem Kiosk mit den ofenfrischen Brioche und dem guten Kaffee. Und hätten gerne noch ein bisschen länger das Wasser mit unserem Haifisch unsicher gemacht… (12.9.2019)

MUSEUMSALLTAG

Er ist hässlich. Er lässt sich schwer reinigen. Er säuft Batterien leer, als kämen die Dinger direkt aus der Ottakringer Brauerei. Und: Er fristet sein unglückliches Dasein in meiner Küchenschublade, seit ich ihn durch ein weit effektiveres Gerät ersetzt habe. Und trotzdem ist er immer noch da, mein Milchschäumer.

Das hat natürlich mehrere Ursachen. Erstens: Ich bin, wie der Wiener so sagt, extrem schlampert. Ausmisten ist nicht mein Ding. Zweiten: Die Küchenschublade ist recht geräumig und so findet das Teil dort bequem Platz zwischen Brotmessern und Suppenkellen. Was nicht stört, wird auch nicht entsorgt. Das ist meine Maxime. (Take that, Marie Kondo!) Und, zu guter Letzt: Er funktioniert noch. Dinge wegzuschmeißen, die noch funktionieren, finde ich furchtbar. Selbst dann, wenn man den winzigen Handmilchschäumer längst durch so ein fancy Induktionsmilchschaumgerät ersetzt hat. (Das im Übrigen enorm viel Platz braucht, im Gegensatz zu dem Ding in meiner Küchenschublade.)

Es sind diese Alltagsgegenstände, die wir in der Handhabung kaum noch wahrnehmen, weil sie so selbstverständlich für uns geworden sind, die uns das

Gefühl von (technischem) Fortschritt vermitteln. Allein, dieser Fortschritt ist trügerisch. Erinnert sich jemand noch an Staubsauger ohne Strom? Oder besitzt jemand von Ihnen ein Grammophon? Sie machen sauber (und man braucht keine Staubsaugerbeutel zu kaufen, begleitet von der nie enden wollenden Diskussionen zum Thema „Wieso gibt es die nicht mehr, wenn es das Gerät dazu doch aber noch gibt?“) oder sie machen eben Musik. Nicht perfekt, manchmal ziemlich kratzig, aber sie funktionieren. Und im besten Fall funktionieren sie ziemlich lange. Muss man sie deswegen zwingend ersetzen, nur weil etwas Besseres unseren Konsumentenweg kreuzt?

Im Technischen Museum Wien gibt es eine Abteilung, die man schlichtweg „Alltag“ genannt hat. Hier finden sich technische Objekte des täglichen Bedarfs, vom Toaster bis zum Staubsauger und dokumentieren den Fortschritt der Alltagstechnik vom Beginn des 20. Jahrhundert bis in die Gegenwart hinein. Zugegeben, mit den Rasierapparaten der 1960er Jahre würde ich mich als Mann auch nicht mehr rasieren wollen. Und nein, Bügeleisen aus den 1970ern sind auch nicht das Gelbe vom Ei. Die elektrische Kaffeemühle dagegen nehme ich gerne mit.

Untermalt wird die Ausstellung durch einen Klangteppich aus Hausfrauensendungen und –werbungen des vorigen Jahrhunderts, in denen Männer Frauen erklären, wie ein solches Bügeleisen denn zu handhaben sei, begleitet von der Aussage der Frau: „Sie sind ja so gescheit!“ Das ist gruselig und überaus komisch zugleich. Und bestärkt mich gerne darin, der Werbung von heute ebenso wenig zu trauen wie der aus den 1960er Jahren.

Wirklich absurd wird es aber dann, wenn diese Gegenstände des vorigen Jahrhunderts, geliebt, gehegt und gepflegt, ihren Weg an die Pforte des Museums finden – und zwar wortwörtlich. Da stehen dann gut zwei bis drei Mal pro Woche Menschen jeden Alters am Hintereingang des Technischen Museums herum, und wollen den Sammlungen des Hauses ihren perfekt erhaltenen Wäschetrockner von 1956 übereignen, wahlweise einen Milchschäumer aus dem Jahre 2002. Denn: Das Teil ist gut erhalten und funktioniert ja auch noch. Warum also nicht Omas geliebten Gemüseschneider statt auf den Sperrmüll ins Museum tragen?

Dieser museale Sperr- und Sondermüll, der ja eigentlich gar keiner ist (wie gesagt, er funktioniert ja noch!!!), kam allerdings in so großen Mengen beim Museum an, dass man irgendwann die Reißleine ziehen musste. Sonst wäre ja das Depot in kurzer Zeit voller Gemüseschneider gewesen. Und ein Museum, das muss man leider so deutlich sagen, ist kein Altwarenhändler. Einmal angenommen und katalogisiert dürfte man den Barttrimmer von 1973 ja nicht mehr veräußern.

Stattdessen sollte man dazu übergehen, die Menschen zur weiteren Verwendung ihres elektrischen Erbes zu ermutigen. Irgendwann gibt auch mal Omas Gemüseschneider den Geist auf, zwanzig Jahre früher oder später. Bei meinem Milchschäumer warte ich dagegen noch ab. Wer weiß schon, wie lange so ein Induktionsgerät hält? Außerdem versteht sich der Kleine so gut mit dem Schneebesen. Sie verhaken sich quasi ständig ineinander. Ich krieg die Schublade schon seit ein paar Tagen nicht mehr auf… (26.9.2019)

LOST – VERLOREN BIS IN ALLE EWIGKEIT?

Ich gebe es zu – ich bin ein Weichei. Sobald ein Film auch nur annähernd in Richtung Krimi tendiert, schalte ich um. Im echten Leben habe ich kein Problem mit Blut und leiste im Bedarfsfall auch gerne erste Hilfe. Im Film reicht bereits das erhobene Messer und ich kriege nächtelang Albträume.

Prinzipiell finde ich ja, dass das echte Leben schon grausig genug sein kann, da braucht es nicht noch Mord und Totschlag auf der Leinwand. Der Tatort kann mir also gestohlen bleiben, sowie jedwede andere Krimi- oder Mysteryserie. Bei „Lost" reichte zum Beispiel schon der Trailer aus und das Licht blieb die halbe Nacht lang eingeschaltet. Dabei gehen Menschen ja auch im echten Leben durchaus mal verloren. So geschehen vor vielen Jahrzehnten im Technischen Museum Wien. Und, auch dies eine unheimliche Parallele, sie tauchten dort nie wieder auf.

Ich hatte vor einigen Jahren das Vergnügen, die Chronik des Technischen Museums aufzuarbeiten. Dabei stieß ich auf eine unscheinbare Zeitungsnotiz aus den 1960er Jahren, in der die Abgängigkeit eines älteren Herrn vermeldet wurde, der ausgerechnet genau dort im Museum seiner sorgenvollen Verwandtschaft abhanden gekommen war. Das Beunruhigende an der Sache war, dass es keine Zeitungsnotiz gab, die über das Auffinden des Mannes Auskunft gegeben hätte. Er ging im TMW verloren und ward nie wieder gesehen? Das ließ nur eine Schlussfolgerung zu: Der Mann muss noch heute dort sein. Angesichts des fortgeschrittenen Alters der gesuchten Person dürfte es unwahrscheinlich sein, den Herrn dort noch lebend zu finden. Demzufolge irrt also der Geist eines Besuchers seit gut 50 Jahren im Museum herum und findet den Ausgang nicht. Na, wenn das nicht Stoff für einen Krimi gäbe…!

So kam ich ins Grübeln. Einer meiner Lieblingsträume ist der, in dem ich über Nacht in einem Feinkostgeschäft eingeschlossen werde und mich durch das ganze Sortiment fressen kann. Was aber, wenn man in einem Museum über Nacht eingeschlossen wird? Abgesehen davon, dass meine Kinder und ich die „Nachts im Museum"-Reihe sehr lieben – welches Museum wäre wohl das am besten geeignete, um dort die Nacht zu verbringen? Und in welchem, wenn es denn schon sein müsste, würde ich gerne „herumgeistern", weil ich seit 50 Jahren den Ausgang nicht finde?

Nun gibt es das wunderbare Schokolademuseum in Köln, in dem ich problemlos eine Nacht bleiben würde, solange man den Shop offen lässt und ich alles verkosten dürfte, was ich wollte. Und es finden sich mit Glück sicher auch ein Weinmuseum (ebenfalls in Köln) oder ein Käsemuseum (zum Beispiel in Amsterdam), in denen ich mir die Nacht um die Ohren schlagen kann. Aber ein ganzes jenseitiges Leben nach dem Tod? Da wird einem ja schrecklich fad! Wer will denn schon eine Ewigkeit lang zwischen alten Gemälden oder, noch abstruser, altem Käse verbringen? Was wäre wohl das Museum der Wahl, wenn man sich darin viele, viele Jahrhunderte lang amüsieren müsste?

Ich habe einen relativ guten Orientierungssinn, also würde ich vermutlich überall rechtzeitig den Ausgang finden, bevor man mich für immer wegschließt. Außerdem gibt es ja so etwas wie einen Nachtwächter. Der setzt mich dann schon vor die Tür. Obwohl – wenn der nur halb so lustig wäre wie Ben Stiller, könnte ich es dort vielleicht auch ein paar Tage und Nächte länger aushalten. Muss ja nicht gleich für die Ewigkeit sein. (24.10.2019)

ALLER HERREN HÄUSER

Wer in direkter Nähe zu Schloss Schönbrunn lebt, für den sind Schlösser, mögen sie auch noch so groß und protzig daherkommen, etwas ganz Normales. Schönbrunn gehört irgendwie zu unserem Alltag dazu. Wir fahren tagtäglich mit der Straßenbahn daran vorbei zur Schule und wir füttern hin und wieder die verwöhnten Eichhörnchen, im Wienerischen Eichkatzerl genannt, im Schlosspark mit Nüssen. (Ein Tipp: Kommen Sie denen bloß nicht mit Studentenfutter, Cashews oder Haselnüsse sind nicht ihr Ding. Wiens Eichkatzerl stehen ausschließlich auf ordinäre Walnüsse – und Nutella. Wobei ich den italienischen Touristen dann doch einen Kurzvortrag über Tierfütterung hätte halten sollen… Also wirklich, Nutella! Wer kommt denn auf so etwas?)

Zurück zu den Schlössern. Sie sind Teil unserer Alltagskultur. Man kann sie besichtigen, sie sind hübsch und sie sind für alle da. Die Parks, in deren Mitte sie stehen, bieten uns Städtern Grünraum zur Erholung und sie machen sich enorm gut als Kulisse für Hochzeitsfotos.

Nun ergab es sich aber, dass ich kürzlich im zauberhaften Örtchen Litschau am Herrensee zu einem Theaterfestival weilte. Litschau ist, das nur nebenbei, die nördlichste

Stadt Österreichs und bricht im Winter gerne Kälterekorde. Das war hier aber nicht der Fall. Sommerlich und idyllisch empfing mich das Städtchen zum Festival „Hin & Weg“, bei dem auch eines meiner Werke eine Szenische Lesung bekam. Die Freude war groß, die Anreise weit – was macht die gute Wahlwienerin? Sie beschließt, sich auf einen kurzen Spaziergang zum Schloss aufzumachen, ein bisschen örtliche Kultur mitnehmen, denn das Anwesen liegt recht malerisch etwas oberhalb des Stadtkerns. Und nun kommt der Haken: Man kann es nicht besichtigen! Da wohnen doch tatsächlich noch immer Adelige drin!

Jetzt stellen Sie sich einmal mein Erstaunen/Entsetzen vor ob des Anblicks eines tatsächlich bewohnten Schlosses. Ja, wo gibt es denn so etwas noch in Österreich? Den Kaiser haben wir vor 100 Jahren erfolgreich aus seinem K.u.K.-Reich vertrieben und dann das: Kein Schlossmuseum in Litschau! Stattdessen wohnt die Familie Seilern-Aspang dort und das sogar schon seit 1763, wobei das Schloss zum ersten Mal im Jahr 1215 erwähnt wurde.

Da dachte man als Normalbürger, die Adeligen hätten ihre Pfründe längst abgeben müssen, die sie ohnehin nur deshalb hatten, weil sie ihre Untertanen über

Jahrhunderte hinweg ausbeuteten – aber nein, weit gefehlt! Bewohnte Schlösser gibt es auch in Österreich noch so einige, etwa die Kaiservilla in Bad Ischl, die heute zu einem Teil Museum, zum anderen Teil Wohnsitz eines Zweigs der Habsburger ist.

Dass die Gebäude bewohnt werden, hat natürlich Vorteile, etwa den, dass die enormen Instandhaltungskosten nicht der Bevölkerung, sondern dem Adel selbst angelastet werden. Adel verpflichtet. In diesem Fall zur Restaurierung teurer alter Mauern. Und so ergibt es sich, dass Litschau zwar über ein sehr malerisches Schloss verfügt, das Malerische aber an der Schlossmauer aufhört, weil hier das Private beginnt.

Das ist in Schönbrunn zum Glück anders. Würde man meinen. Tatsächlich befinden sich zahlreiche Wohnungen (150 an der Zahl) für Privatpersonen in dem riesigen Gebäudekomplex, eine große Gärtnerei und, last but not least, ein Kindergarten. Außerdem gibt es natürlich die musealen Räumlichkeiten, die der Öffentlichkeit schon vor langer Zeit zugänglich gemacht wurden, zwei Theater und zahlreiche Cafés. Und Schönbrunn ist damit nicht alleine: Auch alle anderen großen Wiener Schlösser beherbergen heute normale Bürger ohne Adelsprädikat. Die zahlen ganz einfach

Miete und müssen dafür nicht einmal ihre Kinder in Frondienste zum Herrn Baron/Grafen/Erzherzog/Kaiser geben. Stattdessen halten sie die Kulturstätten Österreichs lebendig.

Kultur gibt es auch in Litschau und zwar eine ganze Menge. Das verschlafene Örtchen macht mit seinem Schrammel- und Theaterfestival ganz schön was her. Nur die Schlösser, die bleiben ganz fest zu. Vielleicht sollte die Kultur hier einmal an den Toren rütteln? Mit etwas Glück gehen diese dann einen Spalt breit auf und lassen das normalsterbliche Leben ein. Zeit wird's. (7.11.2019)

MÅRBACKA

Ich war fünf, als ich beschloss Schriftstellerin zu werden. Zu diesem Zeitpunkt konnte ich weder lesen noch schreiben und die Anzahl der Bücher, die ich kannte, bewegte sich in sehr überschaubarem Rahmen. Doch ein Museumsbesuch änderte alles.

Wir fuhren immer nach Dänemark. Und mit immer meine ich *immer.* Das Auto platzte vor Kindern (vier Geschwister) und Gepäck (mindestens ebenso viele Reisetaschen) fast aus allen Nähten, der Kofferraum des alten, ockerfarbenen Mercedes' wurde bis zum Rand voll mit Lebensmitteln von Aldi gefüllt und ab ging die Fahrt. Wir Schleswig-Holsteiner haben es ja nicht weit bis zur Grenze und meine Eltern mieteten jedes Jahr im schönen Blokhus ein Holzhäuschen und quartierten uns alle dort für zwei bis drei Wochen im Sommer ein. Das waren jahrelang unsere Ferien und abgesehen von dem einen Mal, bei dem ich meinen Bruder, auf dessen Schoß ich mangels Platz auf der Kinderrückbank zu sitzen kam, während der Autofahrt vollgepinkelt habe, hab ich diese Urlaube als unheimlich schön und weitgehend harmonisch in Erinnerung. (Sorry, Achim!)

In diesem einen Jahr aber muss meine Eltern etwas

geritten haben, dass sie uns alle auf ein Schiff in Richtung Schweden verfrachtet haben. Statt Blockhütte und Meer gab es diesmal also Blockhütte und See. Dasselbe in blau-gelb? Aber nein, weit gefehlt! Nie werde ich vergessen, wie ich zum ersten Mal, fünfjährig und Nichtschwimmerin, im See unterging, Wasser schluckte und dann, kaum dass ich wieder atmen konnte, die bahnbrechende Erkenntnis herausschrie: „Mama, Mama, das Wasser ist süß!“ Dass man in Süßwasser baden konnte, hätte ich nie für möglich gehalten. So etwas kannte ich nur von der heimischen Badewanne. Als Kind der Ostsee wäre ich nie auf die Idee gekommen, dass es auch außerhalb unseres Badezimmers Süßwasser gab.

Eine weitere und entscheidende Erkenntnis hat mit dem Bedürfnis meiner Mutter zu tun, uns Kindern die Kultur Schwedens näher zu bringen. So hatte uns unser Vater bereits die „Wunderbare Reise des kleinen Nils Holgersson mit den Wildgänsen“ vorgelesen. Es war eines der ersten Bücher, die ich kannte und nun sollten wir Mårbacka besichtigen, den Gutshof der Autorin Selma Lagerlöf, den sie vom Gewinn ihres Nobelpreises nicht nur zurückgekauft sondern auch von Grund auf renoviert und erweitert hatte.

Stellen Sie sich einen wunderschönen Sommertag in

Schweden vor, voller Sonne, Licht, umhertollender Kinder und, im Hintergrund, ein wunderschönes Herrenhaus, vor dem ein fantastischer Baum stand, in dem eine Schaukel hing. Mehr Kitsch geht nicht, dagegen kann Inga Lindström einpacken. Und so stehe ich dort als Fünfjährige und betrachte andächtig diese Idylle, als meine Mutter sich zu mir herabbeugt und mir zuraunt: „Das, Susanne, war das Haus von Selma Lagerlöf, der Schriftstellerin, die Nils Holgersson geschrieben hat."

Und da war alles klar. In meinem Kopf wurde, ganz ohne mein Zutun, ein Schalter umgelegt und ich fasste den folgenschweren Gedanken: Ich will auch so ein Haus, ich werde Schriftstellerin!

Kaum dreißig Jahre später erschien mein erstes Buch. Der Rest ist eine schöne Geschichte. Nur spielt die Geschichte nicht in einem schwedischen Herrenhaus sondern in einer Wiener Zwei-Zimmer-Wohnung, vollgestopft mit Büchern und Spielzeug, dafür ohne eigenes Zimmer und einem Schreibtisch, auf dem sich vornehmlich Berge von Kinderwäsche türmen statt stapelweiser Manuskripte. Hat manchmal auch etwas Idyllisches, nur ist es mit der Idylle dann ganz schnell vorbei, wenn als einziger Platz zum Schreiben (welch ein Klischee!!!) der Küchentisch bleibt. Und da sitzt sie dann, die Frau Autorin, schiebt schnell ein paar Packungen Müsli beiseite und tippt an ihrer Kolumne herum, während sich die Kinder im Nebenzimmer lautstark mit allerlei Spielzeug bewerfen.

Da kann man mal sehen, was man mit einem Museumsbesuch bei der Nachkommenschaft so anrichten kann. (21.11.2019)

YOU SPIN ME ROUND

Die spinnen, die Gallier. Die Römer natürlich auch, aber in diesem Fall sind es tatsächlich einmal die Gallier, die mir den entsetzlichsten Ohrwurm des Jahres beschert haben: „You Spin Me Round“ von *Dead or Alive*, dem sehr eingängigen 1980er Hit mit dem offiziell grottigsten Musikvideo einer ganzen Epoche.

Bei uns daheim lief bis vor kurzem in Dauerschleife „Asterix und das Geheimnis des Zaubertranks“. Der Film ist großartig, wenn er auch nicht ganz an seinen Vorgänger („Asterix im Land der Götter“) heranreicht. Nach der Eingangsszene, in der Miraculix vom Baum fällt, sehen wir den gallischen Dorfbewohnern und Römern bei ihrer Morgenroutine zu, untermalt vom Sound des eingangs erwähnten „You Spin Me Round“. Dieser Song hat sich im Kopf meiner Kinder festgesetzt wie Kaugummi in den Haaren und seit nunmehr drei Wochen dudelt auch in meinem Kopf nichts anderes mehr. Kein Wunder, denn aus dem Munde meines jüngsten Kindes kommt nichts anderes als ebendieses Lied, das es, dank mangelnder Englischkenntnisse, eher lautmalerisch wiedergibt.

Gegen Ohrwürmer hilft, wie ich kürzlich einem Interview

mit Stephen Colbert und John Oliver entnehmen durfte, ein kurzer Jingle, der zu kurz ist, um sich im Kopf in Dauerschleife festzusetzen. John Olivers Vorschlag, einfach „Ricola" zu rufen, klingt zwar albern, ist aber effektiv. Doch was nützt es, wenn zwei Minuten später das Kind neben einem steht und wieder anfängt zu singen? Und ja, ich habe mein Kind schon Ricola schreien lassen. Danke der Nachfrage, mein Kopf brummt immer noch.

Da bleibt also nur, Feuer mit Feuer zu bekämpfen, sprich Musik mit Musik. Und in der offiziellen Hauptstadt der Musik, also Wien, findet sich ganz sicher ein Heilungsmittel für meine geplagten Nerven, etwa im Haus der Musik. Hier kann der Besucher auf vier Etagen den Geist entspannen und sich dem hingeben, was das angeblich Beste der 1980er aus dem Hirn pustet: Mozart und noch mehr Mozart, ein wenig Beethoven und dann noch etwas Joseph Haydn on top.

Es beginnt schon im Treppenhaus, das man in eine Klaviatur umgemodelt hat und zieht sich von Station zu Station weiter. Sei es, dass man sich seinen eigenen Walzer erwürfelt, so wie Mozart es etwa getan hat oder man in einem Konzertsaal Platz nimmt, der Naturklänge mit Bildern verbindet. Überall wird gezupft

(Riesenklavier), gehorcht und geklatscht. Dazwischen erfahren wir allerlei Biografisches über die großen Musikgenies Wiens und am Ende empfangen wir die höheren Weihen, indem wir die Wiener Philharmoniker in einem eigens gedrehten Video dirigieren dürfen. Nur nicht allzu schwungvoll, sonst stehen die werten Herren auf und fangen an, sich lautstark zu beschweren – ein Highlight für alle Besucher, sich einmal so richtig tief auf Wienerisch anraunzen zu lassen von den Männern, die sonst Götterstatus in dieser Stadt genießen.

Tot oder lebendig, am Ende bleibt immer die Musik. Und natürlich ist es auch ein Zeichen von Qualität, wenn rund 230 Jahre nach seinem Tode immer noch überall Mozarts Musik erklingt. Pete Burns ist übrigens auch schon tot, wenn auch erst seit 2016. Aber auch seine Musik lebt weiter, zumindest im Kopf meiner Kinder. Denn da dreht sie sich herum und herum und herum… (5.12.2019)

DAS WUNDER VON PIACENZA

Sie ist wieder da. Etwas blass um die Nase, weil sie mehr als zwei Jahrzehnte in einem dunklen Versteck in einer Mauernische verbracht hat, eingewickelt in eine Plastiktüte, aber, immerhin, es gibt sie noch, Klimts namenlose Dame.

Im Februar 1997 wird während Renovierungsarbeiten das „Bildnis einer Frau“ von Gustav Klimt aus der Galerie für moderne Kunst Ricci Oddi in Piacenza entwendet und fortan weltweit gesucht. Allein, das Bild ist nicht mehr zu finden. Wer es gestohlen hat und warum, wird sich vermutlich nicht mehr aufklären lassen. Aber dass es wieder da ist, gibt Anlass zur Freude, so es sich denn um das echte Gemälde handelt.

Bei Gartenrenovierungsarbeiten fand man hinter viel Efeu die vergessene Metallluke und dahinter den Sack mit dem Gemälde. Die Leute der Galerie können ihr Glück kaum fassen, nimmt damit doch ein besonders dreister Kunstraub ein gutes Ende. Von einem Weihnachtswunder spricht man gar in Piacenza.

Feuilletonscout hat als erste und womöglich auch als einzige Kulturplattform die Chance erhalten, mit der namenlosen Dame ein Gespräch zu führen.

Sehr geehrte namenlose Dame, zunächst möchten wir Ihnen einmal unseren Glückwunsch aussprechen, dass man sie jetzt, nach 22 Jahren, heil und in einem Stück wiedergefunden hat.

Danke. Damit war in der Tat nicht mehr zu rechnen. Ich dachte schon, ich muss ewig hinter dieser dummen Luke herumlungern, noch dazu in einem Plastiksackerl. Widerlich!

Wir verstehen Ihren Unmut. Können Sie sich denn daran erinnern, wie sie dorthin gelangt sind?

Aber sicher kann ich mich daran erinnern! Zwei Hände haben mich von der Wand gehoben, mich in den Sack gesteckt und dann war's 22 Jahre um mich herum ziemlich dunkel. Ein Wunder, dass ich das alles so gut überstanden hab!

Sie sehen allerdings etwas blass aus.

Danke, die Dunkelheit hat meinem Teint in der Tat sehr gut getan. Mein Kleid ist allerdings vollkommen aus der Mode, aber da kann man wohl wenig machen. Der Gustav hat halt sein ganzes Gold für die Adele aufgebraucht, nun, da blieb halt nichts für unsereins übrig.

Wie eng war denn ihr Verhältnis zu ihrem Schöpfer, Gustav Klimt?

Na, besonders eng kanns net g'wesn sein, sonst hätt ich jawohl an Namen, gell?

Hören wir da ein gewisses Maß an Frustration heraus?

Aber geh…

Das heißt, Sie beide standen sich nicht besonders nahe? Klimt wird ja sonst oft ein sehr enges Verhältnis zu seinen Modellen nachgesagt…

Also, ich bitte Sie, mit wem ich vor gut 100 Jahren mal gepudert hab, ist ja wohl mein Privatvergnügen. Das geht die Kunstwelt überhaupt nichts an.

Es heißt, unter Ihrem Bildnis verbirgt sich ein weiteres, nämlich das einer Dame mit Hut.

Ach, der depperte Hut! Den fand ich so albern, da hab ich Gustav ein neues Bild anfertigen lassen.

Das heißt, die übermalte Dame sind gleichfalls Sie selbst?

Nona, jo. Denke ich. Möglich. Kane Ahnung.

Und was haben Sie in Zukunft vor?

Nun, nachdem diese Restauratoren und Kuratoren ihre Finger nicht von mir lassen können, werde ich wohl einige Zeit in irgendwelchen Laboratorien verbringen. Danach hängt man mich hoffentlich wieder an die Wand.

Da gehör ich schließlich hin.

Vielen Dank für das Gespräch!

(19.12.2019)

DIGITALE RESTAURIERUNG

Wir fragen unsere Kinder gerne, was sie später im Leben einmal werden möchten. Das ändert sich nämlich beinahe täglich. Von Astronaut, über Imker, bis hin zu Kuscheltierfabrikant war schon alles dabei. Natürlich hoffen wir, dass es auch in der Zukunft Reisen ins Weltall, Bienen und Kuscheltiere geben wird. Aber es gibt einen Beruf, von dem ich mir absolut sicher bin, dass ihm die Zukunft gehören wird, weil er sich mit unserer digitalen Vergangenheit beschäftigt: der digitale Restaurator.

Wir alle kennen dieses Phänomen: Der Laptop gibt von heute auf morgen den Geist auf und weg sind die süßen Kinderfotos vom letzten Urlaub mit der Großmutter, scheinbar für immer verloren. Mit Glück hatte man sie auf einer externen Festplatte gespeichert. Aber auch externe Festplatten haben ein Ablaufdatum. Und was kommt dann?

Das ZKM in Karlsruhe hat es längst erkannt. Auch andere Museen kommen langsam drauf, dass man Digitales anfangen muss zu sammeln, zu speichern und zu analogisieren, um Inhalte auf Dauer zu bewahren, weil viele unserer Datenträger nach einem, spätestens zwei Jahrzehnten nicht oder nur noch mangelhaft funktionieren. Selbstgebrannte CDs haben beispielsweise nach 10 Jahren eine durchschnittliche Ausfallquote von 50 Prozent!

Hier kommt der digitale Restaurator ins Spiel. Und nein, er ist nicht zu verwechseln mit dem Freund Ihrer Tochter, der eine altmodische Hornbrille trägt und den seine Freunde gerne als Nerd bezeichnen. Denn bei der digitalen Restaurierung geht es um mehr, nicht nur um die Wiederherstellung von Daten wie Urlaubsfotos, Diplomarbeiten oder dem leider versehentlich gelöschten E-Mail-Account. Es geht um nichts weniger als um die Rekonstruktion unseres Alltags durch die Zugänglichmachung von Datenträgern, die sich schon wenige Jahre nach ihrer Produktion selbst überlebt haben.

Versetzen Sie sich einmal in die Lage eines Archäologenteams im Jahre 2150. Was werden die wohl über uns eines Tages sagen und denken? Wir waren und sind die Generation des beginnenden, digitalen Zeitalters. Ich bin jetzt 43 Jahre alt, aber ich kann mich noch gut an eine Zeit ohne Computer in jedem Haushalt erinnern. Und nun speichere ich auf meinem Handy Fotos ab, für die ich früher, im analogen Zeitalter, mehrere Dutzend Filmrollen gebraucht hätte. Das Gute an den Filmrollen war: Einmal ausgearbeitet, waren die Fotos fit für eine halbe Ewigkeit, denn kaum etwas ist so beständig wie Papier.

Jetzt lagern viele unserer Aufnahmen, Briefe (sprich: Mails) auf Speichermedien, die unsere Enkelkinder bereits nicht mehr werden lesen können, weil es schlichtweg keine Geräte mehr geben wird, die noch im Stande sein werden, USB-Sticks zu öffnen, weder die Hardware noch die Software betreffend. Glauben Sie nicht? Nun, können Sie noch Floppy Discs einlesen? Eben.

Nichtsdestotrotz wird unser ganzer privater, digitaler Müll noch da sein, in 50, 100 oder auch 500 Jahren. Und um den wieder zugänglich zu machen, wird es jemanden geben müssen, der nicht nur Daten von alten Datenträgern herunterlesen kann, sondern der die Geräte baut, die das Lesen überhaupt erst möglich machen werden – eine Art MacGyver des Archivwesens, den digitalen Restaurator bzw. die digitale Restauratorin. Denn sonst werden die Archäologen der Zukunft uns als die verlorene Generation bezeichnen müssen, von deren Alltag in den Museen der Zukunft nicht viel mehr zu sehen sein wird als ein verstaubtes, altes MacBook, von dem keiner weiß, was es je enthielt. (2.1.2020)

DIE DUNKLE SEITE DER ARCHIVARIN

Sie trägt keine Handschuhe! Rey fasst das wertvolle Artefakt einfach so mit ihren bloßen Händen an! Und während sich alle anderen Zuschauer in Kinosaal mit Genuss dem Kinoereignis des Jahres hingeben, erliege ich der Déformation professionnelle und kann an nichts anderes mehr denken als an weiße Baumwollhandschuhe. Zur Hölle mit der hellen Seite der Macht! Die dunkle Seite trägt wenigstens Handschuhe!

Zunächst einmal spreche ich eine Warnung an alle Fans der Star-Wars-Filme aus, die es tatsächlich immer noch nicht geschafft haben, Teil 9 der Saga im Kino anzuschauen: Die folgenden Zeilen könnten einige Spoiler enthalten. An alle Menschen, die im Archivwesen tätig sind, ergeht gleichfalls eine Warnung: Ihr müsst jetzt ganz, ganz tapfer sein! Denn was ich euch nun zu berichten habe, stellt euch sicher die Nackenhaare auf.

Im letzten Teil der Trilogie um Rey, Kylo, Poe und Finn („Der Aufstieg Skywalkers“) begibt sich die gute Rey auf die Suche nach einem Raumschiff in die Wüste. (Den Planeten dazu hab ich schon wieder vergessen. Der Film enthält eine ganze Menge Ortswechsel.) Sie findet das Raumschiff, stürzt in eine Sandgrube, hat eine Art Harry-

Potter-Moment (wir erinnern uns an den Basilisken aus Teil 2 der Potter-Filme und wissen, was J.J. Abrams zu seiner Sandschlange inspirierte), findet ein besonderes Artefakt (einen Dolch) und – dramatischer Tusch – fasst ihn an! Ohne Handschuhe! Gruuuselig! Allein die Fingerabdrücke auf dem Teil werden sich dort dank ihrer Schweißfinger bis in alle Ewigkeit einbrennen. Die Archivarin in mir heult auf. So ein wichtiges Ding fasst man doch nicht einfach so mit den Fingern an!

Aber es kommt noch schlimmer. Der Dolch führt nach einer langen Odyssee zum Wrack des Todessterns (den dazugehörigen Planeten hab ich auch vergessen) und dort lagert dann ein so genannter Sith-Wegweiser. Wohin der führt, verschweigen wir jetzt mal. Und was tut Rey? Sie fasst das Teil schon wieder ohne Handschuhe an! Ja, ist denn das zu fassen? Nun gut, es lagerte einige Jahrzehnte mitten im Meer auf einem von Salzwasser zersetzten Todessterngerippe, aber dennoch: Wenn das Ding schon so wichtig ist, wieso denkt dann nur Kylo daran, es nicht mit bloßen Händen anzugrapschen?

Und nun kennen Sie die dunkle Seite der Archivarin, die jahrelang im Museum Objekte in säurefreies Papier umgelagert hat und es nicht ertragen kann, wenn im Film wertvolle Kunstgegenstände mit dreckigen

Patschefingern berührt werden. Und da bildet Star Wars 9 leider keine Ausnahme. So etwas kommt sogar in den besten Dokus vor, wo man zusätzlich noch einen fetten Scheinwerfer auf das einzige, erhaltene Schriftstück hält, dass uns über die Existenz Hannibals Auskunft gibt. Nein, nicht Lecter. Der Echte! Der mit den Elefanten!
Es macht mich fertig. Als ob bei Filmaufnahmen plötzlich alle Gesetze des Archiv- und Bibliothekenwesens außer Kraft gesetzt werden, tapsen sich die Menschen durch Kirchenchroniken aus dem 16. Jahrhundert („My Heritage") oder es schrecken selbst erfahrene Archäologen nicht davor zurück, Sarkophage mit den bloßen Finger zu berühren (kommt in so gut wie jeder Ägypten-Doku vor). Es ist zum Heulen.
Kümmert Sie nicht? Sie wollen wissen, wie ich den neuen Star Wars Film fand? Abgesehen vom gruseligen Umgang mit wertvollen historischen Objekten war's super! Es lösen sich jede Menge Handlungsstränge auf und es bleiben kaum Fragen offen. Nicht alles ist wirklich logisch und die Szenen mit der verstorbenen Carrie Fisher wirkten auf mich allzu statisch und irgendwie deplaziert (bei aller Verehrung für Carrie Fisher), aber sonst ist es ein sehr gelungenes Spektakel. Und, ach ja: Kylo macht eine ziemliche Wandlung durch und Adam Driver sieht

sogar richtig nett aus, wenn er endlich einmal gelöst lächeln darf. Aber da hat er schon keine Handschuhe mehr an… (16.1.2020)

EIN SONNENGRUSS FÜR TINTORETTO

Yoga. Meditation. Speeddating (!?!). Kinderparty. Muschelessen. Es gibt kaum etwas, das Museen nicht als Extra anbieten, um Besucher ins Haus zu kriegen, die sonst keinen Fuß in die Tür setzen würden. Allerdings: Wer einen Tintoretto nur zu würdigen weiß, weil er ihm den herabschauenden Hund machen kann, der sollte der Kultur womöglich besser fernbleiben.

Kunst um der Kunst willen, so denkt sich das der langläufige Besucher, ist das wohl herkömmlichste Angebot, das einem ein Museum machen kann. Ich zahle, ich gehe, ich schaue und dann verschwinde ich wieder. So hat das über Jahrzehnte hinweg funktioniert. Wenn die Ausstellung langweilig war, dachte man sich: „Schad' ums Geld." Und wenn sie gut war, dann freute man sich und kam wieder.

Nun aber brechen den Museen angeblich die Besucher weg (gucken wohl alle Netflix) und man bemüht sich um neue Kundschaft. Das ist löblich. Aber ist es auch sinnvoll? Kann ich Menschen nachhaltig für sakrale Kunst des Spätbarocks begeistern, indem ich sie davor herumturnen lasse? Hilft es der Kunsterfahrung auf die Sprünge, wenn ich vor einer antiken Statue meditiere?

Ganz dumm gefragt: Meditieren die meisten Menschen nicht ohnehin mit geschlossenen Augen? Wozu dann das ganze?

Begreift man Museen als Erfahrungsräume und nicht mehr nur als reine Ausstellungshallen, dann klingt das alles nicht mehr ganz so absurd. Nicht selten geben die architektonisch oft recht beeindruckenden Räumlichkeiten genug her, um allein ihretwegen das ein oder andere Haus besuchen zu wollen. Warum also die Räume als solche nicht nutzen und der Besucherin ein ganz eigenes Erlebnis verschaffen, indem ich vor beeindruckender Kulisse eine passende Theatervorstellung oder Musikveranstaltung stattfinden lasse, zu der ich auch Publikum ins Haus einlade, dass zwar mit Clubbing etwas anfangen kann, dem aber der Zugang zu Rubens oder Richter bislang verwehrt geblieben ist? Nur: Ob man die Menschen dazu bewegen kann, allein der Kunst wegen das Haus erneut zu betreten, ganz ohne Tamtam, das wage ich zu bezweifeln. Finanziell dürften sich derlei Veranstaltungen auf den ersten Blick nicht wirklich auszahlen. Die Personalkosten sind hoch, die Teilnehmerzahl begrenzt. So man nicht für einen Batzen Geld das „Nachts im Museum"-Erlebnis sucht, indem man auf Pritschenbetten zwischen

Dinoskeletten nächtigt (wie z. B. im NHM Wien), halten sich die Kosten für Tickets zu derlei Events in Grenzen. Es geht hier also mehr um den Werbeeffekt.

Wie nachhaltig der ist, muss jedes Haus für sich selbst entscheiden. Auch welche Art Veranstaltung man außerhalb des üblichen Rahmenprogramms anbietet, hängt ganz vom Willen und der Fantasie seiner Betreiber ab, wobei ich gerne eine kurze Empfehlung an alle Museumsdirektionen aussprechen würde, sich bei der Planung jeglicher Events in den eigenen Räumlichkeiten einmal kurz mit den Sicherheitskräften zusammenzusetzen. Sich Publikum ins Haus zu holen, das mit Kunst noch nicht oder kaum in Berührung kam, birgt durchaus Risiken für die Ausstellungsobjekte. Und da geht es nicht um Diebstahl, sondern um die Einhaltung gewisser Verhaltensregeln. Wäre ja auch blöd, wenn die ganze Meditationsarbeit umsonst war, nur weil alle paar Minuten der Alarm losgeht… (12.3.2020)

DIE GROSSE LEERE

Alles hat geschlossen. Unser erweitertes Kinderzimmer, in dem, seltsam genug, jede Menge toter Tiere herumstehen, hat zu. Also kein Naturhistorisches Museum Wien am Wochenende. Auch kein Technisches Museum, kein Kunsthistorisches Museum, kein Haus der Musik, keine Schatzkammer, kein Schloss, kein nix.

Das Corona-Virus hat das gesamte Kulturleben lahmgelegt. Ob abgesagte Buchmesse, geschlossene Opernhäuser und Konzertsäle oder eben Museen – jetzt heißt es, nichts geht mehr. Wer einen Schritt vor die Tür setzt, der muss das in Österreich derzeit gut begründet tun. Wohnungskoller gilt allerdings auch als Grund und man darf immerhin mal mit den Kleinen eine kurze Runde auf Rollschuhen um den Block drehen, bevor man sie wieder vor Netflix parkt oder den nicht enden wollenden Hausaufgaben. (Als ob die hier sechs Stunden täglich selbständig Schule spielen würden, während Mama und Papa im Homeofficemodus feststecken! Geht's noch?)

Stattdessen gibt es Kultur nur mehr digital, weil: Anfassen ist gerade sowieso verboten. Drum führen uns virtuelle Touren durch diverse Museen dieser Welt, sei es durch die Uffizien in Florenz oder mittels eines grandiosen Podcast-Angebots durch das KHM Wien. Nein, natürlich ist es nicht dasselbe. Aber es ist immerhin etwas. Denn wenn unsere von Streaming-Anbietern übersättigten Augen mal wieder etwas Reales sehen wollen (und ja, ich bin mir bewusst, dass es sich hier nur um das digitale Bild eines realen Gegenstandes handelt), dann steht uns der virtuelle Weg in die Museen offen. Allerdings könnte man auch zu einem Buch greifen... Das ist immerhin ein sehr haptisches Erlebnis, birgt allerdings die Gefahr in sich, dass man dieses Buch dann dem ein oder anderen Familienmitglied hinterherschmeißt, weil es in den 65 Quadratmetern dann doch zu eng wird und man sich jetzt wirklich, also wirklich nicht mit der Frage beschäftigen möchte, warum der Kater in der Schultasche nichts zu suchen hat. Und ja, auch dann nicht, wenn gar keine Schule ist. Nein, das Tier muss nichts dazulernen, es ist einfach nur ein Tier. Und bitte, hör auf, dem Tier ständig Hänschenklein auf der Blockflöte vorzuspielen, der bekommt sonst einen Tinnitus. Nein, keine Ahnung ob Tiere das auch kriegen können. Sollen wir uns vielleicht lieber mal die Katzenmumien im KHM anschauen? Geht jetzt auch auf dem Computer. Die sind immerhin schon tot, denen tut Hänschenklein nicht mehr weh. Nein, wir können unseren Kater nicht mumifizieren. Was weiß ich, wo die Mullbinden sind?! Im Schrank wahrscheinlich. Nein, hinterer Badezimmerschrank. Moment – wozu brauchst du die Mullbinden jetzt gleich noch einmal? Kind? KIND???… (26.3.2020)

DER DUNNING-KRUGER-EFFEKT

Papst Leo X. ist verreist. Das hätte er nicht tun dürfen. Der Mann ist definitiv zu alt und zu gebrechlich dafür. Dennoch hatte man ihn von Florenz nach Rom verschickt. Ein Skandal, finden manche. Business as usual, sagen andere. Was stimmt?

Rom hätte der Welt ab dem 5. März 2020 eine einzigartige Schau mit Werken des wunderbaren Raffael, dessen Todestag sich zum 500. Mal jährt, bieten wollen. (Die Ausstellungsräume wurden aufgrund der Corona-Krise nach nur drei Tagen wieder geschlossen.) Eine epochale Ausstellung mit den wertvollsten Leihgaben aus aller Welt, darunter auch das Bildnis des besagten Papstes Leo X. Dies gehört den Uffizien in Florenz und dürfte, so das wissenschaftliche Komitee des Hauses, nicht mehr verschickt werden. Zu groß wäre die Gefahr, dass das Werk Schaden nehmen könnte.

Nun hatte der Direktor der Uffizien, Eike Schmidt, das Bild doch nach Rom bringen lassen, entgegen der ausdrücklichen Empfehlung seines eigenen Wissenschaftskomitees. Begründung: Die Raffael-Schau sei so wichtig für Italien, dass dieses Bild nicht fehlen dürfte. Das schloss ein „Koste es, was es wolle!" ein.

Die Frage ist: Worin besteht der eigentliche Skandal? Darin, dass das Bild nun tatsächlich verschickt wurde oder darin, dass ein Museumsdirektor nicht auf die Empfehlung seiner Mitarbeiter gehört hat? Geht es hier also um grobe Fahrlässigkeit oder um mangelnde Führungskompetenz?

Wir alle tun Dinge, die wir nicht tun sollten und das sogar täglich. Der eine raucht, die andere stopft unentwegt Schokolade in sich hinein, weil das Leben manchmal ziemlich stressig sein kann, so mit Familie und zwei Jobs und einer Kolumne, die irgendwann auch mal fertig werden sollte. Und dann prokrastiniert man, weil es so viel lustiger ist, Katzenfotos vom neuen, vierbeinigen Mitbewohner zu verschicken, als zu arbeiten. Und dann kriegt die Mama eines und die beste Freundin und die Kusine natürlich auch, obwohl die das total nervt, nur weil das Tier einfach wirklich, wirklich süß ist! Ganz schwarz und gelbe Augen hat er und Teddy heißt er und… Wo war ich gleich? Ach ja. Also, man verschickt mitunter schon mal Bilder, die man nicht verschicken sollte. Aber gleich ein so großes Drama draus machen?

Das Bild wird vermutlich keinen Schaden nehmen. Diesmal. Sehr viel öfter wird es die Uffizien wohl auch nicht mehr verlassen und damit schrumpft der Elefant aus Sicht derer, für die es hier nur um die Frage geht, verträgt das Raffael-Bild einen Transport nach und eine Ausstellung in Rom (die aufgrund der Corona-Krise, wie gesagt, gar nicht stattfindet), wieder auf Mückengröße. Sehr wohl Schaden nimmt die Glaubwürdigkeit wissenschaftlicher Mitarbeiter, deren Expertise man anzweifelt, obwohl man sie vorher um ihr Urteil gebeten hatte. Ein gutes Beispiel dafür, wie sich Chefs zuweilen gegen alle Vernunft über das hinwegsetzen, was ihnen Experten raten, noch dazu solche, die sie selbst bezahlt haben. Das hat in der Vergangenheit nicht selten zu Katastrophen geführt und letztlich ist es mangelnde Kompetenz, die uns bei gewissen Staatschefs so zu schaffen macht. Darum reden wir uns alle gerne ein, dass sie schon auf die Expertenmeinung hören würden. Tun sie nur nicht immer und dann haben wir den Salat, wissenschaftlich gesprochen den Dunning-Kruger-Effekt: eine fatale Mischung aus Selbstüberschätzung und Inkompetenz, gepaart mit Ignoranz.

Italien wünschen wir von Herzen, dass es die Corona-Krise überstehen möge und irgendwann zur Normalität zurückkehren kann, auch und gerade was sein unglaublich reichhaltiges Kulturleben betrifft. Papst Leo X. wünschen wir eine gute und sichere Heimreise. Und den Experten dieser Welt, gleich ob sie für Gesundheit, den Klimawandel oder historische Gemälde zuständig sind, wünschen wir, dass man ihnen endlich nicht nur zuhört, sondern ihre Ratschläge auch befolgt. (9.4.2020)

WAS UNS RETTET

Billa. Netflix. Roller-Skates. Und Lehrer Schmidt, nicht zu vergessen. Es gibt so einiges, was meine Familie über die Corona-Krise hinwegrettet. Denn, wie sagt Hölderlin: Wo aber Gefahr ist, *wächst* das *Rettende* auch.

Dank Billa haben wir genügend Zutaten, um mit den Kindern ständig irgendetwas zu backen (und dann auch zu essen). Wir sind also gut im Futter. Netflix ist der Name unseres neuen Babysitters. Dank der Roller-Skates, die wir noch hinten im Schuhregal gefunden haben, hat unser Jüngster genügend Bewegung und flitzt durch Wiens Straßen (Spielplätze sind ja gesperrt) wie ein Wilder. Und Lehrer Schmidt bringt auch noch den dümmsten Eltern bei, wie man Brüche dividiert. (Sehr zu empfehlen für alle Eltern, die im Homeschooling-Wahnsinn die Nerven wegschmeißen, weil Mathe noch nie ihr Ding war.)

Das Wien Museum hat die Einwohner der Donaumetropole dazu aufgerufen, Fotos von Dingen zu schicken, die unseren „neuen privaten oder beruflichen Alltag in Zeiten von Corona begleiten. Eine Auswahl der vorgeschlagenen Objekte soll in einem nächsten Schritt in die Sammlung der Stadt Wien übernommen werden."

Also, wenn ich das so recht überdenke, müssten wir die Roller-Skates unseres Kindes demnach bald im Wien Museum abgeben. Und vielleicht legen wir eine Liste abgelaufener Streamingdienst-Passwörter dazu.

Optischer Hingucker und Lebensretter: die allgegenwärtigen Gesichtsmasken. Auch so ein Objekt, das uns durch die Krise begleitet, wenn auch kein besonders beliebtes. Obwohl – mir ist erst kürzlich auf der Straße eine Dame begegnet, die hatte ihren Mundschutz mit Pailletten bestickt… Es empfiehlt sich also, eine farbenfrohe Sammlung von Masken anzulegen, wenn man als Wien Museum die aktuelle Krise dokumentieren möchte. Vorerst genügt laut Homepage des Museums wohl auch ein Foto vom rettenden Objekt. Nun ist es aber so, dass nicht nur die Gefahr unsichtbar ist, sondern auch das Rettende. Dem tückischen Virus und der Angst, die er in uns auslöst, setzen wir das Gejauchze unserer Kinder entgegen, wenn sie sich über „Neues vom Känguru" zerkugeln. Dem beißenden Geruch der Desinfektionsmittel begegnen wir mit dem Duft einer frisch gebackenen Torta Caprese. Und wenn wir Sehnsucht nach der Fremde haben und uns gar so eingesperrt fühlen, schalten wir unsere neue Lieblingsmusik an: Le Festival Au Desert, Musik aus Mali.

Das klingt fremd und weit und wüstenwarm und gibt den richtigen Rhythmus vor, zu dem wir Pingpongbälle über unseren Esstisch jagen.
All das trägt uns durch den Wahnsinn aus Homeoffice, Homeschooling, Platz- und Bewegungsmangel hindurch. Genauso wie das, was zwischen uns allen vibriert: Liebe, Zorn, Verständnis, Überforderung, Freude und Angst. Die kann man zwar nicht ins Museum tragen, aber sie sind immer da und gehören, jetzt noch mehr als je zuvor, zu unserem Alltag. (23.4.2020)

SPURENSUCHE

Ich werde alt. Das ist eine reine Feststellung. Ich meine das weder positiv noch negativ. Nachdem ich meinen Kindern in größter Corona-Krisen-Heimbespaßungs-Langeweile gestattet hatte, einen Actionfilm auszusuchen, landeten wir bei Mission Impossible I. (Blutige Stellen wurden übersprungen.) Als Ethan Hunt die Floppy Disk rausholte, fing ich zu kreischen an, eben weil ich leider alt genug war zu wissen, was eine Floppy Disk war.

Ich bin nicht nur alt genug, Mission Impossible im Kino gesehen zu haben, ich hatte auch das Vergnügen, den Künstler Adolf Frohner, 2007 unerwartet verstorben, persönlich kennenzulernen, nämlich im Rahmen einer Ausstellung unter dem Titel „Verteidigung der Mitte", die 2001 im Wiener Kunstforum Bank Austria lief und die ich als Museumsaufsicht drei Monate lang bewachen durfte.

In dieser Zeit kam ich nicht nur den Werken Adolf Frohners auf die Spur, deren teils rohe Gewaltdarstellungen durchaus Aufreibendes und Schreckliches enthielten, sondern ich hatte zusammen mit den anderen Aufsichten das Vergnügen, Frohner persönlich zu begegnen. Der Mann, der als Wiener

Aktionist begann und sich dann (man will fast sagen: rechtzeitig) von seinen Kollegen wie Mühl und Nitsch löste, war einer der ausgeglichensten Künstlertypen, denen ich je begegnet bin. Uns Aufsichten trat er mit Respekt, Neugierde und ausgesuchter Freundlichkeit entgegen. Wann immer er seine Ausstellung selbst besuchte, kam er zu uns und fragte schelmisch nach den Reaktionen der Besucher auf seine Werke. Wahrheitsgetreu schilderten wir die Empörung der Hofratsgattinen über entblößte Frauenleiber, worüber er sich sichtlich freute, und die Freude der Touristen über eine Collage, auf der sie ein Portrait Kaiserin Sissis erkannten, was ihn maßlos ärgerte. Er ging mit uns durch die Ausstellung, beantwortete alle unsere Fragen (auch die vermeintlich dummen) und wirkte neben all den gekreuzigten, gemarterten, schmerzverzerrten Leibern, die er dargestellt hatte, unglaublich ausgeglichen. Auf die Frage meines Kollegen, wie das denn zusammenginge, Kunst und Persönlichkeit, die doch so gegensätzlich wirkten, antwortete Frohner vergnügt, er lasse eben das Dunkle in seiner Kunst. So sei er im Leben (weitgehend) frei davon.

Mein 24-jähriges Ich hat das damals enorm beeindruckt. Man konnte also Künstler sein, in seinen Werken manisch, exzessiv und ausufernd, und trotzdem oder gerade deswegen ein netter Mensch. Ich musste also nicht am Leben leiden, sondern konnte meine dunkle Seite in Kunst verwandeln, um letztlich frei zu werden. Mein gesamtes Literaturstudium (auch ausufernd lang und von Leiden durchzogen) hatte nicht im Entferntesten das bewirkt, was dieses Fünf-Minuten-Gespräch mit Adolf Frohner bewirkt hatte. Anders als der eingangs genannte Filmklassiker ohne Mehrwert hat dieses Gespräch Spuren hinterlassen. Ein Geschenk an einen jungen Menschen, von dem er gar nichts wusste und das mich bis heute begleitet. (7.5.2020)

DIE TUGENDSAMEN

Wir stehen dieser Tage überall Schlange: Vor dem Bäcker (da darf nur ein Kunde hinein), vor dem Spielzeugladen (vier Kunden auf einmal), vor der Supermarktkassa (da sind es viele, aber mit meeeterlangem Abstand, so dass die Schlange einmal durch den halben Sparmarkt reicht) und demnächst sicher auch vor den Museen. Und ich merke wieder einmal: Geduld ist eine Tugend, die ich nicht besitze.

In alten Zeiten hatte man ja so seine Vorstellungen davon, was tugendsam war. Das galt vor allem für die Frauen: Sittsam, reinlich, fürsorglich, treu liebend und keusch sollten sie sein. Ich bin definitiv gar nichts davon. Ich fluche gerne und oft, ich suche den Matsch auf meinen Hosen nicht, aber er findet mich (bevorzugt auf Spielplätzen), ich keife öfters mal herum, wenn mir als Mutter alles zuviel wird, ich hab meine Familie daheim zwar lieb, habe aber durchaus schon darüber nachgedacht, heimlich und ohne sie auszuwandern (Corona-Krisen bedingt ist das derzeit nicht möglich – leider) und das mit der Keuschheit… LOL. Die Tugendhaftigkeit wird also eindeutig überschätzt. Oder bin ich da nur nicht auf dem neuesten Stand?

Die Briten können es ja angeblich am besten, das mit dem Schlangestehen. Reihen sich brav hintereinander ein, murren nicht, drängeln nicht vor und warten, bis sie an der Reihe sind. So das gängige Vorurteil. Die Deutschen dagegen können es gar nicht, weil sie es hassen Schlange zu stehen. Deutsche, auch so ein Klischee, mögen es effektiv. Schlangen sind nicht effektiv, Schlangen sind ein Zeichen dafür, dass etwas nicht funktioniert.
Ich habe es in meiner Jugend einmal auf zwei Stunden Wartezeit in einer Schlange gebracht. Gut, da war ich auch noch jung, hatte gesunde Beine und keine zwei quengelnden Kinder an meiner Seite, die alle zehn Sekunden fragen, wann sie denn jetzt endlich, endlich einen Schleich-Dino kaufen können. Also habe ich brav zwei Stunden auf meinen Eintritt in die Ausstellung „Die Dame mit dem Hermelin“ gewartet. Als ich endlich an der Reihe war, musste ich feststellen, dass die gesamte römische Leonardo-da-Vinci-Ausstellung aus genau diesem einen Bild bestand. Meine mangelnden Italienischkenntnisse hatten mich dazu verleitet anzunehmen, es gäbe außer der Dame mit dem Hermelin noch andere Bilder des Meisters zu sehen. Gab es aber nicht. Und so verbrachte ich einige Minuten andächtig vor dem Gemälde und trollte mich dann wieder. Das

Merkwürdige an der Sache war: Ich weiß noch gut, wie wenig mich der Umstand bekümmerte, dass ich zwei Stunden Lebenszeit damit verbracht hatte, auf den Anblick eines einzigen Bildes zu warten und dann mit dem Ergebnis höchst zufrieden war. Ich hatte ein Meisterwerk gesehen und es war so großartig, wie ich es mir vorgestellt hatte. Es hatte zum Glück nicht mehr gebraucht.

Ob das die Besucher, die sich demnächst in die Schlangen vor den Museen Wiens einreihen, auch so sehen werden? Oder muss es schon ein Leonardo sein, damit man das alles klaglos in Kauf nimmt? Soweit mir bekannt, gibt es in Wien keinen Leonardo, wohl aber diverse andere sehenswerte Künstler. Ob es für den vollkommenen Kunstgenuss wohl reicht, nach langer Warterei einmal zehn Minuten „Jäger im Schnee“ von Pieter Bruegel anzusehen und dann wieder zu verschwinden?

Mir fällt gerade ein, dass ich damals nicht allein dort in der langen Schlange unter der Sonne Roms stand, um der Hermelindame zu huldigen. An meiner Seite, oder, besser gesagt, in der Reihe gleich vor mir, stand meine britische Freundin Sarah. Ich erinnere mich gut an ihr rotes Haar im Sonnenschein und wie viel wir miteinander gelacht haben, als wir dort warteten. Wir hatten ja Zeit und der

Umstand, dass britischer Humor selbst die ungeduldigste, tugendlose Deutsche besänftigen kann, spielte sicher auch eine Rolle.

Die „Dame mit dem Hermelin“ befindet sich übrigens im Krakauer Czartoryski-Museum. Nur falls Sie in ferner Zukunft einmal die Lust überkommt, irgendwo sinnvollerweise Schlange zu stehen. Aber nehmen Sie eine britische Staatsbürgerin mit. Man weiß ja nie… (21.5.2020)

DAS WAHRE GESICHT

Masken, Masken, Masken. Sie sind überall. Ob beim Bäcker, beim Spargelstand, in der Straßenbahn oder im Schulgebäude. Sie sind die Accessoires unserer Zeit. Dahinter zu blicken ist streng verboten, es könnte ja das Risiko bestehen, dem anderen ins Gesicht zu sehen und zu erkennen, was unter der Maske steckt.

Der Sänger Cro sollte ja eigentlich der Mann der Stunde sein. Der trug ja schon immer Maske. Wobei der Pandalook vielleicht nicht den Regeln der WHO entspricht. Die NZZ kommentierte die Masken jüngst treffsicher als Maulkorb, den die (in diesem Fall österreichische) Obrigkeit dem Volk gerne verpassen würde, wenn es Bedenken jedweder Art über getroffene Corona-Maßnahmen äußert. Das ist natürlich übertrieben und doch wahr. Sich dem Maskenzwang zu entziehen ist einerseits asozial und andererseits verboten, aber lieben tun wir die Dinger deswegen noch lange nicht und wer sie freiwillig im Sommer bei 35 Grad im Schatten tragen wird, bleibt noch abzuwarten.

Alle tragen Maske. Wir wollen die, die wir lieben, ja schließlich schützen. Und diejenigen, die gefährdet sind, müssen zudem sich selbst schützen. Also binden wir unserem Siebenjährigen eine Stoffmaske um, von der Oma genäht, und spielen mit, das Spiel vom braven Bürger. Was wir unter der Maske denken oder vielleicht sagen wollen, klingt seltsam dumpf. Der Gedanke, dass man nicht für 1,5 Jahre die Menschheit zum Verstummen bringen kann zum Beispiel. Oder dass wir uns nicht auf ewig der Welt verschließen dürfen, weil das Elend an unsere europäische Tür klopft und wir nicht die Rollläden herunterlassen können, so als gäbe es da draußen nichts und niemanden, der unsere Hilfe braucht. Mit Maske inhalieren wir nämlich nur mehr unseren eigenen Dunst. Da dringt nichts mehr durch.

In manchen Regionen Österreichs gibt es in den Raunächten etwas, das sich Perchtenlauf nennt. Da rennen mit wild aussehenden Holzmasken und Zottelfell verkleidete junge Menschen durch die Ortschaft und vertreiben lautstark das Böse. Als Teufel maskierte Einwohner hängen sich riesige Glocken um, um dem Bedrohlichen die Stirn zu bieten, Glück und Segen zu bringen und nicht zuletzt, um für die Einhaltung der Ordnung zu sorgen. Bewundern kann man diese oft kunstvoll gearbeiteten Masken zum Beispiel im Volkskunde Museum Salzburg. Dazu müssen Besucher allerdings auch eine Maske tragen. Ordnung muss ja sein.

Von der Einhaltung dieser Ordnung ist derzeit oft die Rede. Dafür geht die Politik in einigen EU-Staaten nicht selten über das hinaus, was rechtsstaatlich vertretbar ist. Ein Grenzgang mit Folgen, denn hinter der Maske der Fürsorge verbirgt sich mitunter etwas anderes. Eigentlich sollen Masken ja etwas verhüllen, Manchmal aber enthüllen sie das wahre Gesicht. Hätten wir bloß nicht dahinter geblickt. (4.6.2020)

ALLEIN, ALLEIN

Sie sind wieder offen, jedenfalls hier in Wien. Ein großer Teil der Museen hat wieder geöffnet. Mangels Touristenmassen wäre dies der ideale Zeitpunkt, endlich mal in Ruhe und nahezu allein die eine oder andere Stunde mit Klimt, Schiele und Konsorten zu verbringen. Keine Reisegruppe, welche die Sicht auf meine Lieblingsbilder verstellen könnte, keine Massen von Leuten, die den Eingang verstopfen und nahezu niemand im Shop. Los, Susanne, spricht mein innerer Schweinehund, du brauchst Kultur! Raus mit dir! Du warst lange genug in den eigenen vier Wänden eingesperrt. Mach mal was! Geh mal wieder unter Leute.

Allein – ich will nicht.

Ehrlich gesagt, ich bin erschöpft. Der Wahnsinn aus Homeschooling und Homeoffice hat mich bis an meine Grenzen gebracht und teilweise weit darüber hinaus. Die letzten Monate brachten ein eindeutiges Zuviel an Stress und ein Zuwenig an Ruhe mit sich. Und nun, wo ich wieder könnte, will ich nicht mehr.

Über Monate igelt der Mensch sich mit den Liebsten ein, schaut Streamingdienste rauf und runter und versucht, das Beste draus zu machen. Jetzt, wo das Schlimmste vielleicht vorüber ist und die Freiheit zwar nicht ruft aber doch wenigstens flüstert, höre ich weg. Ich mag nicht mehr unter Leute gehen. Ich bin die letzten Monate auch gut ohne fremde Menschen ausgekommen, warum soll ich das jetzt plötzlich ändern?! Eben.

Seit wann bist du denn so asozial?, fragt mich mein innerer Schweinehund. Geh raus, amüsiere dich! Unternimm was Schönes. Du bist Autorin, Gottverdammt, da braucht es Input! Man kann ja nicht immer nur im eigenen Sumpf herumdümpeln.

Doch, kann man, raunze ich. Ich war ja in den letzten Wochen und Monaten fast nie allein. Und das will ich jetzt! Genau das! Ich will allein sein und keine Menschenseele sehen. Ich will nichts anschauen, ich will nichts hören und shoppen will ich schon mal gar nicht. Ich will nur für mich sein. Bäh!, strecke ich meinem Schweinehund die Zunge entgegen.

Langweilerin, mault das Tier zurück.

Und dann fängt es an zu rattern in meinem unterforderten Schädel, weil, Sie erinnern sich, zu wenig Input… Da dauert alles etwas länger. Was wäre denn, wenn es Museen für Einzelpersonen gäbe? Was, wenn ich mit der Kunst allein in einem Raum sein könnte, nur ich und eine Rodinstatue? Das würde nicht nur die

Abstandsregeln bestens bedienen, sondern gleichzeitig meinem Wunsch nach Ruhe sehr entgegenkommen. Und ich würde nicht total verblöden, weil ich mir statt der x-ten Staffel von „How I Met Your Mother“ echte Kunst anschauen würde.

Wie das so ist – diese großartige Idee hatten vor mir auch schon andere Menschen. Diesen verdanken wir zum Beispiel das kleinste Museum der Welt (steht angeblich in der Eifel, genauer in Welchenhausen). Das nennt sich *wArtehalle*, weil es in einem ehemaligen Bushaltehäuschen untergebracht ist. Große Kunst auf kleinstem Raum. Besser kann man das in Corona-Zeiten eigentlich nicht machen.

Nun ist es ziemlich weit von Wien bis in die Eifel und die Grenzen sind zum jetzigen Zeitpunkt noch nicht offen. (Kann sich bis zur Veröffentlichung dieses Textes natürlich schon geändert haben.) Aber offensichtlich ist Welchenhausen *the place to be*! Also, sollte die Obrigkeit in Deutschland Kunst endlich für ebenso wichtig erachten wie Dinge des täglichen Bedarfs und sollten Sie in der Nähe wohnen, dann schauen Sie, wenn das wieder möglich ist, vorbei und gehen (allein!) in das kleinste Museum Deutschlands, wenn nicht gar der Welt. Bleiben Sie dort für sich, aber tun Sie es stilvoll! Ihre alten Jeans laufen Ihnen ja nicht davon, sondern warten sicher ganz brav daheim, bis Sie zurückkehren.

Und nun raus!, schimpft mich der Schweinehund.

Geh ja schon, maule ich, und erhebe mich vom Sofa. Bist du jetzt zufrieden?

Ja, sagt mein Schweinehund und wedelt freudig mit den Jahreskarten der Wiener Museen, die er aus meiner Geldbörse gezogen hat.

Na dann, sage ich. (18.6.2020)

DAS KLEINE ICH-BIN-ICH

Da saß ich auf dem Sofa, neben einer mir völlig unbekannten Frau. Ich war klein, blond, trug weiße Stricksocken und war offensichtlich quietschvergnügt. Mein etwa zwölfjähriges Ich stand plötzlich meinem zweijährigen Ich gegenüber und dieses kleine Ich-bin-Ich trug sogar meinen Namen. Einziger Schönheitsfehler: Das Bild war 1885 entstanden. Ich wurde aber erst 1976 geboren.

Carl Olof Larsson ist bekannt für idyllische Familienszenen. Es gibt zahllose Bilder seiner Kinder, die, postkartenwürdig, entweder unter Birken und blühenden Apfelbäumen picknicken oder an Weihnachten auf Einlass in die gute Stube warten. Es sind Bilderbuchszenen eines Schwedens, deren Ästhetik bis heute nachwirkt. Egal wie sehr man versucht, uns das Hygge-Lebensgefühl (und ja, mir ist bewusst, dass hygge Dänisch und nicht Schwedisch ist) als etwas vollkommen Neues zu verkaufen – Carl Larsson hat es schon vor gut 140 Jahren auf Leinwand und Papier gebannt.

Unter seinen vielen Kindern (sieben haben das Erwachsenenalter erreicht) findet sich auch meine Doppelgängerin: Suzanne war Larssons erstes Kind, geboren 1884. Ihr Vater hat sie über die Jahre hinweg oft und immer wieder gezeichnet und gemalt, u.a. in dem Bild „Lilla Suzanne“ von 1885, dass sie mit ihrer Mutter zeigt und das mir zum ersten Mal im Sommer 1989 in einer Larsson-Ausstellung in Norwegen begegnete. Seitdem bin ich dem Larsson-Idyll verfallen. Kein Hygge-Magazin und kein IKEA-Katalog kann das Gefühl der skandinavischen Idyllische so gut vermitteln wie Larssons Kinderbilder.

Nun hat es durchaus etwas Gespenstisches, sich selbst in einem Bild zu begegnen, das rund 90 Jahre vor dem Tag der eigenen Geburt entstanden ist und natürlich sehen sich blonde kleine Mädchen alle irgendwie ähnlich. Dass ich mich hier selbst erkannte, lag sicher auch am Namen. Dennoch – es war wie ein Blick in einen sehr besonderen Spiegel.

Ist man zwölf, fast dreizehn, dann hat die Suche nach der eigenen Identität gerade erst begonnen. Es wird Jahre, vielleicht Jahrzehnte dauern, bis man weiß, wer man ist. Umso erstaunlicher einer Person zu begegnen, die einem diesbezüglich 90 Jahre voraus ist. Das ist ein bisschen so, als schaute man sich alte Familienfotos an und entdeckt plötzlich, dass man der Urstrumpftante erstaunlich ähnlich sieht. Natürlich identifiziert man sich mit dieser

Tante sogleich, wird allerdings in den wenigen Fakten und Anekdoten, die von ihr überliefert sind, sich selbst schwerlich wiederfinden. Drum beginnt man flugs, die eigene Persönlichkeit auf das gemalte oder fotografierte Gegenüber zu projizieren und schon ist sie geboren, die Doppelgängerin.

Mein älteres Kind ist jetzt im gleichen Alter wic ich damals und natürlich halte ich auf alten Gemälden nach seinem Gesicht Ausschau. Gefunden hab ich ihn noch nicht. Und vielleicht ist das auch nicht meine Aufgabe. Sich in den Bildern Carl Larssons wiederzufinden ist leicht, denn wer will nicht Teil dieser heilen Welt sein – und sei es auch nur, um sich einen Augenblick lang vom allgemeinen Irrsinn unter Birken und blühenden schwedischen Apfelbäumen auszuruhen.

Falls Sie in Zukunft den Weg nach Sundborn in Schweden finden sollten, dann schauen Sie auf jeden Fall im Larsson-Museum vorbei: Falls nicht – Carl Larssons Welt ist überall und sei es auch nur im Postkartenformat.

(2.7.2020)

WIR SIND KUNST

Sie sind überall! Auf jedem Körper und an nahezu jeder sichtbaren Körperstelle lassen sich dieser Tage Tattoos finden. Gehe ich mit den Kindern in eines der vielen Wiener Freibäder, dann ist Kunst am Körper allgegenwärtig, mal mehr, mal weniger gut gemacht. Mittlerweile ist beinahe jeder tätowiert in dieser Stadt – nur ich nicht. Ich weigere mich standhaft, das zu tun was alle tun und bleibe (vorerst) mal „in Natura". Wenn der Trend zum Tattoo irgendwann nachlässt (und alle ihre lächelnden Totenschädel wieder weglasern), dann werde ich mir vielleicht auch eines stechen lassen. Aber dann bewusst gegen den Trend! Ich lese Bestseller ja auch erst dann, wenn sie schon alle gelesen haben und höre, wenn schon Pop, dann am liebsten billige Popsongs von vor drei Jahren.

Nun ist es so, dass man nicht nur Kunst am Körper sondern auch Kunst mit dem Körper betreiben kann – auf vielfältige Art und Weise. Unter dem Motto #dubistkunst hatte der ORF kürzlich sein Publikum aufgerufen, sogenannte „Lebende Bilder" nachzustellen. Viele kamen dieser Einladung nach und schmissen sich mit Enthusiasmus auf die Darstellung von Klimt,

Vermeer und Rubens. Gewonnen hat den Wettbewerb Andreas Kandler mit einer sehr originellen Gruppendarstellung des Klimt-Bildes „Die Jungfrau". Auffällig war, dass die Darstellung des Menschen dabei im Vordergrund stand. Lediglich das berühmte Suppendosenbild Andy Warhols schaffte es unter die Besten. Alle anderen „Lebenden Bilder" ziehen ihre Faszination vor allem aus der detailgetreuen (und oft auch aufwendigen) Nachahmung menschlicher Gesichtszüge, die schon Jahrhunderte zuvor auf Leinwand gebannt worden waren und nun ihre einzigartigen Doppelgänger gefunden zu haben schienen. Doch das Nachstellen großer Kunstwerke ist beileibe keine Erfindung des ORF, sondern reicht bis ins 18. Jahrhundert zurück. Als Begründerin dieser Kunstform wird mehrfach Félicité de Genlis angeführt, aber auch Lady Emma Hamilton stand für diese sehr spezielle Art der Performance Patin.

Nun haben die bevorzugt in Fußgängerzonen herumlungernden lebenden Statuen oft keinen sonderlich hohen künstlerischen Gestaltungswillen, aber sie stehen dennoch in der Tradition genau dieser „Lebenden Bilder". Es mag eine vor dem Sparmarkt auf Spender lauernde Venus von Milet vielleicht nicht sonderlich überzeugend wirken, noch weniger die goldene

Mozartstatue vor Schönbrunn, aber sie erinnern uns daran, dass wir alle Kunstwerke sind – in unserer ganz eigenen, spröden Art. Viele tragen dies auch auf ihrer Haut spazieren. Andere sind mehr innerlich ein Vermeer als äußerlich, wiederum andere singen sich heimlich unter der Dusche die Seele aus dem Leib und ganz Schüchterne träumen sich einfach nur hinein in ein anderes Leben, das so gar nicht dem ihren entspricht. Aber ganz gleich, womit wir uns behängen, bemalen oder unseren Geist anfüllen: Wir alle sind Kunst, originell, kostbar und einzigartig. Also, geben wir uns einen Ruck und spenden wir ein paar Cent an die nächste Statue auf unserem Weg. Denn: Unter der Maskerade eines C-3PO aus Glitzer und Alufolie steckt womöglich ein echtes Kunstwerk. (16.7.2020)

UNBEQUEME WAHRHEITEN

Spiralförmige Eierbecher. Viren. Jeans im Mamilook. Es gibt so einiges, was die Welt nicht braucht. Durch ersteres fallen die Eierschalen immer durch und sauen den ganzen Tisch an. Ich bin mir nicht sicher, ob es irgendein Virus gibt, das für irgendetwas gut ist. Und Mamijeans – also, nein, wirklich nicht! Nein. NEIN! Wer bitte findet *das* denn schick? (SNL hat dazu vor einigen Jahren einen Sketch veröffentlicht und der war eindeutig ironisch gemeint. Momjeans waren per se unkleidsam. Wer in der Modewelt hat da zum Teufel die Ironie schon wieder nicht verstanden?)

Und dann gibt es da noch die reichlich problematische Unterkategorie der „Kunst, die die Welt nicht braucht". Statuen von Sklavenhändlern gehören wohl eindeutig dazu, so ziemlich jedes Denkmal eines Südstaatengenerals, genauso wie das eines gewissen antisemitischen Wiener Ex-Bürgermeisters. Der Wunsch, diese Statuen aus dem öffentlichen Leben zu verbannen ist verständlich, oft notwendig und nicht selten überfällig. Da gibt es Fälle, in denen kann man sich auch mit einer hübschen Gedenktafel, die das umstrittene Objekt in historischem Kontext präsentiert, nicht mehr behelfen.

Da heißt es schlicht: Das muss weg. Natürlich kann man die Bronze einer eingeschmolzenen Robert-E.-Lee-Statue für die Schaffung eines neuen Denkmals verwenden, das die afroamerikanische Geschichte angemessen thematisiert. Könnte man auch mit Herrn Lueger so machen: abbauen, einschmelzen, Neues draus gießen. Und natürlich braucht es zuvor einen Diskurs, ob das Entfernen von Denkmälern aus dem öffentlichen Raum wirklich sinnvoll ist, weil zur Geschichtsaufarbeitung eindeutig mehr gehört, als Rassisten aus Bronze vom Platz zu fegen. Geschenkt.

Wenden wir uns einen Augenblick lang der jüngeren deutschen Geschichte zu, stellen wir fest, dass man durchaus sehr differenziert mit bildhauerischen Altlasten umgehen kann. Da wurden ein paar der zu DDR-Zeiten errichteten Lenin-Statuen zerstört, ein paar ordnungsgemäß abgebaut, einige verschwanden spurlos und nicht wenige wanderten in Museen. Ab und an ließ man auch eine Statue bewusst stehen wo sie war. Es kommt einem rückblickend so vor, als ging es hier mehr um die Reduzierung der Menge und nicht so sehr darum, Geschichte im öffentlichen Raum gänzlich zu negieren. Soll heißen: Eine einzelne Statue von Robert E. Lee stehen zu lassen, versehen mit neuer Plakette oder in

Opposition zu einem „Gegendenkmal“, wäre wahrscheinlich kein Problem. Aber es gibt deutlich mehr als nur eines. Was also tun mit der ungeliebten Geschichte?

Sich ihr stellen, ist die einfache Antwort. Wenn jeder Schüler lernt, was diese Männer im Verlauf der Geschichte ihres Landes angerichtet haben, dann bekommt die Bronzestatue eine neue Bedeutung. So wird aus einem Denkmal langsam ein Mahnmal. Die Altlasten seiner dunklen Vergangenheit in Museen zu verbannen und den öffentlichen Raum davon freizuhalten, ist keine Lösung. Museen sind keine Schrottplätze der Geschichte. Und Geschichte schreibt man weder neu noch um, indem man sie versteckt. Aber wir können unseren Blickwinkel auf sie ändern und so etwas über uns selbst dazulernen. Dass das manchmal unbequeme Wahrheiten sind, gehört dazu. (30.7.2020)

DIE POSTCARD-CHALLENGE

Ich fürchte, das wird wehtun. Aber da müssen Sie jetzt durch. Also, bitte ganz tapfer sein! Stellen Sie sich vor, wie jemand mit einem Fingernagel auf einer Tafel kratzt. Schon allein der Gedanke daran ist grauenvoll, nicht wahr? Der Ton, die Vorstellung davon, es wäre der eigene Nagel, der womöglich bei dieser Tortur umknickt oder bricht… Mir stellen sich jetzt schon alle Nackenhaare auf. Und genau so ist es mir ergangen, als ich die Meldung las, jemand habe Paolina Bonaparte zwei Zehen abgebrochen.

Der unbedarfte Tourist, der für ein Selfie mit der hübschen Schwester Napoleons das Gipsmodell der berühmten Canova-Statue beschädigte, deren Marmorausführung als Venus Victrix ich ein gutes dutzend Mal in Roms Villa Borghese bewundert habe, hatte sich wohl wenig bis gar nichts dabei gedacht. Er posierte einfach mit der schönen Nackten in einem Museum in Possagno und setzte sich unabsichtlich auf ihre zarten Füße, woraufhin ihr zwei Zehen wegbrachen. Ob und wie das zu reparieren sein wird, bleibt abzuwarten. Eine Katastrophe ist es allemal. Die Figur ist quasi ein Nationalheiligtum. Stellen Sie sich nur vor, was passieren würde, wenn ein Tourist in Weimar plötzlich den Lorbeerkranz vom Goethe-Schiller-Standbild abbrechen würde…

Das Schlimme ist, dass mir solche Vorfälle, die leider immer wieder vorkommen, physisch wehtun. Das ist eindeutig meiner Arbeitsbiografie als Security zu verdanken. Einmal Museumsaufsicht – immer Museumsaufsicht. Zerstört irgendjemand irgendwo auf der Welt ein Kunstwerk, könnte man mir genauso gut ein Messer ins Herz rammen. Ich leide da ganz furchtbar mit. (Das tue ich allerdings auch bei Bildern von gequälten Menschen und Tieren. Ich bin da wohl außerordentlich sensibel und schaue mir prinzipiell weder Krimis noch Horrorfilme an… Mir reichen schon die normalen Nachrichten.)

Nun hat sich der Mensch beim Museum entschuldigt, ein Strafverfahren steht möglicherweise im Raum, eventuell wird es auch ein Versicherungsfall. Was es nicht ändert, ist die Tatsache, dass Menschen für ein schlechtes Foto mit sich und einem Gegenstand, wahlweise einer schönen Aussicht, oft unglaublich blöde und gefährliche Dinge tun. Sie stürzen beim Selfiemachen von Klippen, vor Züge oder zerstören eben die Füße von Napoleons Schwester. Zwar erreicht man so eine gewisse

Unsterblichkeit (eben weil man der Idiot war, der dies und das getan hat), aber wohl nicht im Sinne des Erfinders.
Ein Vorschlag zur Güte (und um meine Nerven sowie die meiner Amtskollegen in den Räumlichkeiten aller Museen weltweit zu schonen): Wir machen einfach nur wieder Fotos von den Gegenständen, die wir schön finden und wir selbst müssen dabei nicht aufs Bild. Besser noch: Wir kehren zu dem zurück, was schon unsere Großeltern taten, nämlich Postkarten der Kunstgegenstände käuflich erwerben, die wir fotografieren wollen. Die können wir dann immer noch ablichten und auf Instagram stellen.
Ha! Hiermit rufe ich, zum Schutze aller Kunstgegenstände dieser Welt (und zum Schutz japanischer Touristen auf alpinen Klippen) die Postcard-Challenge aus! Finde die perfekte Postkarte und fotografiere diese ab, dann stelle das Bild ins Netz. Zum Beweis kann man sich ja mitsamt der Karte fotografieren. Dann sind alle zufrieden und niemand verliert mehr ein oder zwei Zehen. (13.8.2020)

WAS IST GLÜCK?

Auf dem Rücken der Pferde soll es liegen. Ich denke, da liegt vornehmlich ein Sattel – wenn man Glück hat. Es ist mit den Dummen. Die Österreicher behaupten, es sei ein „Vogerl“, sprich schwer zu fassen. Und nicht wenige Leute verwechseln es mit der Abwesenheit von Unglück. Das ist ungefähr so sinnvoll, wie das Leben als Nicht-tot-sein zu definieren. Was also ist Glück?

Die Dänen wissen es angeblich besser als alle anderen. Sie führen regelmäßig die Liste der glücklichsten Länder an. Folgerichtig steht das „Glücksmuseum“ auch in Kopenhagen. Dort darf man sich dann von allgemeinen Statistiken über praktische Anleitungen bis hin zu Glücksbringern (und Unglücksbringern) alles ansehen, was mit Glück zu tun hat. Kleiner Spoiler: Eine MAGA-Mütze in Trumprot gibt es hier auch, als Beispiel eines Objekts, das für viele ein begreifliches Unglück bedeutet. Was uns angeblich wirklich glücklich macht, ist oft sehr individuell. Allen Menschen gemeinsam ist aber, dass sie erfüllte soziale Beziehungen brauchen, um wahrhaft glücklich zu sein. Finanzielle Sicherheit (nicht zu verwechseln mit Reichtum) gehört auch dazu sowie Gesundheit, Freiheit, berufliche Entfaltungsmöglichkeit.

Das ist nicht neu, aber immer noch wahr und dass sich das mit Corona und der allgemeinen Unsicherheit auf unserem Planeten nicht gut verträgt, erklärt sich fast von selbst. Was also macht uns in Zeiten wie diesen glücklich? Und kommen Sie mir jetzt nicht mit: Es sind die kleinen Dinge, Susanne! Ein Vogelzwitschern, ein schöner Tag im Sonnenschein, das Lachen eines Kindes. Das klingt wie eine Textzeile aus einem Hermann-van-Veen-Lied der 1980er. Grauenvoll pathetisch.
Zynismus macht einen übrigens nicht wahnsinnig glücklich. Humor dagegen schon. Es muss sich eben die Waage halten. Ansonsten ist es mäßig sinnvoll, dem Glück hinterherzujagen oder sich massenhaft Ratgeber dazu zu kaufen. Das ändert mitunter nichts an den Gegebenheiten. Ich kann mich sehr um gute und stabile Freundschaften bemühen – wenn ich nicht genug Geld zum Leben habe, wird das nicht alles wettmachen können. Es kommt leider aufs Gesamtpaket an.
In der Zeichentrickserie „Angelo“, die meine Kinder gerne schauen, bemüht sich die Titelfigur über Monate, einen perfekten Tag vorauszuplanen. Angelo steckt also eine Menge Arbeit in sein Glück und wartet nicht darauf, dass es ihm einfach zufällt. Es geht zwar einiges schief, aber am Ende findet er es natürlich. Ich frage mich, ob

das die richtige Lektion ist, die meine Kinder lernen sollen: Glück muss erarbeitet werden. Das ist kurz vor „Glück muss man sich verdienen". Ich kenne eine ganze Menge Menschen, die nichts von dem verdient haben, was sie glücklich macht und trotzdem gut drauf sind. Und viele, die äußerlich betrachtet alles haben und dennoch nicht glücklich sind. Also ist es Einstellungssache? Oder genetisch bedingt? Während mich diese Fragen umtreiben, packt mein jüngeres Kind einfach die Badesachen zusammen und zerrt mich, die missmutige Mutter, zur Tür hinaus, ab ins Freibad. Och nö, maule ich, die vielen Menschen und das doofe Abstandhalten wegen Corona und dann wieder im nassen Bikini nach Hause… Aber dann stehe ich dort, im Freibad, das gar nicht so voll ist wie befürchtet und das Kind lacht und die Sonne scheint und glitzert auf dem klaren Wasser und irgendwo zwitschert sogar ein Vogel und mein Leben ist für einen kurzen Augenblick wie es sein soll, Klischees inklusive. Vielleicht ist das die wichtigste Lektion von allen: Glück ist oft nur ein kurzer Moment. Und der klingt in dir nach wie Singer-Songwriter-Geplänkel der 1980er. Manchmal ganz unerwartet, unverhofft schön. (27.8.2020)

EIN BISSCHEN MEER

Oh, hallo! Schön Sie zu sehen! Auch hier? Sie wussten es vielleicht nicht, aber Sie sind meine Urlaubsbekanntschaft. Denn genau in diesem Moment und nur diesem Moment (!) habe ich Urlaub und Sie sitzen mit mir im Kaffeehaus und verbringen hier den einzigen ruhigen Nachmittag des gesamten Sommers mit mir. Obwohl – eigentlich ist schon fast Herbst.

Wir haben es ja versucht und uns dank Corona eine Hütte in Niederösterreich gemietet, dazu einen Leihwagen, weil wir gar kein Auto besitzen und man dort anders nicht hinkam. Von den geplanten acht Nächten verbrachten wir genau eine dort, dann flüchteten wir aus der grindigen, stinkerten und zudem von lauten Untermietern bewohnten Unterkunft wieder nach Hause. Die Vermieterin hatte dann die Nerven uns zu erklären, Siebenschläfer seien kein Ungeziefer sondern „total süß" und wir sollen uns mal nicht so haben. Soviel zum Thema „nie wieder Urlaub mit Airbnb".

Mein Gegenüber behauptet gerne, Urlaub mit Kindern sei kein Urlaub, es sei eine Verlagerung der Kampfzone. Da ist etwas Wahres dran. Nur haben wir diese Zone dann wieder nach Hause verlegt und versucht, von hier aus Ausflüge in die Wiener Umgebung zu machen. Die Betonung liegt auf *versucht*. Die Kinder hatten selten Lust auf das, was die Erwachsenen gerne machen wollten und umgekehrt.

Dahin gingen meine Urlaubstage und nun ist schon September und ich sitze mit Ihnen im Kaffeehaus, was ja kein schlechter Ort ist, um seine Zeit zu verbringen, aber, sagen wir es ganz ehrlich, wir beide wären in diesem Augenblick sicher lieber am Meer. Ein Sommer ohne Ostsee oder Adria ist kein Sommer. Demzufolge laufe ich schon seit Wochen ausschließlich in geringelten Shirts herum und koche Grütze, wahlweise trinke ich viel Caffè Latte oder esse Spaghetti, schaue „Il Postino“ und denke mich weit weg. Es hilft nichts, das Fernweh bleibt.

In Den Haag gibt es ein Museum, das sich Panorama Mesdag nennt. Es zeigt ein Gemälde des Künstlers Hendrik Wilhelm Mesdag, eine 360°-Ansicht des Strands von Scheveningen im Jahr 1881 in den Ausmaßen von 120 mal 14 Metern. Das ist überwältigend, ganz so als stünde man 1881 auf einem Leuchtturm und blickte in Ruhe in die Welt, über sich ein paar kreischende Möwen. Nach kurzer Zeit hat man das Gefühl, in eine echte Landschaft zu schauen. Obwohl das Meer ja quasi um die Ecke liegt, wird einem hier die perfekte Illusion geboten.

Ganz im Ernst – so ein Panorama-Museum braucht Wien viel dringender als Den Haag! Wiens einziger Makel ist bekanntlich, dass es im Binnenland liegt. Was würden die Wiener in diesen Zeiten nicht alles dafür geben, wenigsten ein paar Minuten der Illusion zu erliegen, dass sie sich am Meer befinden? Was würde *ich* nicht dafür geben?! Liebe Den Haager, schickt uns doch eine Kopie eures Panoramas! Bis zum nächsten Sommer dauert es noch so schrecklich lange… Mit sehnsuchtsvollen Grüßen! (10.9.2020)

EINE HALBE EWIGKEIT

Die Sagrada Familia in Barcelona, der Berliner Flughafen oder der Gehsteig vor unserem Haus: Es gibt Dinge, die werden scheinbar nie fertig. Wobei die Nachfolger Gaudis gegenüber den Bauarbeitern in unserer Gasse echt einpacken können, wenn es um die Verschleppung von Bautätigkeiten geht. Seit Monaten leben wir jetzt mit einem Pressluftbohrer vor dem Fenster. Das ist aber alles nichts im Vergleich zu dem, was die Wiener einst so vor den Toren ihrer Stadt errichtet haben, weder in zeitlichen noch in räumlichen Dimensionen.

Das Schloss Neugebäude war einmal umgeben von Wald, Wiesen und Feldern. Heute liegt es im Stadtteil Simmering, der, sagen wir es offen, von allen Wiener Stadtteilen nicht unbedingt durch herausragende bauliche Ästhetik hervorsticht. Die einzigen Steine, die in Simmering Touristen anlocken, sind Grabsteine. Hier liegt der bekannte Wiener Zentralfriedhof. Das Schloss Neugebäude, das durchaus das Zeug zu einem echten Touristenmagneten gehabt hätte, wurde dagegen nie fertig. Seit über 450 Jahren ist es eine Baustelle. Schon Maria Theresia bediente sich hier an allem, was ihr lieb und teuer erschien. Die Säulen der berühmten Gloriette in Schönbrunn stammen ursprünglich aus Schloss Neugebäude, das mal als Gartenschloss angelegt war und zur Belustigung der Habsburger hätte dienen sollen, speziell Kaiser Maximilians II., der im 16. Jahrhundert die irrwitzige Idee hatte, hier ein solches Schloss zu errichten. Wirklich dauerhaft leben wollte er hier nicht. Der riesige Gebäudekomplex, der heute ganz anders aussieht als ursprünglich geplant, verfügte nie über eine Küche und war auch nicht beheizbar. Essen wurde vom nah gelegenen Schloss Kaiserebersdorf herbeigeschafft, das heute die Justizanstalt beherbergt.

Maximilian II. starb 1576, da war das Schloss noch eine Baustelle und sein Sohn, Rudolf II., konnte sich nur mehr begrenzt für das Bauvorhaben seines Vaters erwärmen. Bevor es also je in voller Pracht errichtet war (oder man ihm überhaupt einen echten Namen gegeben hatte), verfiel es auch schon wieder und wurde im Verlauf seiner Geschichte als Munitionsdepot, Militärlager oder Fabriksgebäude genutzt. Und immer, wenn man etwas abgebaut hatte, schützte man den Rest der riesigen Anlage vor Wind, Wetter und Verfall. So kam es etwa zu einem gigantischen Satteldach, das so nie geplant gewesen war. Die Nazis haben hier schließlich eine Außenstelle von Mauthausen eingerichtet, eine Fabrikshalle der

Saurer-Werke, bei der sie auch viele Zwangsarbeiter einsetzten – eines der schrecklichsten Kapitel dieses an Geschichte reichen Ortes.
Nach 1945 verfiel es dann zusehends. Heute bietet es Raum für allerlei Events, von Van-Helsing-Partys über Mittelaltermärkte bis zu Hochzeitsfeiern. Inzwischen steht es unter Denkmalschutz, womit der Abriss abgewendet wurde. Pläne zum Umbau gibt es viele, Geld allerdings wenig und, seien wir ehrlich, was der Wiener in 450 Jahren nicht fertig bekommen hat, kann locker noch einmal 450 Jahre weiter vor sich hingammeln.
Dennoch – steht man vor den alten Mauern, betritt die nie fertig gestellte, manieristische Grotte, wandelt durch die historischen Pferdeställe oder misst die irrwitzig lang gezogene Anlage mit den Augen ab, kann man sich diesem Ort schwerlich entziehen. Es ist eine besondere Mischung aus überbordender Geschichte, Pomp, Verfall, Schrecken und stetem Neubeginn, die Schloss Neugebäude so einzigartig machen. (24.9.2020)

TAFELSILBER

In seiner Sendung „Last Week Tonight“ vom 4. Oktober 2020 fand John Oliver die Zeit, auf ein Problem hinzuweisen, das ihm, neben einer weltweiten Pandemie mit vielen Toten, einem erkrankten US-Präsidenten und einer bevorstehenden US-Wahl, so wichtig erschien, dass er dafür einige Minuten Sendezeit einräumte: Die fatale wirtschaftliche Situation, in der sich die amerikanischen Museen dank der Coronakrise derzeit befinden.

Zwangsschließungen, Besucherschwund und dadurch stark reduzierte Einnahmen setzen den US-amerikanischen Museen so zu, dass über kurz oder lang ein Drittel aller landesweiten Einrichtungen schließen wird. Es fehlt an staatlichen Förderungen und privaten Geldgebern. Der einzige Ausweg, zu retten was zu retten ist, scheint im Verscherbeln des Tafelsilbers zu liegen. Nicht wenige Museen haben damit begonnen, Werke auf dem Kunstmarkt zu veräußern. Das bedeutet nicht weniger als eine Katastrophe für den gesamten öffentlichen Kultursektor, denn, einmal auf den Markt geworfen, verschwindet dieses kulturelle Allgemeingut in Oligarchenvillen oder Banktresoren, womöglich für eine sehr, sehr lange Zeit. Das gefährdet das ohnehin fragile

gesellschaftliche Gleichgewicht auf eine dramatischere Weise als mancher wahrhaben will.
Museen bedeuten eine Demokratisierung der Kunst. Was früher dem (europäischen) Adel bzw. Geldadel oder der Kirche vorbehalten war, konnte seit der Einrichtung öffentlicher Sammlungen dem gesamten Volk zugänglich gemacht werden. Kunst bedeutet Kunst für jedermann. Sehen sich öffentliche Einrichtungen jetzt gezwungen, ihre besten Stücke zu veräußern, um wenigstens die Institution als solche zu erhalten, sagt das alles über den Stellenwert der Kunst in der öffentlichen Debatte aus und über den Stellenwert, den wir der Bildung ärmerer Bevölkerungsschichten einräumen.
Sicher, Europa ist anders. Es gibt staatliche Förderungen und Kulturgüter, einmal in die staatlichen Sammlungen aufgenommen, dürfen nicht so einfach auf dem privaten Markt zu Geld gemacht werden. Das ist richtig und sinnvoll. Anders sieht es bei Privatsammlungen aus. Auch hier gibt es Statuten und Vorgaben, doch gänzlich auszuschließen ist es nicht, wenn unter dem aktuellen finanziellen Druck Vorstände nachgeben und damit beginnen, über die Erschließung neuer Finanzquellen nachzudenken. Das ist legitim, aber gefährlich. Es zementiert auf eine stille Weise die Unterschiede

zwischen denen, die sich im Vorbeigehen einen Pollock für ihre Privatsammlung zulegen und denen, die sich vielleicht kaum noch eine Eintrittskarte leisten können für das Museum, in dem dieser Pollock dann nicht mehr hängen wird.

Darauf zu hoffen, dass die Superreichen dieser Welt Kunstwerke erwerben, um sie dann als Dauerleihgaben an Ort und Stelle zu belassen, ist reichlich blauäugig. Die Mehrheit sollte nicht auf den Goodwill einer Minderheit angewiesen sein, die von der Lebensrealität der Mehrheit nicht die leiseste Ahnung hat.

Wer hier tatsächlich einschreiten müsste wäre der (amerikanische) Staat. Der ist aber gerade anderweitig beschäftigt und lässt die Hilferufe seiner Kunstbetriebe ungehört verhallen. Dabei hat der Ausverkauf gerade erst begonnen. Die Folgen der Coronakrise im Kunstsektor sind also unabsehbar, dürften aber verheerend werden. Und Europa schaut zu. (8.10.2020)

HAUPTSACHE TOD

Der Wiener hat im Allgemeinen einen ziemlich morbiden Humor. Die Wienerin gleichermaßen, nona. Sie können in dieser Stadt ein Gespräch über süße Hundwelpen anfangen, ich schwöre, binnen fünf Minuten landen Sie doch wieder beim Thema Tod und Sterben. Manchmal braucht es dafür auch nur wenige Sekunden:

„Du, wir haben jetzt einen Golden Retriever, einen Welpen. So herzig, sag ich dir!"

„Ach, wie schön!"

„Ja, gell? Die Kinder sind so happy!"

„Du, das ist gut, dass ihr keinen Hamster gekauft habt. Die sterben ja immer so schnell."

Wahlweise bringt der Gesprächspartner auch gerne Erzählungen über längst verstorbene eigene Haustiere ein oder erzählt einem etwas über den Hund der, welch Überraschung, jüngst verstorbenen Nachbarin, der ja zwei Tage neben ihr ausgeharrt hat, bis endlich jemand…

Sogar meine eigenen Kinder, beides Wiener, machen gerne Witze über das Ende des Lebens. Das liebste Schimpfwort meines jüngsten Kindes lautet derzeit „Todesschnitzel". Das hat nichts damit zu tun, dass das Kind Vegetarier ist, sondern schlicht mit einer Abneigung gegen Peppa Wutz. (Eltern dürfen sich hier angesprochen fühlen.)

Laut Georg Kreissler muss ja der Tod selbst ein Wiener sein. Umso naheliegender in einer Stadt wie dieser eine Schau zum Thema Tod zu machen, in diesem Fall vom Dom Museum Wien unter dem Titel „Fragile Schöpfung“. Da wird uns auf eindrückliche und sehr fantasievolle Weise sowohl unser eigenes Ableben wie auch das der Schöpfung vorgeführt, man siehe nach unter dem Stichwort Klimawandel. Zweifellos ein Höhepunkt der Ausstellung ist ein von Korallen zerfressener, menschlicher Schädel des Künstlers Mathias Kessler. Die Ästhetik ist bestechend.

Dass diese Ausstellung nun ausgerechnet mit einer weltweiten Pandemie zusammenfällt, davon haben die Kuratoren bei der Planung nichts ahnen können. Ein seltsamer Zufall ist es allemal und meine Lust, mich dem Thema Tod auszusetzen, ist, ich gebe es zu, enden wollend. Meine Kinder dagegen haben anscheinend überhaupt kein Problem damit. Und irgendwo dazwischen, also zwischen Todesverachtung und Lebensbejahung, spielt sich derzeit unser Leben ab. Da wird in der Welt aus Playmobil und Handyspielen relativ munter gestorben, während ich mein Gemüt mit dem

Schreiben heiterer Sommergeschichten zu beruhigen versuche. Ich bin nicht wirklich sicher, was besser funktioniert.

Jüngst haben wir dann mal die Kleiderschränke ausgemistet und fanden ein altes Shirt mit Glitzerapplikation wieder, das einen Totenschädel zeigt – vor zwei Jahren ein echter Hit bei den Kindern, bis es im Gewühl des Kleiderkastens verloren ging. Nun ist es wieder da. Und wird vermutlich an Halloween zum Einsatz kommen. Da geht das jüngste Kind nämlich als der Tod himself – und bleibt, dank Pandemie, dabei in den eigenen vier Wänden. Kreissler hatte also Recht, der Tod ist tatsächlich ein Wiener. Und er wohnt bei mir daheim. (22.10.2020)

WAS UNS FEHLT

Oft ist es ein Zuviel an Dingen, das sich in meinem Kopf ansammelt. Ein munteres Durcheinander von Wortfetzen, Bildern und Eindrücken aller Art, die sich nachts als absurdes Sammelsurium realer Zutaten zu einem traumhaften Brei vermengen und dann heiratet man plötzlich Hansi Hinterseer oder verpasst den Zug nach Venedig. Wobei ich gestehen muss, dass das mit dem Zugverpassen im Traum viel stressiger war als meine imaginäre Ehe mit Hansi, in der ich offenbar recht glücklich war, drei blonde Kinder mein Eigen nennen durfte und mein Ehemann grundsätzlich alles „bärig“ fand. Die Erleichterung nach dem Aufwachen war dennoch in beiden Fällen groß.

Gegenwärtig leben wir allerdings eher in einem Zeitalter der Verknappung. Keine Ruhe, kein Rückzugsraum, keine Gewissheiten mehr. Das ist nicht immer leicht auszuhalten, bietet allerdings Chancen. Ist der Kopf erst einmal leergefegt, kann sich quasi im freien Raum etwas Neues regen. Kreativität entsteht oft aus Mangel.

Was mir derzeit fehlt ist Kultur, in jeder Form. Ich trau mich ja kaum noch, ein Museum zu betreten oder gar ein Theater. Letzteres werde ich allerdings ganz bald wieder tun, weil nun ausnahmsweise einmal mein eigenes Stück Premiere feiert, ausgerechnet in Corona-Zeiten. Ob da wohl irgendjemand kommt?

Wirklich eigenartig wird es dann, wenn man anfängt, sich Gedanken darüber zu machen, ob wir eigentlich der Kunst genauso fehlen wie sie uns. Sehnt sich Mona Lisa etwa nach den vielen Touristen, die sonst so vor ihr herumstehen, um einen Blick auf ihre schmalen Lippen zu erhaschen? Steigt Batman von der Leinwand ins echte Leben hinab, wenn keiner zusieht und isst dabei eine Packung Popcorn, während er es sich in einem leeren Kinosaal bequem macht? Ein Buch ist auch dann nur ein Buch, wenn es gelesen wird und jemand seine Charaktere im Kopf zum Leben erweckt. Andernfalls bleibt es nur seelenloses, bedrucktes Papier. Musik ist stumm, wenn sie niemand hört und Theater kein Theater ohne Publikum. In den leeren Raum hineinzuspielen ist sinnlos.

Der Wahnsinn der letzten Monate ist noch lange nicht vorbei. Manche sagen, er hat gerade erst angefangen. Dabei bemühen wir uns so sehr darum, so etwas wie Normalität herzustellen, spielen, singen, tanzen, zeichnen und schreiben gegen das Nichts an, als gäbe es kein Morgen. Weil wir wissen: Egal, wie lange es dauert, am Ende sind wir wieder vereint mit dem, was wir lieben.

Weil sie immer noch da sein wird, die Kunst. Am Ende dieses bösen Traums wachen wir auf und sind erleichtert, dass wir noch ganz viel Zeit haben, den Zug zu erwischen und lächeln kurz darüber, welche fatalen Folgen die Liebe unserer Oma zu Schlagermusik für unsere Psyche hatte. Bis dahin füllen wir alle leeren Räume in uns auf. (5.11.2020)

WIENER VIELFALT

Spätestens seit dem Sieg von Conchita Wurst beim Eurovision Song Contest 2014 ist die queere Community auch ins Bewusstsein der breiten Bevölkerung Österreichs vorgerückt. Unvergessen der Anblick von Conchita als Werbetestimonial einer sonst recht konservativ auftretenden Bank wenige Monate nach ihrem ESC-Sieg, was zu so schönen Situationen führte wie der, dass die allgegenwärtige bärtige Lady einer Wiener Hofratsgattin beim Geldabheben vom Plakat aus zulächelte und diese so rein gar nichts dagegen machen konnte. Zähneknirschend, weil ganz unvermittelt mit einem ihr fremden Weltbild konfrontiert, zog die Dame vor mir ihre Hunderter aus dem Bankomaten, schüttelte missbilligend den Kopf und murmelte dann: „Wos soll ma mochn?!“

Nichts, hätte ich ihr gerne hinterher gerufen, rein gar nichts sollst du dagegen machen, sondern das Neue umarmen und endlich in der gesellschaftlichen Mitte willkommen heißen. Rück halt mal a Stückerl beiseite, es ist ja genug Platz für alle da!

Und nun rücken die Wiener Museen tatsächlich ein Stück beiseite, also im übertragenen Sinne, weil die Pläne für ein

queeres Museum, geplant nach dem Berliner Vorbild „Schwules Museum Berlin“, in Wien jetzt immer konkreter werden. Das ist gut und längst überfällig und eine echte Bereicherung für die österreichische Kulturlandschaft, weil hier die queere Community zeigen kann, dass ihre Geschichte lange schon vor Conchita Wurst begann. Sehr, sehr lange vorher.
So haben nicht nur die Habsburger eine recht bewegte schwule bzw. lesbische Geschichte vorzuweisen, auch einer der herausragenden Bauten des Wiener Rings verdankt sich angeblich einem schwulen Architektenpaar: keine Staatsoper ohne die kongeniale Zusammenarbeit von August von Sicardsburg und Eduard van der Nüll! (Allerdings, muss man leider hinzufügen, haben es ihnen die Wiener nicht wirklich gedankt und die Kritik am Werk van der Nüll gar in den Selbstmord getrieben.) Ob in Kunst, Architektur, Geschichte – queeres Leben hat in Wien seine Spuren hinterlassen, die nun endlich auch der breiten Wiener Bevölkerung bewusst gemacht werden sollen, abseits der großen Regenbogenevents.
Wobei das mit dem Bewusstsein immer so eine Sache ist. Oder, wie der Wiener gerne sagt: „Nix Genaues weiß man nicht.“ Was man nicht sieht, ist gar nicht da. So hat man schon eine Menge kultureller und menschlicher Vielfalt

im Dunkeln gehalten, nur damit den strengen gesellschaftlichen Regeln genüge getan wird – ein Korsett, dass es zu sprengen galt und gilt, trotz oder gerade wegen der Corona-Pandemie, Ausgangssperren und erhöhter Terrorgefahr nach dem schrecklichen Attentat in der Wiener Innenstadt vom 2. November 2020. Wien ist anders. Wien ist Vielfalt. Daran ist nicht zu rütteln. Zeigen wir es der Welt! (12.11.2020)

KREISE DREHEN

Ich liebe das ja, wenn sich Kreise schließen. Das gibt einem das Gefühl, dass etwas richtig „rund“ gelaufen ist: Stadtspaziergänge, die dort enden wo sie begonnen haben, Paarbeziehungen, die als Freunde anfangen und auch wieder so aufhören, Kinderspielzeug, weitergereicht von Generation zu Generation, bis Großmutter und Enkel wieder gemeinsam vor dem handgeschnitzten Brettspiel sitzend zueinander finden.

Meine allererste Lehrerin überhaupt war gebürtige Kanadierin und brachte mir mit großer Geduld und einer ordentlichen Portion Zuneigung Blockflöte bei. Da war ich gerade einmal sechs Jahre alt und die Liebe von Frau Cordez zu ihren Schülerinnen und Schülern wurde gleichermaßen erwidert. Der Kreis schloss sich mit meinem letzten Lehrer, genauer gesagt mit meinem Doktorvater Murray, der gleichfalls in Kanada aufwuchs und nicht minder geduldig und friedfertig agierte als die wunderbare, legendäre Frau Cordez.

Dies ist meine 50. und damit letzte Kolumne zu „Menschen im Museum“. Auch hier und heute schließt sich ein Kreis. Der erste Text datiert fast zwei Jahre zurück und war überschrieben mit „Nackte Tatsachen“.

Darin erzählte ich von meinen verzweifelten Versuchen, den eigenen Kindern Kultur zu vermitteln. Ich muss gestehen, ich bin diesbezüglich kein Stück weiter gekommen. Dank der Corona-Pandemie sind die Museen in Wien alle geschlossen. Dabei graut es draußen schon wieder. Der Spätherbst ist da und was tun bei Wind und Wetter mit Kind und Kegel, wenn man nirgendwohin kann?
Die Zeitung „Der Standard" schlägt vor, man solle die Kirchen einfach wieder als Kunsttempel begreifen und sich der sakralen Kunst zuwenden. Außerdem seien Galerien, im Gegensatz zu Museen, ja weiterhin geöffnet und somit stehe die zeitgenössische Kunst jedem frei zur Verfügung. (Bis auch die dicht machen…)
Das ist zwar wahr, aber der Vergleich hinkt natürlich. Meine Kinder sind zeitweilig auch gerne in die Zoohandlung nebenan gegangen, um sich dort die bunten Fische anzuschauen, statt dass man eine teure Karte für das Aquarieneldorado „Haus des Meeres" in Wien löhnen musste. Sozusagen Fischigucken für Arme. Kirchenschätze sind demnach Kunstmuseen für arme Gläubige. Ich bin leider Atheistin, mit Hang zum Humanismus. Das Substitut ist eben nicht das Original. Man geht ja auch nicht auf den Friedhof, weil einem die

Dinoknochen im Naturhistorischen Museum so sehr fehlen…

Wie bekomme ich jetzt die Kurve? Wie soll sich dieser Kreis schließen? Zum Glück gibt es Menschen wie Nathan Hrushkin. Der Zwölfjährige aus Alberta in Kanada (!) lehrt uns, was zu tun ist, wenn das Naturhistorische Museum geschlossen bleiben muss: Er entdeckte in einem Naturschutzgebiet Überreste eines jungen Hadrosauriers – ein Sensationsfund!

Ich werde die Augen offenhalten – für alle Kunst und Dinoknochen, die mir am Weg begegnen und hoffe, Sie tun dasselbe.

Schön, dass wir ein Stück Weges gemeinsam gegangen sind. Wir hören uns bald wieder…! (19.11.2020)

MENSCHEN MIT MUSIK

LET'S GET LOUD!

Kinder tun das gerne und oft – laut sein. Es ist, als ob sie sich vergewissern müssten, dass sie noch da sind. Die eigene Stimme hören, das Trommeln der Füße, selbst ein lauter Schluckauf (in Österreich Schnackerl genannt) sagen uns, dass wir am Leben sind und lassen uns ganz unmittelbar mit der Welt in Kontakt treten. Doch was passiert, wenn es um uns herum ganz leise wird?

Es gibt viele Situationen, in denen wir leise sind, entweder weil wir es wollen oder weil wir es müssen. Oft auch deshalb, weil es schlicht von uns erwartet wird. Kein Quatschen im Unterricht, keine laute Musik nach zehn Uhr abends und wehe jemand fängt im Konzert vor mir an, mit dem Bonbonpapier zu rascheln – da steigt das Aggressionsbarometer binnen weniger Sekunden um ein Vielfaches an! Wer im Wiener Musikverein die Ricola hervorzieht, der begibt sich in Gefahr!

Jetzt wo wir in Wien wieder im Lockdown daheim sitzen werden, jeder für sich allein bzw. im kleinen Familienverbund, wird es auch wieder ganz leise um uns herum. Keine Konzerte mehr, keine Staatsoper, nicht einmal Musikunterricht in der Schule. In so existenzbedrohenden Zeiten wie diesen ist die Stille nur

schwer auszuhalten. Wer hört denn noch, dass wir da sind?
JLo weiß es natürlich besser. „Let's get Loud!" ist kein Vorschlag zur Güte, es ist ein überlebenswichtiger Schritt im Kampf gegen den Wahnsinn. Darum singen Menschen und sprechen mit sich selbst, wenn sie allein sind: Um sich zu vergewissern, dass es sie noch gibt. Ich selbst spreche reichlich viel mit mir selbst, wenn ich allein bin, allerdings nur innerhalb meiner eigenen vier Wände. Die Grenze zwischen Verstand und Wahnsinn ist nämlich fließend und es ist ein feiner Unterschied zwischen den Irren da draußen, die ständig vor sich hin brabbelnd durch die U-Bahn-Station schlurfen und mir, die sich beim Zusammenbau eines Badezimmerunterschranks jeden Schritt laut und deutlich selbst erklärt: „So, Susanne, nun mal die dicke Schraube da ansetzen und… ach Scheiße! Wo ist jetzt die dicke Schraube schon wieder hin?"
Umso größer ist die Freude, dass meine Nachkommenschaft, mit Trompete und Saxophon ausgestattet, locker unser ganzes Viertel davon in Kenntnis setzen kann, dass wir noch leben. Zum Glück haben wir sehr nette Nachbarn…Wobei ja nichts über das gemeinsame Musizieren von Familien geht. Das hat

uns schon von der Familie Mozart bis van Halen einiges an Spaß, Freude und Schönheit in diese Welt getragen. Eine ganz besondere Familie sind die Kanneh-Masons. Wenn jemand in diesen Zeiten gegen Angst und Dunkelheit anspielen kann, dann diese Familie! Meine eigene trötet dagegen laut, aber nicht weniger leidenschaftlich über Wien hinweg. Und die Botschaft ist klar: Wir sind noch da! (3.12.2020)

IN EINER SEKUNDE

Vor vielen Jahren gab es bei „Wetten, dass…?“ einen Menschen, der Popsongs innerhalb von zwei Sekunden benennen konnte. Ich erinnere mich, dass meine Mutter und ich vor dem Fernseher saßen und sie aus dem Staunen nicht mehr herauskam, nicht so sehr der Wette als vielmehr ihres Kindes wegen. Denn: Ich erriet jedes der Lieder innerhalb von nur *einer* Sekunde und das ohne Vorbereitung. Bis heute habe ich keine Ahnung, welche Art von Wahnsinn dafür bei mir verantwortlich ist.

Ich habe nicht viel Geniales an mir. Ich bin ausnehmend schlecht im Rechnen, ich kann leidlich gut Fremdsprachen, ich singe nett, aber für die große Opernkarriere hätte es wohl nicht gereicht und überhaupt fallen mir auf Anhieb eine Menge Dinge ein, in denen ich ziemlich schlecht bin und wiederum nur einige wenige, die ich ganz gut beherrsche. Aber wenn es darum geht, Songs zu erraten, bin ich die Queen of Pop.

Es hat ja angeblich jeder Mensch ein verborgenes Talent. In US-amerikanischen Talkshows und bei Graham Norton in der BBC müssen Prominente immer ein verborgenes Talent vorführen. Keira Knightley kann z.B. auf ihren Zähnen Musik machen, Tom Hiddleston macht gerne Schauspielkollegen nach (und gar nicht mal so schlecht) und wer gar nichts kann, der kann immer noch erzählen, dass er oder sie leider nichts kann und dann macht Graham Norton einen seinen sympathischen Scherze und alles ist in bester Ordnung. Kein Prominenter hat je gesagt: „Oh, I'm a total weirdo! I can name every song in just one second!" Nun, ich bin so ein seltsamer Mensch und ich glaube, ich kann nichts dafür. Es war der Busfahrer.

Der Weg zur Schule war weit und müde stand ich von meinem 11. Lebensjahr an jeden Schultag um 6.40 Uhr an der Bushaltestelle und wartete, dass man mich aus meinem Dorf in einen Flensburger Vorort und zu meiner Schule karren würde. Im Bus lief immer, immer, immer Welle Nord. Meine Textsicherheit bei üblen Schlagern der 1970er, 1980er und 1990er ist erschütternd, ganz gleich ob deutsch oder englisch. Später dann erledigte ich grundsätzlich alle Hausaufgaben, Pro- und Seminararbeiten und schließlich Diplom- und Doktorarbeit in Begleitung von ABBA, Beethoven oder Italopop. Radio ist bei uns daheim King – und ich seine Angetraute. Mit Folgen.

Es gibt wenige Lieder, bei denen ich ins Straucheln gerate, vorwiegend Coverversionen. Aber es reicht der erste Takt des Schumann-Klavierkonzerts und ich weiß, woran ich bin. Nur mit Reggae und Heavy Metall konnte ich mich nie ganz anfreunden. Und Country ist auch nicht so mein Ding. Hat halt jeder seine Vorlieben – und Talente. Es gibt hier nichts, was nicht geht. Auch das ABC zu rülpsen ist ein verborgenes Talent, das etwa meine Kinder durchaus zu würdigen wissen. Denn: Irgendetwas kann jede bzw. jeder. Darum mein Rat: Gehen Sie einmal tief in sich und fragen sich, welches wohl Ihr verborgenes Talent ist. Vielleicht bin ich ja nicht der einzige „weirdo“ da draußen… (17.12.2020)

DAS ERSTE MAL… IM KONZERT

Ich war fünfzehn und es war Chris de Burgh. Mein Vater hatte eine Freundin und mich dankenswerterweise bis nach Kiel gekarrt. Nun standen wir drei dort und sangen und klatschten mit und waren so richtig, richtig glücklich. Das Ganze dauerte zweieinhalb Stunden, ohne Vorband wohl gemerkt. Der Mann war eine 1,68 Meter große Naturgewalt auf der Bühne und brachte problemlos tausende unterkühlte Norddeutsche zum Jubeln, Weinen und Schreien. Man kann sich kein besseres erstes Konzert wünschen.

Wenn ich das heute erzähle, ernte ich dafür nur mitleidige Blicke. Chris de Burgh war nie cool. Coole Leute sind bei Bowie oder vielleicht bei Nirvana das erste Mal im siebenten Konzerthimmel gelandet, doch wer ging denn schon ab zu „Don't Pay the Ferryman?". Aber das war uns egal, wir waren „High On Emotion". Chris de Burgh war ein wahnsinnig guter Live-Performer und ist es wahrscheinlich noch. Und, ganz ehrlich, man kann mit seinem ersten Konzert weit weniger Glück haben. Freundin R. verschlug es zum Beispiel zu David Hasselhoff. Daraus erwachsen bis heute zahlreiche Anekdoten, etwa wenn sie in meiner Gegenwart nach einer verlegten Brille oder Schlüsseln sucht und dabei die Frage „Na, looking for freedom?“ aufkommt. Dabei ist Freundin R. eine musikalisch sehr versierte Frau mit eigener Jazz-Radiosendung.

Die Frage nach dem ersten Pop- oder Rock-Konzert ist eine beliebte Kennlernfrage auf Partys. Dank Corona gibt es weder die noch Konzerte und ich frage mich, was wohl die heute Fünfzehnjährigen einander in rund zehn Jahren fragen werden. Wann warst du zum ersten Mal auf Zoom? Wann bist du von daheim ausgezogen? Wir denken viel über unsere Alten nach, über unser Leben zwischen Homeoffice und Homeschooling, aber dass eine ganze Generation das Jungsein aufschieben soll, das geht oft an uns vorbei. Ein Jahr ist unendlich lang, wenn man ein Teenager ist.

Es gibt so viele erste Male im Leben, gute und schlechte. Das erste Mal im Leben allein verreist? Großartig! Die erste Strawberry-Magherita? Die blieb zum Glück auch die vorvorvorletzte (übelster Kater ever!). Dem ersten Mal in der Oper folgten viele weitere Male. Apropos Oper: Meine erste Opernaufführung überhaupt war ausgerechnet „Anna Bolena“ von Donizetti. Das ist zum Einstieg in die Opernwelt reichlich außergewöhnlich, hat sich aber als voller Erfolg herausgestellt. Toll gesungen, toll gespielt, großartige Kostüme und eine Geschichte zum Mitfiebern und Mitleiden – bis zum bitteren Ende. Wenn ich also demnächst (wann auch immer das sein wird) auf einer Party nach meinem ersten Konzert gefragt werde, antworte ich voll Stolz mit Chris de Burgh und stelle dann die Gegenfrage: Was war deine erste Oper? Ist die Antwort die überaus gängige „Zauberflöte“ oder gar „Hänsel und Gretel“ dann trumpfe ich gekonnt mit Donizetti auf! Und: Welches war Ihr erstes Mal? (7.1.2021)

DER PHIL-COLLINS-FAKTOR

Bei mir ist es Phil Collins. Stellt irgendjemand Phil Collins an, dann verlasse ich schweigend den Raum. Ich kann nicht anders. Das körperliche Unbehagen, das mit dem Lauschen dieser Stimme einhergeht, ist physisch schwer auszuhalten. Das ist merkwürdig, aber nicht unbedingt einzigartig. Jede/jeder hat ihren/seinen eigenen Phil Collins.

Bei manchen ist es Tina Turner, andere kriegen bei Richard Wagner Gänsehaut, allerdings nicht die von der guten Sorte. Meinen Kindern stellen sich z.B. bei Miley Cyrus die Nackenhaare auf. Unsere musikalischen Abneigungen, familienintern, sind vielfältig und für die anderen jeweils nicht nachvollziehbar. Da legt man nichts ahnend eine Platte mit Fado-Musik auf und schon schreit ein Kind. Umgekehrt krieg ich zuviel, wenn ich frühmorgens Aerosmith zu hören bekomme.

Interessanterweise gibt es aber auch so etwas wie Konsensmusik, also Musik die jeder mag oder zumindest duldet. Hummel gehört dazu, auch Mahler, Saint-Saëns und Mozart gehen immer, ganz gleich was man da auflegt, solange es nicht Mozarts Opern sind. Bei Opernmusik ist der Geschmack der Kinder sehr einseitig: Hier geht nur und ausschließlich Verdi. Puccini finden sie zu kitschig, Mozart hat zu viele Rezitative und Barockopern werden von ihnen allenfalls ignoriert. In Sachen Pop und Rock kann man sich in diesem Haushalt immer auf Falco oder Queen verständigen, Nena geht dagegen gar nicht, da laufe ich sogar noch schneller weg als bei Phil Collins und in letzter Zeit wird hier viel Georg Kreisler gehört, aber da kommt es ja vor allem auf die Texte an. Kreisler passt sehr gut zu diesen depressiven Zeiten.

Musik trifft uns ganz unmittelbar da, wo es gut oder weh tut. Sie löst Assoziationen aus, nimmt uns an der Hand oder stößt uns von sich weg. Dem zu entkommen ist allerdings möglich, gleich einer Desensibilisierungstherapie. Man kann sich hinsetzen und Phil Collins hören, eine ganze CD lang und dann noch einmal und noch einmal. Irgendwann hält man das schon aus und stellt fest: Genesis bringt mich nicht um. Schön ist das nicht, aber hilfreich. Man kann ja nicht immer allen anderen den eigenen Geschmack aufzwingen, obwohl das natürlich viele versuchen. Freundin K. hatte einst ein Date mit jemandem, der nichts, aber auch wirklich gar nichts anderes hörte als Pet Shop Boys. Nichts gegen die Pet Shop Boys, aber es gäbe doch noch andere Musik auf der Welt, wagte sie anzumerken. Der Mann sah sie nur beleidigt an, sagte „Nein!" und ging seiner Wege.

Was lernen wir daraus? Musik bringt manchmal das Beste, in selteneren Fällen auch das Schlechteste in uns hervor. Aber es ist niemals die Schuld der Musik. Es sind immer wir selbst, die wir uns dem nicht stellen wollen. Also heißt es tapfer sein, denn es ist 6 Uhr 45 und das Kind holt schon wieder die Aerosmith-Platte hervor. Ich glaub, ich werde „Crazy"! (21.1.2021)

WURM IM OHR

Sie sind die Pest. Manchmal sind sie auch einfach nur nervig. Man wird sie schwer wieder los und sie kommen quasi aus dem Nichts, um uns zu quälen: Ohrwürmer.
In dem wunderbaren Pixar-Film „Alles steht Kopf" ist es ein Song aus einer Kaugummiwerbung, den kleine Archivare im Gehirn hin und wieder aus reiner Boshaftigkeit in die Hirnzentrale schicken, um das Mädchen, in dessen Kopf sich der gesamte Film abspielt, zu ärgern. Bei mir ist es in letzter Zeit eine instrumentale Sequenz aus einem Film, von der ich nicht herausfinden kann, zu welchem Pop-Musiktitel sie gehört. Ich müsste mir mal in Ruhe die Filmcredits ansehen, um zu kapieren, was da in meinem Kopf brummt.
Angeblich entstehen Ohrwürmer in einer reizarmen Umgebung, wenn der Kopf auf Durchzug schaltet, etwa weil man gerade Routinearbeiten erledigt. Und: Menschen, die viel Musik hören, sind dafür anfälliger als solche, die kaum oder gar keine Musik hören. Was sich dabei im Kopf wiederholt, ist auch recht gut erforscht: Meist sind es Musikstücke mit Text zu denen wir eine bestimmte Assoziation haben, seltener sind es reine Instrumentalstücke. Und sie sollten schleifenfähig sein,

sprich es gibt eine Sequenz, die sich wiederholt und die ich, bewusst oder unbewusst, im Kopf mitsingen kann.

Gut, also verdanken tue ich meinen persönlichen Ohrwurm der Serie „Weihnachten zu Hause" (Ganz großartig! Müssen Sie sich nächsten Advent unbedingt ansehen!), damit assoziiere ich mich selbst in schönster Corona-Krisen-Manie in meiner frisch gestrichenen Küche sitzend und Weihnachtskekse futternd (selbst gebacken) und all meinen Frust mit Portwein runterspülend (schlechte Kombi). Am nächsten Tag sitzt man dann da, zuviel Zucker im Blut und einen Ohrwurm im Kopf.

Wie wird man den wieder los? Hierzu gibt es verschiedene Ansätze. Einer wäre, Kaugummi zu kauen, weil so das „Mitsingen", selbst wenn es stumm geschieht, gestört wird. Man kann den Ohrwurm auch ersetzen, etwa durch ein anderes Lied, mit dem man keine speziellen Emotionen verbindet, z.B. klassische Kinderlieder oder auch „Happy Birthday". Auch kurze Jingles ohne Schleife eignen sich hier, die man laut ausspricht, etwa „Raunz nicht, kauf!" oder „Manner mag man eben!". In jedem Fall muss man selbst aktiv werden. Von alleine verschwinden diese Biester nicht.

Also habe ich in den sauren Apfel gebissen und mich

schlau gemacht: Nach zehn Minuten Recherche wusste ich endlich, was mich seit gut zwei Wochen so irritiert hat: „Strangers" der Sängerin Sigrid. Puh, da bin ich aber erleichtert. Und fange schon mal an zu singen. (Immerhin ist Weihnachten vorbei, Zeit also für neue Serien mit neuen Ohrwürmern…): Happy birthday to you, happy birthday to you… (4.2.2021)

DER SONG UNSERES LEBENS

In amerikanischen Liebesfilmen kommt er fast immer vor – *der* Song! „Liebling, sie spielen unser Lied!“ „Oh ja, Darling! Erinnerst du dich?“ „Wie könnte ich das je vergessen!“ Na toll, denke ich mir, offenbar hat jede bzw. jeder einen Song, den er oder sie mit seinem Partner oder der Partnerin verbindet. Nur ich mal wieder nicht. Mein Leben ist also eindeutig keine billige Hallmark-Romanze. Wenn sich zwei Menschen kennenlernen, dann ist da unglaublich viel, ein Sammelsurium an Gefühlen: Neugierde, Angst, Hoffnung, Freude, Lust und Vertrauen. Aber Musik gibt es eigentlich nur selten, es sei denn, man lernt sich zufällig im Rahmen eines Konzerts kennen. Soll ja vorkommen. Spätestens bei der Hochzeit kommt dann die Frage auf, zu was man die Tanzfläche eröffnen soll und viele Paare wählen hier ihren persönlichen Song aus. Der kann kitschig sein oder rockig, neu oder ein Klassiker oder auch ein Lied von der längst vergessenen Indie-Band, zu dem man das erste Mal geknutscht hat.

Ich habe so etwas nicht. Bei uns lief und läuft ständig Musik. Ich assoziiere mit meinen Liebsten ein wahres Potpourri an Melodien.

Mein jüngstes Kind schlief als Baby immer gut zu „Buena Vista Social Club“ ein, wenn ich mit ihm auf dem Arm dazu getanzt habe. Das große Kind wurde stets ganz andächtig bei Mahlers erster Sinfonie. Ich erinnere mich an legendäre Partys bei meiner Freundin B., bei denen wir vollkommen betrunken in der Früh anfingen, Funny-van-Dannen-Lieder zu singen. Und wann immer das Gespräch auf das Thema „Musik deiner Jugend“ kommt, erklingt bei mir im Hinterkopf R.E.M.‘s „Nightswimming“. Dabei mag ich R.E.M. nicht einmal, ich mochte nur diesen einen Song. Bis heute.

Nun soll man nicht immer von sich selbst auf andere schließen, aber ich glaube, so wie mir geht es vielen Leuten: Auch deren Lebenssoundtrack ist ein Mixtape. Da sind gute und schlechte Momente drauf vereint, das reicht vom Lied zum ersten Tanz bis hin zum Choral, den man auf der Beerdigung seiner Oma vor lauter Heulen nicht mitsingen konnte. Wer sich nur auf ein einziges Lied beschränken kann und sagt „Das ist der Song meines Lebens!“, nun, der hat den Rest vergessen. Oder verdrängt.

Eine sehr besondere Art, einem Menschen ein Lied mit in die Wiege zu legen, das ihn oder sie ein Leben lang begleitet, ist die, diesen Menschen nach einem Song zu benennen. Leonard Cohens „Suzanne“ mag da bei mir eine Rolle gespielt haben und, ganz ehrlich, da habe ich es doch wirklich gut getroffen. Musikalisch verarbeitete Susis bzw. Susannes gibt es überhaupt eine ganze Menge, Marias ebenso, dazu jede Menge Julias, Carens und, unübertroffen, *eine* Mrs. Robinson. Da hat man dann schon mal einen coolen Nachnamen fürs Leben, verbunden mit einem der besten Songs aller Zeiten, zu dem ich mit meiner Mutter stets als kleines Mädchen durchs Wohnzimmer gerockt bin. Auch so eine wirklich gute, musikalische Erinnerung. Man kann es im Leben wirklich schlechter treffen. Ich kannte mal ein armes Mädchen namens Mandy… (18.2.2021)

EIN ZIMMER VOLL MUSIK

Ein guter Film braucht drei Dinge: Ein gutes Buch, ein gutes Buch, ein gutes Buch. Behauptete einst Billy Wilder. Nun bin ich zwar Buchautorin, aber ich möchte dem doch vehement widersprechen. Ein Film braucht natürlich noch viel mehr, um wirklich gut zu sein. Das wusste selbstverständlich auch der große Billy Wilder. Neben guten Schauspielerinnen und Schauspielern, einer guten Regie, Produktion etc. ist es vor allem eines: gute Musik!

Es wird schon langsam enervierend. Seit Wochen flötet unser jüngstes Kind auf der Blockflöte die Melodien zu „Fluch der Karibik" vor sich hin. Stundenlang. Und wenn er sie nicht flötet, dann singt er sie. Wir kriegen die Melodie schon nicht mehr aus unseren Köpfen. Das hat seinen Grund: Der Film wäre ohne die Musik nicht einmal halb so gut, Johnny Depps Darstellung eines der durchgeknalltesten Piraten der Filmgeschichte mal beiseite geschoben. Die Filmreihe verdankt ihren großen Erfolg vor allem einem: Hans Zimmer.

Auf sein Konto gehen zahlreiche bekannte Filmmusiken, etwa zu Rain Man, Thelma & Louise, König der Löwen, Inception und eben zu Fluch der Karibik sowie diverser weiter Filmhits. Der gebürtige Deutsche Zimmer spielt in einer Hollywood-Liga mit John Williams oder Ennio Morricone. Wenn jemand Sie mal zufällig nach dem erfolgreichsten, lebenden deutschen Komponisten fragen sollten, dann können Sie problemlos auf Zimmer verweisen.

Während sich die neue Musik nicht darum bemüht, den Zuhörer mit eingängigen Motiven oder Harmonien zu umgarnen, sondern ihn vielmehr auf allen Ebenen herausfordert, knüpft Filmmusik, unter Hinzuziehung aller elektronischen „Spompanadeln", wesentlich enger an die Tradition der Spätromantik an als jede andere Musikrichtung. Und: In dem Moment, wo sie aus der bloßen Imitation hervortritt und Tradition in etwas gänzlich Eigenständiges verwandelt, erobert sie Ohren und Herzen ihrer Zuhörer.

Wenn also unser Blockflöte trötendes Kind nicht von Hans Zimmer loskommt, es sei denn es spielt gerade Griegs Gassenhauer „In der Halle des Bergkönigs", dann spricht das für die Qualität der Musik, die so eingängig ist, dass sie einem binnen kurzer Zeit in Fleisch und Blut übergeht. Das war ja mit den Melodien Mozarts, Puccinis oder Verdis einst auch nicht anders, auch diese wurden vom gemeinen Volk nachgesungen. Unvergessen die

Szene, als ich, Au-Pair-Mädchen in Rom, eine italienische Nonna durch die Villa Torlonia einen Kinderwagen schieben sah und ihrem knapp einjährigen Enkelkind den Gefangenenchor aus „Nabucco“ vorsingen hörte. Nicht summen, nein, singen, den ganzen Text!
Was Oper und Film gemeinsam haben, ist eben diese einzigartige Verbindung aus Geschichte und Musik. Das eine ist ohne das andere nicht denkbar. Wer also Filme liebt, der tut es deshalb so sehr, weil sie ihn auch musikalisch gefangen nehmen. Der Weg vom Ohr bis zum Herzen ist gar kurz. Der Weg aus meiner Wohnung allerdings auch. Bei aller Verehrung für Hans Zimmer – auch Piratenmütter brauchen mal eine Pause. Und so stehe ich also vor dem Joghurtregal bei Billa und summe unter meiner Maske: „Trinkt aus Piraten, joho.“ Ok, ab morgen wird zur Abwechslung mal Friedrich Cerha aufgelegt… (4.3.2021)

ZUM HEULEN SCHÖN!

Max Bruchs Musik, so hat es angeblich meine Großmutter einst formuliert, ist so schön, dass die Schlosshunde heulen müssen. Dem ist nicht zu widersprechen, denn erstens widerspricht man Großmüttern prinzipiell nicht und zweitens hatte sie in diesem Fall tatsächlich einmal Recht. Nur hatten wir nie Hunde in der Familie. Aber Katzen brauchen, laut Walt Disney, ja auch „furchtbar viel Musik".

Meine Schwester sandte mir erst kürzlich den Link zu einem reichlich sentimentalen Popsong von Alicia Keys zu. Wir mussten prompt beide heulen. Ich bin, das gebe ich gerne zu, ziemlich nah am Wasser gebaut. Mich bringt Musik oft und gerne zum Weinen. Das kann man auch ganz gezielt einsetzen, wenn man dringend mal den Tränenstaudamm brechen möchte. Da reichen ein paar Takte zu Samuel Barbers „Adagio for Strings" und es gibt für mich kein Halten mehr. Kein Wunder, dass man dieses Meisterwerk gerne auf Beerdigungen spielt. Die BBC hat es angeblich 2004 zum „traurigsten klassischen Stück" aller Zeiten gewählt. Mein Favorit unter den traurigsten Popsongs ist dagegen „How to Save a Life" von The Fray.

Aber natürlich gibt es nicht nur Tränen der Trauer, sondern auch die der Freude und die kullern ja besonders gerne bei Hochzeiten. Es haben also ziemlich sicher eine Menge Menschen schwerst angerührt Bräuten und Bräutigamen dabei zugesehen, wie sie zu Felix Mendelssohn-Bartholdys „Hochzeitsmarsch“ oder Richard Wagners „Brautchor“ aus Lohengrin, der abgenudeldsten Musik aller Zeiten, zum Altar schritten. Und trotzdem rührt einen das, auch wenn man sich freut, wenn Paare überraschend mal was anderes zum Einzug wählen. Da habe ich allerdings auch schon viel Gruseliges gehört, etwa komplett verhunzte Gospelchöre oder, noch schlimmer, Cohens ewiges „Hallelujah“ in deutscher Übersetzung. Das sind dann Gänsehautmomente der anderen Art.

Wer es royal will, der ist bei Jeremiah Clarkes „Prince of Denmark's March“ gut aufgehoben. Auch ein Klassiker ist „Air“ von Bach. Aber den besten Auftritt hat man natürlich, wenn man zu Marc-Antoine Charpentiers „Te Deum – Prelude“ Einzug hält. Immer noch die schönste aller Fanfaren. Blöderweise hat dann in der Kirche jeder das Gefühl, es kommt gleich „Wetten, dass…?“ und man heiratet Thomas Gottschalk. Man darf aber auch auf Charpentiers Triumphmarsch ausweichen – muss dann

aber bitte auch den ganz großen Auftritt hinlegen.
Gar nicht so einfach, das Richtige zu finden. Zum Glück musste ich mir darüber nie Gedanken machen. Unsere Hochzeitsmusik bestand aus der Aufziehspieluhr unseres Kindes und die dudelte ganz leise „When You Wish Upon a Star", untermalt von starken Schnullergeräuschen. Trotzdem werde ich jedes Mal ganz nostalgisch, wenn ich das Lied höre. Es ist so unfassbar kitschig und dennoch… zum Heulen schön! (18.5.2021)

SHANTYS

Eigentlich bin ich aus dem Alter längst raus. TikTok ist etwas für Teenager. Aber manchmal läuft das wie mit Hase und Igel – einer ist immer schon da. Oder, wie in diesem Fall, schon da gewesen. Wenn Teenies die Musik ihrer Urgroßeltern entdecken, darf sich ein Mensch schon wundern. Seit wann sind Shantys trendy?

Mein Großvater hat so etwas gerne gehört. Entsprechend verbuchte ich es als Großvatermusik. Dazu tat der örtliche Shantychor in meiner Kindheit sicher das seinige, der in gewohnt schräger Art bei Musikveranstaltungen in der Mehrzweckhalle meines Dörfchens mein gar nicht mal so sehr geschultes Ohr zum Bluten brachte. Ach, hätten die mal vor Madagaskar gelegen und wirklich die Pest an Bord gehabt! So enthusiastisch die Männer auch sangen, und es waren nur Männer, so wenig talentiert und bemüht klang das alles doch.

Bei Ina Müller sieht das immer alles so leicht aus. Deren Shantychor, der „Inas Nacht“ musikalisch begleitet, ist zwar auch altbacken, aber auf eine liebenswerte Art und Weise. Und Ina Müller der notwendige Gegenpol. Nur hat halt nicht jeder Shantychor eine Ina mit an Deck. Sollte er aber. Schließlich sind Singen und Saufen zwei herausragende Merkmale von „Inas Nacht“ und das trifft sich in etwa inhaltlich mit den meisten Shanty-Liedern.

Nun ist Seemannsmusik plötzlich wieder in. Ein junger Schotte sang Anfang des Jahres ein Sea-Shanty, nämlich „The Wellerman“, mitsamt Begleitung und ging damit auf TikTok sowie YouTube viral. Jetzt singt die ganze junge Männerwelt (und durchaus auch viele junge Frauen) angeblich Shantys. Mit dabei sind auch noch Kermit der Frosch und Jimmy Fallon. Ach ja, und Andrew Lloyd Webber.

Ob das ein Zufall ist, dass diese Art der Musik während der Coronakrise um sich greift? Zwar waren sie ursprünglich zur Unterstützung bei schwerer Arbeit gedacht (etwa wenn alle Mann an Bord im gleichen Takt arbeiten mussten), aber der Geruch der großen weiten Welt haftet diesen Liedern ganz offensichtlich immer noch an. Jetzt, wo wir nicht in die Welt hinaussegeln können, kommt die Musik also zu uns nach Hause.

Und plötzlich verstehe ich, warum diese wahrhaft unmusikalischen Shanty-Chöre schon damals so einen Zulauf hatten. Es war einfach egal, ob sich der Gesang gut anhörte, es war ja eh nur das Substitut. Bei Shantys geht es nur zweitrangig um die Musik, es geht vielmehr um den Traum von Freiheit (und definitiv nicht ums

Walfangen), die Gründe, warum seit Jahrhunderten Menschen zur See fahren: Abenteuerlust, Neugierde und ein verlockendes Gefühl von Aufbruch und Neuanfang. Wann wenn nicht jetzt würde man dieses Gefühl wohl wirklich brauchen? Darauf einen Tee mit Zucker und Rum! Soon may the Wellerman come… (1.4.2021)

LET'S GET IT ON

Die einen schwören auf Marvin Gaye, die anderen brauchen es klassischer und legen zum „Concierto de Aranjuez“ von Joaquín Rodrigo los. Sex und Musik gehen oft und gerne eine magische Verbindung sein. Dabei sind die Geschmäcker und Vorlieben in der Musik so divers wie die sexuellen Vorlieben der Menschen. Drum höre man gut hin, bevor man sich bettet.

Nahezu jede filmische Liebesszene wird mit einem Soundtrack unterlegt. Da spielt es entweder ganz romantisch Chopin oder auch mal ziemlich billigen 80er-Jahre-Pop, in jedem Fall drückt sich hier viel über die Musik aus. Machen Sie sich doch einmal den Spaß und schauen sie eine der vielen Sexszenen aus Bridgerton an, drehen Netflix den Ton ab und schalten stattdessen im Hintergrund YouTube mit „Can‘t Stop The Feeling“ von Justin Timberlake ein. Na? Das ist nicht einmal im Ansatz mehr derselbe Film bzw. dieselbe Serie. Plötzlich wirkt alles viel lustiger, alberner, leichter. Aber – nicht unbedingt weniger anreizend. Es ist nur eine gänzlich andere Form von Erotik als mit dem Original-Soundtrack. Und der ist, geben wir es zu, ohnehin gewöhnungsbedürftig.

Erotik in der Musik ist nicht erst sei Edvard Griegs gleichnamigem Stück ein beliebter Topos. Das Hinauszögern des Höhepunkts bis zum Schluss, an dem er sich musikalisch endlich entladen darf, hat in der klassischen Musik Europas eine lange Tradition. Bei Griegs „Erotik“ verläuft das Liebesspiel dann schon ein wenig anders. Einem langsamen Beginn folgt der Höhepunkt und geht dann wieder in die ruhige Wiederholung der Eingangspassage über. Das Ende ist so versöhnlich wie der Anfang. Aus Zuneigung wird Liebe, aus Liebe Leidenschaft, die dann, nach dem Höhepunkt, zum Ende hin wieder in tiefe, ruhige Zuneigung übergeht. Das Auf und Ab eines perfekten Liebesspiels. Grieg hält uns auch danach noch ein wenig im Arm, streicht zärtlich unsere Wange und bettet uns zum Schlaf.

Was wir hören, wenn wir das Kopfkino einschalten, ist unserem persönlichen Geschmack unterworfen. Der ist oftmals geprägt von dem, was wir in unserer Jugend zu hören bekommen haben. Und hier gilt: Je vielfältiger, desto besser. Denn wir können nicht immer davon ausgehen, dass unser Gegenüber musikalisch ähnlich sozialisiert wurde wie wir. Wenn wir uns von Vivaldis „Vier Jahreszeiten“ erotisch angesprochen fühlen, der oder die andere aber lieber zu Bon Jovi knutscht, kann das ein Problem sein. Oder eben auch nicht. Im besten Fall hält man Herzen und Ohren offen. Denn ob ein Partner, eine Partnerin zu uns passt, lässt sich manchmal auch am Musikgeschmack erkennen. Liebe macht zwar blind, aber nicht unbedingt taub… (15.4.2021)

GRILLEN MIT BACH

Das Glück ist nicht mit den Dummen, es ist mit den Ambitionslosen. Das sagt die Hauptfigur Johanna in meinem neuen Roman, aber eigentlich habe ich ihr dieses Zitat nur in den Mund gelegt. Tatsächlich denke ich in diesem einen Punkt ausnahmsweise mal wie meine Protagonistin. Die zufriedensten Menschen, die ich je kennengelernt habe, waren stets die genügsamsten, die, die jeden friedlich leben ließen und deren eigenes Lebensglück sich schon erfüllt hatte, wenn sie mit der Familie sonntags unterm Carport grillen konnten.

Ich bin mir ziemlich sicher, dass Johann Sebastian Bach niemals unter einem Carport gegrillt hat. Dasselbe gilt für Mozart, Beethoven oder Mahler. Und es gilt auch für all die anderen großen Geister und Künstler, wurscht welcher Kunstrichtung und welchen Zeitalters. Die waren auch alle nie mit dem zufrieden, was sie hatten.

Nun bin ich beileibe nicht so wahnsinnig, mich für eine große Künstlerin zu halten, aber unzufrieden bin ich trotzdem. Ständig. Selbst beim Grillen. (Ich bin, zugegeben, kein großer Grillfan und seit neuestem Vegetarierin, aber das ist eine andere Geschichte…) Das mögen Anzeichen einer Midlifecrisis sein und vielleicht nicht einmal etwas mit meinem Beruf zu tun haben, aber das ist nicht immer so leicht zu trennen. Die Identität hängt schon sehr am Job und der ist nun einmal ein künstlerischer.

Dabei kann ich durchaus sehen und schätzen, was ich habe. Und sehe genauso gut, was mir fehlt. Natürlich will jede Malerin, jeder Schauspieler, jede Komponistin und jeder Autor Ruhm und Reichtum für das eigene Werk ernten. Wenn diese Utopie dann ausgestanden ist, kann man sich dem normalen Brötchenbacken zuwenden. Da will man einfach nur noch mit Freuden seinem Beruf nachgehen und, ganz wichtig, davon leben können. Kann man aber nicht – weder mit noch ohne Corona…

Wenn Sie Maurer sind, dann liefern Sie ein sehr konkretes Produkt ab, auf das Sie mit Recht stolz sein können. Jetzt stellen Sie sich einmal vor, man sagt zu Ihnen: „Super Mauer, gut gemacht! Hier sind 30 Euro für deine Dienste! Du hast ja nicht geglaubt, dass du von deinem Beruf leben kannst, oder?“ Künstlerinnen und Künstler aller Sparten stellen in der Regel auch ein sehr konkretes Produkt her. Aber leben können davon die wenigsten. Und das wird nicht einfacher dadurch, dass Konzerthäuser, Opern, Theater, Museen, Kinos etc. geschlossen sind.

Nun stelle man sich einmal Bach vor, wie er für die

abgesagte Aufführung einer Kantate Kostenersatz einreichen muss. Und ihn womöglich nicht bekommt. Das hätte den sicher auch mehr als nur genervt. Aber weil er eben Bach war, hätte er dann so etwas komponiert wie: „Zum Himmel, oh Herr, rufe ich hinauf, Erlöser, du mir mein Leben erhalt!" Oder sowas ähnliches. Vielleicht hätte es sogar etwas genützt. Das mit dem Glauben an sich selbst macht es nämlich auch nicht einfacher, wenn man Atheistin ist… Glauben ist nicht mein Metier. Vielleicht ist es besser, ich suche mir ein hübsches Carport zum Grillen. (29.4.2021)

AUSTROPOPPER

Ich wohne leider nicht im Gemeindebau. Das täte ich aber gerne. Und das liegt nicht daran, dass Wiens sozialer Wohnungsbau Möglichkeiten für einkommensschwache Familien eröffnet, von denen anderen Städte nur träumen können. Nein, es liegt an Wolfgang Ambros. Ich wäre schlichtweg auch gerne einmal eine „Blume aus dem Gemeindebau".

Es gibt kein zwiespältigeres Kompliment, als wenn man, wie es im Text so schön heißt, als „schönste Frau von Stadlau" bezeichnet wird. Stadlau ist ein Teil des 22. Wiener Gemeindebezirks. Der gelernte Wiener bezeichnet das als Transdanubien, sprich, als einen Ort, der über der Donau liegt, vom Zentrum aus gesehen. Für alle Innerstädtischen ist das so ziemlich das Letzte vom Letzten. Da will keiner hin, wenn er oder sie da nicht geboren wurde. Sehr viel provinzieller geht es in der Donaumetropole nicht als eben Stadlau. Hier die Schönste zu sein heißt im Grunde, dass man genauso gut den Schönheitswettbewerb in Hinterbrunzpatschn hätte gewinnen können.

Austropop nennt sich die Stilrichtung, der wir so großartige Hits verdanken wie „Irgendwann bleib i dann dort“ von S.T.S. oder Georg Danzer „Jö schau“. Irgendwann, es war Mitte der 1980er, machte sich der Austropop daran, die Welt zu erobern und Falco landete mit „Amadeus“ einen Welthit. Mittlerweile sind die alten Austropopper richtig alt geworden, haben aufgehört oder sind gestorben. Es hat eine Weile gedauert, aber dann kamen mit Wanda und Bilderbuch neue Bands, die durchaus als legitime Nachfolger der alten Garde gelten dürfen. Austropop hat also seit einigen Jahren wieder Hochkonjunktur.

Nun wird es bald Sommer und die Welt schreit nach einem legendären Sommerhit. Doch blicken wir musikalisch zurück, dann braucht man da gar nicht weit zu reisen (vergessen wir also einmal Lateinamerika), um in musikalisch-sommerliche Gefilde vorzudringen. Wenn die Umstände es zulassen, verschlägt es womöglich auch in diesem Jahr einige von uns auf die Strada del Sole, im Gegensatz zu Rainhard Fendrich wahrscheinlich mit Papieren (vor allem einem Impfpass), Geld und einer Freundin ausgestattet. Wer nach Bologna fährt, der hat Wanda im Gepäck oder er jodelt einfach gegen einen Salzkammergutberg an mit Hubert von Goisern.

Die Popkultur der 1980er hat gar Fürchterliches hervorgebracht (wir denken hier mit Grausen an die

Schweizer Band Grauzone und den Song „Eisbär“, den gewisse Personen meines Haushalts bis heute mit Inbrunst sprechsingen). Aber es gab auch ein paar echte Perlen jenseits der NDW. Und wer in diesem Sommer immer noch nicht reisen darf oder kann, auch wenn ihm oder ihr die Sehnsucht nach Italien die Tränen in die Augen treibt, der nehme sich sein Handy, setze sich auf Stiege IV eines beliebigen Wiener Gemeindebaus und spiele dort ein wenig Ambros.

I mecht von dir nur amoi
A Lächeln kriagn
Du schönste Frau von der Vierer-Stiag'n…

Das hilft. Ganz sicher. Zumindest allen Frauen auf Stiege IV. Dieser Sommer wird ein Hit! (27.5.2021)

VIVA VIVALDI!

„Mama, der Sturm! Das ist der Sturm!"

Das jüngste Kind steht begeistert vor mir und freut sich an der Musik, die aus dem Radio kommt und die so gut zum Wetter passt. Aber woher weiß das Kind denn nun wieder, wie das Stück heißt?

„Keine Ahnung, Mama, aber hörst du nicht den Sturm in der Musik? Am besten klingt es auf der Orgel, besser als mit Geigen!"

Das Kind steht auf Orgelmusik. Je mehr Wumms desto besser! Und es steht auf Vivaldi, ganz offensichtlich, denn der „Sturm" entstammt den „Vier Jahreszeiten". Ich schaue voller Stolz auf den verschwitzten Kinderkopf hinunter und denke mir, dass meine allererste CD, die ich mir in jungen Jahren selbst gekauft habe, eine billige Box mit Vivaldi-Einspielungen aus dem Discounter war. Ich besitze sie heute noch und liebe sie nach wie vor.

Diesen Sommer, wenn alles gut geht, erobern wir die Serenissima, dank eines Stipendiums der Literar Mechana. Die verschickt ja gerne Autorinnen samt Familie auf Sommerfrische. Luxus pur, nach einer so langen Zeit zu viert mit Katerchen in einer Zwei-Raum-Wohnung. Die Freude ist unendlich und der Soundtrack zum Urlaub schon längst eingespielt: Viva Vivaldi! Welcher Komponist würde besser zu einem Aufenthalt in Venedig passen als er? Und dann blättert man in seliger Vorfreude das Booklet zur CD durch und die Erinnerung kommt zurück: Die doofen Venezianer haben ihren größten Komponisten doch einst glatt aus der Stadt geekelt. Und wo starb der arme Mann? Hier ums Eck, in Wien.

Die Wiener wissen ihre Großen ja auch nicht immer zu schätzen, doch allzu oft verkehrt es sich ins Gegenteil. Man gemeindet auch mal großzügig ein, was von außerhalb kommt. Erklären Sie einem Wiener mal, dass Beethoven eigentlich Deutscher war. Na, mehr braucht es nicht, um einen Streit vom Zaun zu brechen. Der Beethoven gehört nach Wien, aus, basta! Und kommen Sie ja nicht auf die Idee anzumerken, dass Mozart ja eigentlich Salzburger… Gusch, wird der Wiener sagen, schleich di!

Aber den armen Vivaldi haben sie quasi mit Nichtachtung gestraft. Von dem hat hier kaum einer Notiz genommen und ein Ehrengrab hat er auch nicht bekommen. Als Priester, der er ja auch war, wurde er drittklassig verscharrt. Wie sehr sich das Musikgenie ignoriert und ungerecht behandelt gefühlt haben muss, kann man nur

erahnen. Wer einmal so groß war, der wird nicht gerne schon zu Lebzeiten der Vergessenheit übereignet.
Umso erfreulicher, dass Vivaldi eine Renaissance erlebt hat und wir, sobald auch nur ein paar Takte seiner Musik erklingen, schon das Wasser der Lagune gegen das Boot schlagen hören. Vivaldi – das ist Fernwehmusik!
„Mama, schalt mal Fluch der Karibik an!"
Wie? Was? Hans Zimmer? Schon wieder? Aber was ist mit Vivaldi, Kind? Was ist mit dem Sturm?
„Ach, Mama, schau doch mal das Wetter an."
Die Sonne scheint, der schwere Regenguss mit Hagel und Böen ist vorbeigezogen. Na gut, denke ich, stelle das Radio aus. schiebe stattdessen die Filmmusik-CD in den Player, dann halt nicht. Man kann sie eben nicht ändern, die Wiener. (10.6.2021)

ALPTRAUMHAFT

Die Zombies waren überall. Es war schier unmöglich sich gegen sie zu wehren. Da konnte ich noch so viele Möbelstücke zerschlagen und damit auf sie losdreschen, es half doch nur wenig: In stummer Masse begannen sie ihren Vormarsch und hätten mich fast erreicht. Nur die eine grausilbrige Flüssigkeit, an die ich nicht herankam, hätte uns alle retten können. So aber… wachte ich einfach auf.

Alpträume sind nicht automatisch ein Zeichen dafür, dass etwas nicht stimmt. Sie sind vielmehr Ausdruck einer sehr bewegten Psyche. Und da bewegt sich bei mir derzeit offensichtlich einiges. Mein Zombiealptraum von letzter Nacht endete zum Glück durch den beherzten Einsatz meines Katers, der mich mit lautem Gemaunze daran erinnerte, dass er um 5.30 Uhr gefüttert werden wollte, aber dalli. Das ersparte mir immerhin, von Zombies zerfetzt und aufgefressen zu werden, was an und für sich ja schon keine angenehme Vorstellung ist. Dass dies aber nahezu lautlos geschah, machte es noch viel, viel schlimmer.

Ich hasse Horrorfilme und Krimis sehe ich mir nur unter Androhung von Gewalt an. Die Welt ist schon grausam genug. Mir reichen die Nachrichten zum Gruseln. Trotzdem schleichen sich gewisse Elemente des Horrors gerne in meine Träume ein und richten da ihr Unheil an. Was dabei immer fehlt: Musik. Dabei bin ich täglich von Musik umgeben! Abgesehen davon, und da sind wir uns wohl alle einig, gehört zu einem richtig schlimmen Horrorfilm auch der entsprechende Soundtrack. Träume ich, fehlt dieser, der Gruseleffekt wird dadurch aber nicht unbedingt geschmälert. Dabei ist meine innere Filmwelt ja keine Welt des Stummfilms, im Gegenteil: Gesprochen wird hier viel. Nur Musik gibt es nie. Warum ist das so? Es gibt Hinweise darauf, dass, wenn wir Musik im Traum hören, diese häufiger als positiv denn negativ erlebt wird. Zu einem Alptraum gibt es dagegen seltener einen echten, musikalischen Soundtrack. Das passt zur These der Wach-Traum-Kontinuität. Verkürzt gesagt: Was unsere Alltagswelt ausmacht, schlägt sich auch in unseren Träumen nieder. D.h. Musiker oder musikaffine Menschen träumen entsprechend von Musik, weil sie Teil ihres Alltags ist. Höre ich also viel, vorwiegend entspannende Musik, fehlt mir quasi der alltägliche Soundtrack zu meinen Angstfantasien im Traum. Was aber nicht erklärt, warum Menschen, die von Geburt an taubstumm sind, in ihre Träume Töne einbauen. Die sensorische Traumwelt existiert hier unabhängig von der tatsächlichen.

Daraus ergibt sich natürlich die Frage: Wenn ich in Zukunft mehr „gruselige“ Musik höre, was auch immer man darunter versteht, würde ich diese dann auch vermehrt in meine Träume einbauen? Sprich: Kann ich mir einen Sound zu meinen tonlosen Alpträumen quasi antrainieren?

Die Bedeutung der Zombieinvasion und der rettenden Flüssigkeit ist ziemlich schnell erklärt: Ich hatte offensichtlich meinen ersten, richtigen Pandemiealptraum. Das, was ich seit März 2020 erlebe, ist endlich auch in meiner Traumwelt angekommen. Eine diffuse Bedrohung von außen verwandelt Menschen in lebende Tote und bedroht meine physische Existenz sowie die meiner Kinder. Dass dies nahezu lautlos geschieht, war der eigentliche Knackpunkt – denn auch ein Virus tötet lautlos. Und eine Pandemie hat keinen Soundtrack. (24.6.2021)

ALLER ANFANG

Ich habe sie geliebt! Meine erste Blockflötenlehrerin war eine Seele von Mensch und wenn ich heute, oft zusammen mit meinen Kindern, die Flöte heraushole und spiele, dann kommt das gleiche, gute Gefühl zurück. Musik ist ein Zuhause für die Seele.

Um sich als Häuslebauer ein Nest einzurichten, hilft es, wenn man bereits in jungen Jahren Grundkenntnisse erwirbt. Also schleifen einen die wohlmeinenden Eltern zur musikalischen Früherziehung, wo ich als Kind dicke Frösche auf Wäscheleinen malen musste. Ich verstand nicht, warum ich das tun sollte. Ich konnte bereits Noten lesen, übrigens lange bevor ich Buchstaben lesen konnte. Fünf Striche und ein paar schwarzer Kullern – wie schwer konnte das schon sein?

Ganz gleich, was Sie ihrem Kind in die Hand drücken, es wird ab einem gewissen Alter mit ziemlicher Sicherheit erst einmal eine Waffe daraus bauen und in einem zweiten Schritt anfangen, damit Musik zu machen, entweder indem es einen Takt klopft oder irgendwo hineintrötet, wahlweise einfach draufhaut. Das mit dem Waffenbau hat mich als Pazifisten-Mutter recht entsetzt, das andere entzückt. Daraus allgemeine Schlussfolgerungen zu ziehen wäre hanebüchen, aber dass beides in meinen Kindern angelegt war, war schon erstaunlich zu beobachten.

Spannend wird es ja, wenn die Kinder sich selbst ihr erstes Instrument erwählen. Bei mir begann es, wie erwähnt, mit Blockflöte, ging über zu Tenorhorn (und das auch nur, weil meine Zähne so schief waren, dass ich für Trompete ungeeignet schien) und endete schließlich beim Singen. Das tun übrigens Kinder schon lange bevor sie ihre teure Moeck zu einem Laserschwert umfunktionieren, ebenso Klatschen. Also kommt die Musik wohl doch vor der Gewalt. Das lässt hoffen, für die gesamte Menschheit.

Richtig interessant ist es dort, wo die Kinder sich Instrumente aussuchen, die auf die große Mehrheit exotisch wirken: Harfe geht grad noch, auch an Didgeridoos hat man sich gewöhnt, aber was, wenn die lieben Kleinen mit einem Serpent anrücken? (Mir ist ja schleierhaft, wieso keiner das Serpent in die Harry-Potter-Filme eingebaut hat. Das wäre ja nun definitiv ein Instrument für Draco Malfoy gewesen… Böse Menschen haben also definitiv keine Lieder.) Ist bislang noch nicht geschehen, befindet sich aber durchaus im Rahmen des Möglichen. Tatsächlich eingezogen sind bei uns vier

Saxophone (Sopran, Alt, Tenor und Bariton), ein elektrisches Klavier, eine Quetschkommode, diverse Flöten, eine Mundharmonika, zwei Gitarren, eine Trompete und, nicht zu vergessen, ein Schneckenhorn. (Nur so am Rande: Der Kater liebt das Bariton-Saxophon, verlässt beim Schneckenhorn aber fluchtartig den Raum.) Wenn ich mir diese Aufzählung so anschaue, dann wird mir klar, dass das nur in einem Orchester oder totalem Chaos enden kann. Vor einigen Wochen kam das kleine Kind auf die Idee, dass es Orgel überhaupt komplett total ganz sicher am spannendsten findet. Mir kamen Zweifel. Wahrscheinlich ziehe ich demnächst mit Kind und Kegel in eine Kirche. Man kann ja zu Orgel durchaus singen… (8.7.2021)

EIN KLEINES CHAOS

Wenn es etwas Gutes an den letzten Monaten gab, dann war es die Ruhe, die sich zwischen 22 und 23.30 Uhr einstellte, um einen der bekannten Streamingdienste „leer“ zu schauen. So kam es, dass ich mich nachts um 23.15 Uhr in Peter Gregson verliebte.

Vielleicht sollte ich mich genauer ausdrücken: Ich verliebte mich natürlich nicht in den Mann (dem bin ich nie begegnet) sondern in sein Cello. Nein, das klingt auch irgendwie falsch. Ich bin ja auch dem Cello nie begegnet. Kurz gesagt: Die Kombination aus Mann, Cello und einem Film mit dem Titel „A Little Chaos“ (zu gut Deutsch „Die Gärtnerin von Versailles“ – wer hat den nur wieder übersetzt???) war einfach unwiderstehlich.

Der Film ist eigentlich von 2015 und war einer der letzten Filme von und mit Alan Rickman, den die Filmwelt schmerzlich vermisst. Ihm verdanken wir die Entdeckung eines jungen Cellisten und Komponisten, der für „A Little Chaos“ die Musik geschrieben hat. Rickman hatte offensichtlich einen guten Riecher für junge Talente, denn inzwischen ist Gregson gut im Geschäft und man darf in diesem Jahr ein neues Album von ihm erwarten. Das bislang herausragendste Werk aus seiner Feder ist jedoch ein Album mit dem Titel „Recomposed by Peter Gregson: Bach – The Cello Suites“, erschienen bei der Deutschen Grammophon 2018. Warum erzähle ich Ihnen das alles? Weil es eine Ungeheuerlichkeit ist – im guten Sinne!

Wenn Schriftsteller sich alter Meisterwerke annehmen, sie dekonstruieren und dann in einer Neuadaptierung etwa auf die Bühne bringen, dann kommt oft ganz Fürchterliches dabei heraus. (Ausnahmen bestätigen die Regel, eine davon, „Der Weg ins Freie“, hatte gerade im Theater in der Josefstadt Vorab-Premiere.) Wenn junge Komponisten glauben, sie seien besser als Bach, wird das Ergebnis ziemlich sicher ebenso furchtbar sein. Dachte ich. Und dann kam Peter Gregson.

In Wien sagt man dazu „Der Mann scheißt sich nix!“, und das trifft es ganz gut. Mit großem Respekt vor dem Original und einer Vielzahl eigener Ideen entsteht plötzlich etwas ganz Magisches. Man darf sich natürlich keinen Bach erwarten. Aber man freut sich an der ungeheuren Lust, mit der Gregson Bach zerlegt und neu, oft verschlankt, wieder zusammensetzt. Das muss man nicht mögen und wer seinen Bach nur im Original erträgt, der höre besser weg. Aber wer anerkennen kann, dass man Altbewährtes zu etwas völlig Eigenem umgestalten kann, der wird mit etwas Großem belohnt. Es ist dieses kleine bisschen Chaos, das der Musik vielleicht gefehlt hat. Dass es *mir* gefehlt hat, davon hatte bis vor kurzem gar keine Ahnung. Welch wunderbare Entdeckung! (22.7.2021)

HYMNISCH

Sie sind der einzige Grund, warum ich bei Wettbewerben wie den Olympischen Spielen überhaupt zuschalte und nicht gleich schreiend aus dem Raum renne, wenn sich ein internationales Fußballspiel ankündigt: die Hymnen. Ich liebe den Moment, an dem Menschen, völlig überwältigt von den eigenen Emotionen, auf einem Podest stehen und heulend vor Glück ihre eigene Landeshymne mitsingen. Das wird in diesem Jahr ein wenig anders sein.

Stellen Sie sich mal vor, Ihr Kind schummelt bei einer Schularbeit, wird erwischt und bekommt als Strafe aufgebrummt, dass es in naher Zukunft seine Jause nur noch in einer ollen, langweiligen Tupperdose aus Omas Haushalt mit in die Schule bringen darf und nicht mehr in der coolen Spidermandose. Da dürfte der Lerneffekt gegen Null tendieren, das Kind wird wieder schummeln. Das IOC, nicht gerade bekannt für seine guten Entscheidungen, hat das jetzt so ähnlich fürs russische Team entschieden: Aufgrund von Doping dürfen die nicht als Team für Russland antreten, keine Fahne schwingen und auch nicht die eigene Hymne singen, aber mitmachen können sie trotzdem. Wahnsinn! Super mitgedacht, liebes IOC. Die ultimative Strafe lautet also, nicht singen zu dürfen! Na, das wird die Dopingsünder dieser Welt sicher hart treffen…

Sicher, es gibt Hymnen, auf die man auch gerne verzichten kann. Manche sind musikalisch wenig ansprechend (die österreichische Bundeshymne gibt da leider nicht viel her), bei anderen darf man sich besser nicht auf den Text konzentrieren (die amerikanische ist z.b. reichlich gewaltverherrlichend, insbesondere die dritte Strophe, und die französische nicht minder). Überhaupt den Vogel abgeschossen haben wir Deutschen mit unserer Nationalhymne: komponiert von einem Österreicher, gedacht für den österreichischen Kaiser (!), von den Nazis weidlich missbraucht, zwei Drittel des Textes daher zu Recht verpönt und der Text stammt von einem Mann, der erstens judenfeindlich und zweitens mit seiner leiblichen Nichte verheiratet war (er 51, sie 18). Na bravo. Ist uns da in den vergangenen Jahrzehnten eigentlich nichts Besseres eingefallen?

Nun können die Deutschen natürlich auch einfach auf die Europahymne ausweichen: Trotz wechselhafter Geschichte ist die Kombination Schiller/Beethoven unverfänglicher als die Haydn/Hoffmann von Fallersleben, wobei Haydn da über jeden Zweifel erhaben ist. Oder aber wir leben Europa mal so richtig als Vielvölkerkontinent mit entsprechend vielen Hymnen und machen eine Art Sport draus: Jedes Mitglied der europäischen Union singt jedes Jahr eine andere Hymne. Das geht einfach reihum. In diesem Jahr halt die niederländische, im nächsten dann mal die italienische Hymne usw. So preisen wir im Wechsel die jeweils anderen Nationen. Könnte man machen. Kann man aber auch sein lassen. Wer merkt sich schon so einfach 27 Lieder in diversen Sprachen? Wobei ich den Gedanken sehr schön fände, das Prinzip wenigstens vor Fußballspielen einzuführen: Man singt immer die Hymne der jeweiligen Gegner. Ob die Spieler nun da stehen und in ihrer eigenen Sprache oder in einer fremden vor sich hinbrummen, ist ja wohl egal.

Letzter Vorschlag zur Güte: Die einzige, gültige Hymne Europas und aller Nationalstaaten ist stets für die Dauer von einem Jahr das jeweilige, diesjährige Gewinnerlied des ESC. In diesem Jahr wäre das dann „Zitti e buoni“ von Måneskin aus Italien. Keine schlechte Wahl. Da gab es schon wesentlich Schlimmeres. Und die Vorstellung, Angela Merkel evt. ehrenhalber mit dem Klassiker „Waterloo“ von ABBA aus dem Amt zu verabschieden, hat etwas für sich. (5.8.2021)

VERBOTENE LIEDER

Babyshark, die Titelmelodie von Yakari und so ziemlich jeder Disney-Song, den je eine Disney-Prinzessin in die Welt hinausgeschleudert hat: Bei uns daheim dürfen diese Lieder nicht mehr gesungen werden. Der familieninterne Index ist da ziemlich eindeutig. Was mich nicht davon abhält, auf bekannte Melodien eigene Texte zu dichten und diese dann mit Vergnügen meinen Kindern um die Ohren zu hauen.

Wer wird nicht gern geweckt zu Mamas spezieller Version von „Good Morning" aus „Singin' In the Rain"? Okay, niemand. Ich singe nur halt gerne. Und der Song steht daheim auch nicht auf dem besagten Index, weil ich jedes Mal einen anderen Text zusammenreime. Das mit den selbstgereimten Texten habe ich von meinem Vater übernommen. Ich bin da mittlerweile gar nicht so schlecht drin, aus dem Stegreif Songs zu texten. Das machen bei uns daheim übrigens alle, selbst die Kinder. Aber wehe, man kommt denen mit „Let It Go"! Da zieht man besser den Kopf ein und flüchtet „Into The Unknown"!

Abgesehen von meinem wahrlich schlechten Geschmack, was Disneysongs anbelangt, gibt es ja noch die Variante der tatsächlich verbotenen Lieder. Darauf fanden und finden sich so absurde Dinge wie der Allzeitstöhner „Je T'aime… Moi Non Plus" aus dem Jahr 1969 von Jane Birkin und Serge Gainsbourg oder auch NWA'*s „F..k Tha Police" von* 1988. Meistens geht es bei Verboten gewisser Songs um Sex, häufig auch um Gewaltverherrlichung und Drogenkonsum oder auch mal um bedenkliche politische Inhalte. Sprich: Es geht also eigentlich immer und ausschließlich um den Text. Melodien hat man nur verboten, wenn es dazu auch einen Text gab, den jeder kannte, so dass man ihn gar nicht mehr zu singen brauchte und dennoch wusste, was gemeint war. Wobei es ja freilich spannend ist zu beobachten, was in einer Gesellschaft als verwerflich gilt und was nicht. Das ist doch stark dem Zeitgeist unterworfen. „Relax" von Frankie Goes to Hollywood? Heute ist das ein Klassiker der Discoära, aber damals…

Verbote sind üblicherweise vom jeweiligen Kulturkreis abhängig. Deutsche reagieren (völlig zurecht) sehr sensibel auf jede Form von rechtsnationaler Songpoetik, die diese Bezeichnung eigentlich gar nicht verdient, in Ungarn wird man wohl derzeit weder „Relax" noch irgendeinen Song von Conchita Wurst öffentlich spielen können, ohne Gefahr zu laufen, irgendwelche homophoben, politischen Kräfte zu triggern. Obwohl – das käme auf einen Versuch an.

In meiner letzten Kolumne hatte ich ja angeregt, dass man die ESC-Siegersongs zur europäischen Hymne auf die Dauer eines Jahres erklären könnte. Man stelle sich vor, der ungarische Regierungschef oder der polnische Staatspräsident würden dazu angehalten, zu einem Song wie „Rise Like a Phoenix“ eine Militärparade abzunehmen… Europa wäre ein besserer Ort! Und die Welt insgesamt ein noch schönerer, wenn es keine Militärparaden mehr gäbe. (19.8.2021)

GONDOLA, GONDOLA!

Sie singen nicht mehr! Venedig war in diesem Sommer nicht nur etwas weniger überfüllt als früher, es war auch deutlich stiller. Die Gondolieri fahren natürlich immer noch Touristen über den Canal Grande und durch die Kanäle drumherum, aber sie tun dies jetzt, ohne dabei italienische Opern zu schmettern, so dass es einem die bootstauglichen Schuhe auszieht.

Wir waren zu beneiden. Das meine ich ohne jede Bescheidenheit. Wer bekommt schon einen Stipendienaufenthalt für zwei Wochen in einer netten venezianischen Wohnung zugesprochen, wo er die Familie mitnehmen kann und schafft es auch noch entgegen aller äußeren Umstände diesen wahrzunehmen? Antwort: Wir. Diesen Sommer, während um uns herum die Welt im Chaos lag, machten wir zum ersten Mal seit zwei Jahren wirklich Urlaub. Das war bitternötig, höchst erfreulich und gleichzeitig seltsam, angesichts der Tatsache, dass Venedig nach wie vor stand und dafür halb Deutschland untergegangen war.

Die Stadt, die sich eigentlich nie verändert, schon rein aus bautechnischen Auflagen, bot sich in diesem Jahr völlig anders dar als sonst. Am auffälligsten waren die Touristen.

Es waren immer noch viele, aber es platzte nicht überall aus allen Nähten und sie kamen in diesem Jahr nahezu ausschließlich aus Deutschland, Österreich, Frankreich, Russland und den Niederlanden. Und natürlich waren jede Menge inneritalienische Besucher dort. Wer nicht dort war: US-Amerikaner und Japaner. Dank der Niederländer war es also eine entspannte innereuropäische Mischung (ich kenne keine Nation, die so relaxt durch Venedigs Straßen schuckelt wie die Niederländer, wohingegen sich deutsche Eltern mit großer Hingabe in engen Gassen mit ihren Kindern zoffen), mit gelegentlichen I-Tüpfeln von anderen Kontinenten. Das war merkwürdig aber auch schön, fast familiär. Es fehlten nur hin und wieder enthusiasmierte Ausrufe a la: „Oh, darling, take a look! Soooo awwwsome!"
Und dann waren da noch die Tiere. Obwohl der Bootsverkehr längst zurückgekehrt ist, sind die kleinen Kanäle immer noch voller Fische, und zwar solchen von der Länge eines Kinderarms. Nix mit Minifischchen, nein, richtig große Dinger! Das hatte ich noch nie zuvor in Venedig gesehen. Die Wasserqualität dürfte sich während der Coronazeit also wirklich gebessert haben, was uns auch die Venezianer bestätigten. Das hätten sie selbst seit 40 Jahren nicht mehr erlebt.
Den Kindern hatten wir versprochen, dass wir bei diesem

Besuch zum ersten Mal wirklich Gondel fahren würden, und das taten wir dann auch. Es war unerwartet schön. Venedig langsam rudernd zu durchfahren hatte etwas von der Entschleunigung, die wir brauchten. Erst hinterher fiel uns auf, dass der Gondoliere keine einzige Arie geschmettert hatte. Ruhig und sachlich erklärte er uns die Geschichte der einzelnen Palazzi, erzählte uns von den drei Delphinen, die während des Lockdowns in den Kanälen aufgetaucht waren und ließ sich in einigen Anekdoten über die bekloppte Oberschicht aus, die gerne in den überteuerten Hotels am Canal Grande residiert.

Und erst da überkam es mich: Venedig war ungewöhnlich still. Es wurde nirgendwo gesungen, es waren kaum Straßenmusiker unterwegs und der einzige Lärm, der unsere Nachtruhe störte, kam von den reichlich blutdürstigen Mücken (den Rekord hält unser jüngstes Kind mit 21 Stichen in einer Nacht) und unserem Nachbarn, der um sechs Uhr früh sturzbetrunken das Radio aufdrehte. Ein merkwürdig perfekter Sommer voller Eis, Lidostrand und Bootstouren. Und dennoch mit Wehmut angereichert, weil nun niemand mehr amerikanische Touristen mit einem markerschütternden „O sole mio“ durch die Stadt schipperte. Venedig ist noch lange nicht back to normal. Wir dagegen schon. Ankommen war allerdings noch nie so schwer. Doch zum Glück bleibt Wien so laut (Baustelle um die Ecke, Müllbändiger in Action, Besoffene auf der Straße) wie eh und je. Und die Theater und Opern öffnen (hoffentlich) auch bald wieder. (2.9.2021)

GET INTO MY CAR!

Es muss ja nicht unbedingt Billy Ocean sein. Aber Musik und Autos gehen schon seit Jahrzehnten eine fruchtbare Verbindung miteinander ein. Das geht von dem nahezu unerträglich weichgespülten „Take Me Home, Country Roads“ eines John Denver bis zum bewusst monotonen „Autobahn“ der Band Kraftwerk. Es geht aber auch ganz klassisch. Kommen Sie mit auf eine musikalische Spazierfahrt!

Nun kann man ja mit allerlei Sourround-Effekten sein Auto zum perfekten Konzertsaal umfunktionieren, aber im Grunde tut es auch schon ein herkömmliches Radio und die Karre wird zur Klangmuschel. Was Autos (genau wie Duschkabinen) so besonders macht, ist der relativ kleine Raum, in dem sich die Musik entfalten kann. Und wir entfalten uns gleich mit. Hand aufs Herz: Wer singt denn nicht im Auto vor sich hin, wenn er oder sie alleine dahinschuckelt? Na? Eben. Ich mach das auch. Mit Hingabe. Es sei denn…

Ich besitze ja kein eigenes Auto, aus vielerlei Gründen. Reise ich in den Norden Deutschlands, so wie jüngst geschehen, miete ich einen Leihwagen. Das ist stets ein Überraschungspaket à la Forrest Gump – man weiß nie, was man kriegt. Diesmal hatte ich einen Opel bestellt und bekam einen Citroën. Auch schön. Aber ungewohnt. Wer auf fünf Gänge geschult ist, der tut sich mit sechs Gängen nicht immer ganz leicht. Vor allem dann nicht, wenn er bzw. sie nur einmal im Jahr Auto fährt. Arg war nur, dass der kleine französische Flitzer ein total modernes Display hatte, mit dem ich Lüftung, Heizung, Navi und Radio bedienen sollte. Und als mir eine Stimme auf Russisch erklärte, dass sie weder den Weg noch den Radiosender finden konnte, bin ich schon zeitweilig verzweifelt… Am Ende kam dann das aus dem Lautsprecher, was rauskommen sollte und ich fand dorthin, wo ich hinwollte. Aber ich hatte durchaus nostalgische Anflüge im Sinne von: Früher gab es da bloß ein Rädchen, das hat man gedreht und dann kam Musik. Ich will so ein Rädchen!!!

Nun werde ich diesen Monat 45. Das ist nicht alt. Jung ist es aber auch nicht und ich erinnere mich an Zeiten, in denen Anschnallgurte hinten noch optional waren und mein Vater im Urlaub gerne abends im Auto saß, um nach langem Hin und Her am Radioknopf endlich Deutschlandradio zu finden und Nachrichten zu hören. Und ich erinnere mich an unseren uralten Käfer, der so laut war, dass man das Radio auch getrost abgeschaltet lassen konnte, weil man eh nichts verstand, wenn das Auto fuhr.

Meine Kinder bestehen, sobald sie in einen Wagen steigen, auf Dolby-Surround-Sound mit extra viel Wumms. Dann singen sie mit (oder finden mich meeega peinlich, je nach Altersklasse), wenn die neuesten und nicht mehr ganz so neuen Hits im Radio laufen. Vorausgesetzt ich kriege einen Sender rein. Zu meiner großen Freude war das diesmal (reiner Zufall) NDR Kultur. Da wird es dann ruhiger im Wagen (weniger Grölen, mehr Hören) und man lehnt sich zurück, fährt unter dem wilden Himmel zwischen den Meeren über schmale Landstraßen dahin und genießt Haydn oder Bach oder ganz laut Beethoven, hält irgendwo an, klaut, bei laufender Musik, ein paar Sonnenblumen vom Feld (die Blumenläden hatten alle zu… Sorry, Bauer Hansen) und freut sich, dass der Norden so schön ist. (16.9.2021)

FREIHEIT

Sie wird mindestens ebenso oft besungen wie die Liebe. Sie ist essenzieller Bestandteil eines jeden Verständnisses von Demokratie. Kein Land der Welt schreibt sie sich so sehr auf die Fahnen wie die USA. Texas allerdings scheint kein „land of the free" mehr zu sein.

Kommen Sie einem texanischen Konservativen dieser Tage mal mit dem berühmten Zitat Rosa Luxemburgs „Freiheit ist immer die Freiheit der Andersdenkenden". Da werden Sie vermutlich im besten Fall nur Spott und Hohn ernten und einen Hinweis auf Ihre „kommunistische" Gesinnung, im schlechteren Fall wird die Auseinandersetzung eskalieren. Das neue texanische Abtreibungsgesetz spaltet die amerikanische Gesellschaft und nicht nur die. Als Frau steht man da und denkt sich: Waren wir da nicht schon in den 1970er Jahren mal weiter? Welchem kruden Freiheitsbegriff hängen die Entscheidungsträger denn an, dass sie ein derart restriktives Gesetz auf den Weg bringen, das sämtliche Errungenschaften der Frauenbewegung aus mehr als fünf Jahrzehnten einfach mal eben in die Tonne tritt und darüber hinaus im Widerspruch zur Verfassung steht?

Freiheit ist ein Gut, dass es zu schützen gilt. Und

offensichtlich auch zu besingen: George Michael tat es, Pharrell Williams auch und die Band Queen will gleich mal aus allem ausbrechen („I Want to Break Free“). Ich will auch ausbrechen. Mir wird nämlich auch grad alles zuviel: Pandemie, Schulstress, Arbeit, Schreiben, neues Büro einrichten, der ganze Wahnsinn dieser Welt – man schultert ja nicht wenig dieser Tage. Und trotzdem habe ich die Freiheit zu sagen: heute nicht. Ich kann mich dem Irrsinn auch einmal für ein paar Stunden entziehen, den Kopf auf Durchzug schalten. Versuchen Sie das mal, wenn Sie in einer Notlage sind. Diese inneren (oder äußeren) Gefängnismauern überwinden Sie niemals allein. Da reicht ein Haufen erzkonservativer rechter Männer und eine ganze Generation von Frauen sitzt in der Falle. Freiheit ist immer das, was die jeweils Regierenden zulassen. Bei uns ändert sich das zum Glück hin und wieder, weil sich die Regierungen ändern. Diese Freiheit haben Menschen bei weitem nicht überall auf der Welt.

In Texas allerdings schon, theoretisch zumindest. Die nächsten Wahlen finden 2022 statt. Dann steht es dem derzeitigen Gouverneur Greg Abbott frei abzudanken. Am besten sucht sich Abbott nach den Wahlen freiwillig ein tiefes, tiefes Loch, in dem genügend Platz für ihn und sein vorgestriges Weltbild ist. Ich helfe gerne beim Graben.

Wie sang George Michael doch so schön: "(My) Freedom. You've gotta give for what you take." Freiheit ist ein Geben und Nehmen. Das ist Demokratie auch. Man muss nur darauf achten, dass die Mehrheit in ihrer Freiheit nicht von einer unbelehrbaren Minderheit eingeschränkt wird, nur weil diese Minderheit im seriösen Anzug daherkommt und gerne so tut, als predige sie von gegenseitiger Liebe und Verständnis, ohne auch nur den Hauch einer Ahnung davon zu haben, was diese Worte wirklich bedeuten. Sometimes the clothes do not make the man. Hier und in Texas. (30.9.2021)

WUNDERKINDER

Clara Schumann war eines, Felix Mendelssohn Bartholdy auch und Mozart sowieso: Musikalische Wunderkinder gab und gibt es immer wieder. Alma Deutscher reiht sich da aktuell ganz gut ein, genau wie Anne Sophie Mutter einige Jahrzehnte zuvor. Und es gilt: Zum Genie wird man geboren, zum Wunderkind gemacht. Denn was diese begabten Menschen von anderen ihres Alters unterscheidet, ist das Publikum.

Mit Wunderkindern und ihren Eltern ist das so eine Sache: Setzt sich ein Dreijähriger ans Klavier und fängt an Etüden zu spielen, dann ist die Begabung ziemlich offensichtlich. Das können selbst die dümmsten Eltern noch erkennen. Auch in der Mathematik geht das ziemlich schnell. Ein gleichfalls dreijähriges Mädchen, das aus dem Stand heraus multiplizieren und dividieren kann, ist schon ausnehmend auffällig. Und auch kleine Schauspielerinnen oder Maler erkennt man oft recht früh. Was aber, wenn das Kind kein musikalisches, darstellendes, bildnerisches oder mathematisches Genie ist, sondern gänzlich andere Fähigkeiten hat?

Große Reporter lassen sich unter Fünfjährigen eher selten finden, ebenso wenig wie Schriftstellerinnen,

Klavierbauer, Ärztinnen, Architekten, Tischlerinnen, Juristen etc. Gewisse Fähigkeiten treten erst zutage, wenn das Kind das entsprechende Alter und die entsprechende Vorbildung bzw. Ausbildung dazu erhält. Genies gibt es also auf vielen Gebieten und nur weil sich das Kind im Rechnen schwer tut, kann es doch trotzdem ein irrsinniges Talent im Züchten von Zierfischen in sich tragen, das erst noch zur Geltung kommen muss.

Bei Wunderkindern kommt etwas hinzu, das vielen anderen Kindern erspart bleibt: Öffentlichkeit. Setzen wir das Wunderkind gleich mit einem Kind, das nachweislich eine Hochbegabung hat, so ist das Alleinstellungsmerkmal eines Wunderkinds sein öffentlichkeitswirksamer Erfolg. Und der ist fast immer mit finanziellem Druck verbunden. D.h. Eltern hatten hier oft ein gesondertes Interesse, das Kind zu fördern, eben weil es das familiäre Einkommen unterstützte oder sogar zur Gänze bestritt. Denken Sie daran, wenn Sie das nächste Mal „The Voice Kids" schauen, abgesehen davon, dass hier zwar jede Menge äußerst begabter Kinder, aber nur selten Genies zu finden sind, vor allem auf den Jurystühlen.

Clara Schumann hat später entschieden, dass keines ihrer Kinder in ihre Wunderkindfußstapfen treten sollte. Eine solide Ausbildung ja, ein Zirkuspferdchen nein. Abgesehen von der Tatsache, dass sie da relativ kritisch und erstaunlich emotionslos über die Begabung ihrer Kinder urteilte, wollte sie ihnen das wohl schlicht ersparen. Mit so viel Druck in den Augen der Öffentlichkeit umzugehen, ist beileibe nicht einfach. Daran sind schon viele Wunderkinder gescheitert, insbesondere wenn das Talent bleibt, das Publikum sich aber Jüngeren zuwendet, weil sich große Kinderaugen und kleine Finger auf der Klaviatur so gut vermarkten lassen. Alle Kinder werden, wenn es gut läuft, einmal erwachsen, auch Wunderkinder. Man wünscht ihnen, dass sie dann die Chance erhalten, ihr Talent abseits des Publikums entfalten und ausprobieren zu dürfen. Es liegt an uns, dem Publikum, ihnen diese Chance zu gewähren, damit aus Wunderkindern ganz wunderbare Erwachsene werden. (14.10.2021)

KÖNIGINNEN STERBEN NIE

Sie nannten sie die „Queen of Blues“, aber eigentlich war sie viel mehr als das: Ihre Stimme war genauso geeignet für Jazz, Pop und Gospel. Vor bald 48 Jahren starb die große Dinah Washington. Ersetzt ist sie bis heute nicht.
Das muss man erst einmal zustande bringen: Sieben, evt. auch acht Ehen in nur 39 Lebensjahren. Hinzu kamen zahlreiche Affären. Was immer Dinah Washington in ihren Männern suchte – sie scheint es nie gefunden zu haben. Die große Liebe war wohl nie dabei. Oder aber ihre Tabletten- und Alkoholsucht standen dem einfach im Wege. Wer sich nicht mehr spürt, der braucht eine immer höhere Dosis, ganz gleich von was.
Auch wenn vielen außerhalb des Jazz und Blues der Name Dinah Washington nicht mehr viel zu sagen scheint, so braucht es nur ein paar Takte von einigen ihrer größten Hits „What a Difference a Day Makes“ und „Mad About The Boy“ und man erkennt sie sofort: Diese einzigartige Stimme umschmeichelt ihre Zuhörer nicht, sie schneidet mit jeder gesungenen Silbe bis in unser Innerstes hinein und legt so Herz und Seele offen. Niemand leidet so sehr an der Liebe wie Dinah in „This Bitter Earth“.

Sie hatte wohl ein ziemliches Temperament, um nicht zu sagen: Dinah hatte eine ganz und gar unberechenbare Seite an sich. Wen ihr Zorn traf, der konnte sich nur noch wegducken. Andererseits war sie wieder verschwenderisch und großzügig, gegenüber Familie, Freunden und wohl auch Ehemännern. Es waren eben nicht durchwegs Liebesheiraten, die die Männer mit ihr eingingen. Kurz: Sie war ein schwieriger Mensch, geprägt von einem stark religiösen Haushalt, von dem sie sich einerseits in Bezug auf christliche Moralvorstellungen nie wirklich lösen konnte und der sie andererseits musikalisch positiv geprägt hat. Ihre Mutter war Leiterin eines Gospelchors. Zu etwas gebracht hat sie es am Ende nur und ausschließlich aufgrund ihres großen Talents. Nicht wenige Musikerinnen sehen und sahen in Dinah Washington ihr musikalisches Vorbild, darunter etwa Amy Winehouse – auch so ein überbordendes Talent mit tragischem Ende.

Dinah Washington, die mit bürgerlichem Namen eigentlich Ruth Lee Jones hieß, hat von sich selbst einst gesagt, sie sei die wahre Königin – wer wäre schon Königin Elizabeth II.? Bei allem gebotenen Respekt für das Werk von Elizabeth II., da hatte Dinah wohl nicht unrecht. Königinnen kommen und gehen, aber wer seine

Zuhörerinnen und Zuhörer auch nach fünfzig Jahren noch mit ein paar kleinen Takten zum Weinen bringen kann, der ist tatsächlich „Unforgettable". (28.10.2021)

IF IT WALKS LIKE A DUCK…

„Es ist Schubert!“

„Niemals!“

„Aber wenn es nicht Schubert ist, was ist es dann?“

„Vielleicht Mendelssohn?

„Unmöglich! Hör doch mal die Streicher!“

„Bach?“

„Also jetzt werde mal nicht albern…“

Wir sitzen in unserer Küche und spielen schon wieder eines unserer Lieblingsspiele. Es heißt: Dreh das Radio auf und rate. Meistens verpassen wir die Ansage des Stücks, drum können wir nur Mutmaßungen anstellen. Und liegen oft weit daneben. Die verschärfte Version ist: Errate das Orchester! Und wenn es ganz arg kommt, dann: Errate den Dirigenten!

Nun könnten wir Trottel ja auch problemlos mal eben auf die Homepage von Ö1 schauen, wahlweise in der passenden App scrollen, um zu sehen, was sie spielen. Aber wo bliebe da der Spaß? Unsere Kinder kennen das Spiel schon. Egal was es ist, die richtige Antwort lautet meistens Beethoven. Das ist wie bei „Wer wird Millionär“, da ist die Antwort im Zweifelsfall immer C. Statistisch gesehen liegt man mit C am häufigsten richtig.

Ich liege heute falsch. Mendelssohn? Bach??? Pff! Also wirklich… Das hat eine Menge mit Selbstüberschätzung zu tun. Falks, das sagen wir ohne Untertreibung, sind Besserwisser. Können wir gut, das Besserwissen. Und oftmals liegen wir auch nur haarscharf daneben. Aber vor allem sind wir immer der Meinung, dass wir Recht haben und sagen dies auch gerne laut. Denn: So schwer ist das doch alles gar nicht. If it walks like a duck and talks like a duck…

Das Problem ist, dass heute alle glauben, dass nur sie Recht haben. Da ist das Thema schon egal, es wird nicht mehr verhandelt. Die ganze Welt besteht nur noch aus wahrhaftigen, unumstößlichen Enten. So als hätten wir alle die Weisheit mit unseren goldenen Löffelchen gefressen. Alles Virologen und Germanisten, weil jeder etwas zum Thema Corona-Pandemie und gendergerechte Sprache zu sagen hat. Experten? Wer braucht die denn schon? Geimpft? Bin ich selber. Geschlecht? Hab ich auch eines.

Ich will meinen Telefonjoker anrufen. Der soll mir dann bitte erklären, wann wir aufgehört haben, uns lust- und respektvoll zu streiten. Um dann hinterher beglückt vor dem Radio zu sitzen und mit einer Dose Bier darauf anzustoßen, dass wir beide keine Ahnung hatten.

Natürlich war es Beethoven, das Tripelkonzert. Einfach. Schön. Und wahr. (11.11.2021)

VON HIRTEN UND STATTHALTERN

Es gibt Berufsgruppen, denen begegnet man eigentlich nur in der Weihnachtszeit. Hirten kommen plötzlich überall vor, in Liedern, Texten, Bilderbüchern. Und ein ganz bestimmter Statthalter wird auch immer wieder gerne erwähnt. Aber: was zur Hölle macht der eigentlich? Mein großes Kind hat derzeit laufend Bewerbungstraining. D.h. die Kinder lernen, wie man einen Lebenslauf schreibt und machen zahlreiche Onlinetests, mit deren Hilfe sie herausfinden sollen, was sie später einmal werden möchten. Hirten und Statthalter kommen da nicht vor, der Beruf des Zimmermanns schon eher. Ganz aus der Mode ist heute die Ausbildung zum despotischen König/Kindermörder. Gleichfalls nicht mehr gefragt sind Volkszähler, könnten aber beizeiten ein Revival in der Verwaltung erleben.

„Was interessiert dich denn?“, frage ich das Kind und nach langem Hin und Her kommt etwas im Bereich Grafik heraus. Grafikerinnen und Grafiker gab es in der Weihnachtsgeschichte schon mal überhaupt nicht. Umgekehrt verschaffen Weihnachtsbücher, Adventskalender und Verpackungen aller Art Grafikerinnen und Grafikern ein gutes Auskommen zur

Weihnachtszeit. Das ist nur recht und billig, man will ja schließlich von etwas leben können, etwas anderem als Weihrauch und Myrrhe. Gold geht da gerade noch eben so, wobei der Goldpreis ja durchaus schwankt…

Auch recht häufig erwähnt werden in der Vorweihnachtszeit alle Berufe, die mit dem Wasser zu tun haben. Es kommt ein Schiff geladen… Na, wer steht da wohl an der Pinne? Das Schiff hat ja nun wenigstens einen Kapitän und einen Steuermann, wahrscheinlich auch einige Matrosen an Bord. Das kommt in einem Binnenland wie Österreich übrigens bei den Berufsgruppen, die den Kindern vorgestellt werden, nicht einmal ansatzweise vor. Als wäre noch nie ein Mensch aus Österreich zur See gefahren…

Weiter im Text. Gastwirte kommen ja in der Weihnachtsgeschichte gar nicht gut weg, gibt es aber wie Sand am Meer, ist also immer eine Option. Wer nichts wird, wird Wirt. Man sollte meinen, in einem der vielen Weihnachtslieder würde vielleicht auch mal ein Beruf erwähnt, der zur Weihnachtszeit passt – Kerzenzieher zum Beispiel. Oder Papierfabrikant! Immerhin verpacken wir alle unsere Geschenke zu den Feiertagen. Da hätte man diesem Berufsstand ja auch mal ein Lied widmen können! Aber nein, Niklaus legt, lustig, lustig, tralalalah, seine Geschenke auf Tellern ab. Wenn man es genau nimmt, ist das eigentlich sehr fortschrittlich gedacht, weil verpackungsarm. Niklaus ist demnach ein guter Mann, weil er an die Umwelt denken kann. Niklaus hat wahrscheinlich Kinder, die ihn zu Fridays for Future mitschleppen, während er eigentlich viel lieber beim bösen Wirt sitzen würde, um sich über den blöden Statthalter aufzuregen, weil der nämlich dauernd die Steuern erhöht. So eine Volkszählung finanziert man ja nicht mit ein paar popeligen Vanillekipferln, das kostet. Und wer soll's bezahlen? Die Hirten? Die haben ja selber nichts!

Ich schweife ab. Die Vorweihnachtszeit ist definitiv keine gute Zeit, um sich über seine Berufswahl klar zu werden. Es sei denn man wird Engel. Die mag jeder! Ich frage mich, ob die Arbeiterkammer dazu wohl auch einen Berufseignungstest entwickelt hat. Voraussetzungen: Schwindelfrei, gut singen können, streng gucken, weiße Klamotten. Machbar, würde ich sagen… (25.11.2021)

M, M, M, MY CORONA

Haben Sie einen Pandemie-Song? Ich schon, aber erst seit Lockdown Nummer Vier. Er ist altbekannt, fröhlich und in diesem Zusammenhang auch leicht zynisch. In meinem Kopf spielt es in Dauerschleife „Schöne Leute“ von Purple Schulz.

Zugegeben, man kann das Ganze nur dann mit Humor ertragen, wenn man emotional nicht so stark ins Pandemiegeschehen involviert ist. Wer einen liebsten Menschen verloren hat, der ist einfach nur traurig. Da hilft keine ironische, musikalische Brechung des Geschehens, da bleibt nur Trauerarbeit und die tut weh und ist grausam. Natürlich kann Musik hilfreich und auch heilsam sein, schon allein deshalb, weil sie alle inneren Schleusen öffnet. Ein paar Takte von Samuel Barbers „Adagio for Strings“ und ich heule wie ein Schlosshund. Das muss hin und wieder sein und baut innere Spannungen ab. Doch was für mich funktioniert, muss ja nicht für andere gelten. Musik ist kein Allheilmittel. Und für die anderen Tage bleibt mir mein Galgenhumor.

Purple Schulz ist eines der wenigen Highlights aus einer geschmacksverirrten Phase der 80er-Jahre, die ich heute noch ertrage, denn die Zeilen „Guck mal, nur schöne

Leute, wir haben heute die Hässlichen eingesperrt“ bekommt während eines Lockdowns plötzlich eine ganz andere Bedeutung. Irgendwo muss der Frust über das Geschehen um mich herum ja einmal heraus und da gilt das Motto „Wenn es denn hilft…“. Man ersetze einfach hässlich durch ungeimpft. Und für alle die während der Pandemie verzweifelt auf Partnersuche sind, gilt der Spruch, der getrost als beste Textzeile der 1980er gelten darf: „Wir brauchen keinen Sex, wir haben Einbauküchen, in die man sich auch verlieben kann.“ Dafür gebührt der Band ein Platz im Pophimmel.

Auch so ein aktueller Superhit der anderen Art wäre „My Sharona“ bzw. „My Corona“ von The Knack. Eine Freundin steht nach wie vor auf Helge Schneiders „Forever at Home“. Das kann ich zwar nachvollziehen, weil Helge Schneider hier einfach großartig ist, geht mir dann aber auch wieder zu nahe. Mir kommt es ja auch schon so vor, als sitze ich seit einer Ewigkeit zuhause herum. Wirklich zum Lachen gebracht hat mich dagegen unlängst Stephen Colbert mit einem Hinweis auf die aktuelle Tequila-Verknappung in den USA und seine dadurch bedingte Umdichtung des bekannten Werbesongs von „Tequila“ auf „Water“. Was ein Einwortsong so alles aussagen kann…

Ich frage mich ja, welchen Song wir wohl rückblickend mit dieser Zeit verbinden werden. Ob wir uns da überhaupt auf einen einzigen Titel einigen können? Wir können uns ja jetzt schon auf nichts einigen, wie soll das denn musikalisch gehen? Schöne Kakophonie. Aber vielleicht wird es ja ein ganzer Soundtrack, so dass für jeden etwas dabei ist? Möglich wär's. Was ist denn Ihr Corona-Song? (9.12.2021)

ZU GUTER LETZT

Wien beschließt das Jahr mit dem „Donauwalzer“, New York mit „Auld Lang Syne“ und ein moderner Klassiker für alle übrigen Partywilligen auf dieser Welt wäre wahrscheinlich Oasis „Don’t Look Back In Anger“. Was aber, wenn man weder tanzen kann, noch Schottisch spricht, noch ohne Ärger auf das vergangene Jahr zurückblicken will? Kurz: Wie setzt man einen perfekten musikalischen Schlusspunkt?

Besonders rührend sind ja die Momente, wo Verstorbene aus Anlass ihrer eigenen Beerdigung noch einmal einen musikalischen Gruß an die Hinterbliebenen schicken. Da habe ich schon diverse Überraschungen erlebt, von Frank Sinatra bis zu Weihnachtsliedern im Herbst. Aber irgendwie war es immer stimmig, weil es so viel mit der Person zu tun hatte, um die man trauerte.

Sollte ich einmal als reife Matrone von über 90 aus dieser Welt gehen, dann spielt mir bitte Mahlers „Adagietto“ aus seiner 5. Symphonie. Das ist schön und rührselig zugleich, hat über Umwege etwas mit Venedig zu tun und es ist eines meiner Lieblingsstücke. Einen besseren musikalischen Abschiedsgruß kann ich mir nicht denken. Doch wie will ich dieses schreckliche, schaurige 2021 beschließen? Der „Donauwalzer“ kommt mir da viel zu fröhlich vor. Und ich kann weder „Auld Lang Syne“ noch Oasis leiden. Mit Merkels Abschiedsgruß zum Zapfenstreich kann ich dagegen durchaus etwas anfangen: „Du hast den Farbfilm vergessen“ ist ja quasi ein moderner Klassiker. Aber wie verabschiedet man ein Pandemiejahr mit Würde und Anstand, auf dass es nie mehr wiederkomme?

Hat man zu Silvester genug (!) Alkohol getrunken und befindet man sich in Hamburg, dann kann man es entweder mit Heidi Kabels „In Hamburg sagt man Tschüss“ versuchen oder man steht auf Bombast und nimmt Wagners Schlussmusik aus dem Parsifal. Ich tendiere eher zu Patty Smith & Scandal mit „Goodbye To You”! Das klingt nach sauberem Schlussstrich. Doch so sehr ich mir den für 2021 wünschen würde – man schleppt ja bekanntlich immer alle Probleme mit sich ins nächste Jahr. Also endet es bei „Let It Go“? Nein, denn wie sagt Patty so richtig: „These last few weeks of holdin’ on, the days are dull, the nights are long. Guess it’s better to say goodbye to you, guess it’s better to say goodbye to you.” Genau so verabschiedet man ein Jahr wie 2021!

Gleichfalls endet mit dieser Kolumne die Reihe „Menschen mit Musik“. Es war mir ein Fest! 2022 hören wir uns wieder, dann geht es um „Meine Bücher!“. Kommen Sie gut ins nächste Jahr! (23.12.2021)

MEINE BÜCHER!

DAS GESTERN UND DAS MORGEN

Wenn Sie Autorinnen und Autoren nach den Büchern fragen, die sie in ihrem schriftstellerischen Dasein am meisten geprägt haben, dann holen die in der Regel zum intellektuellen Rundumschlag aus und nennen natürlich Kafka, Mann, Dostojewski oder Proust. Das ist nicht unbedingt gelogen, aber sicher nur die halbe Wahrheit. Mindestens ebenso einflussreich waren wahrscheinlich Mira Lobe, Alan Alexander Milne, Michael Ende, Astrid Lindgren, J. R. R. Tolkien und, für die Jüngeren, J. K. Rowling. Doch die Bücher unserer Kindertage taugen in der Mythenbildung zum mündigen Schreiberling allenfalls zur Anekdote, deren Einfluss man herunterspielt. Dabei sind es gerade die Jahre zwischen zwei und zwölf, die uns als Persönlichkeit prägen wie kaum eine andere Lebensphase. Der Schluss liegt nahe, dass es auch die Jahre sind, die unser Verhältnis zur Literatur nachhaltig beeinflussen.

Für mich war und blieb es David Henry Wilson. Kein anderer Autor, keine andere Autorin hat mich in meiner schreibenden Entwicklung je so geprägt wie der Schöpfer der britischen Kinderbuchreihe „Jeremy James". Man kann sich kaum einen besseren literarischen Paten wünschen, der, einer jungen Autorin an die Seite gestellt, einen behutsam an die Absurditäten des Lebens heranführt. Wilson hat mir gezeigt, welch wundersame Wege der menschliche Geist zuweilen nimmt, auf welche Abwege man manchmal geraten kann und dass es nur eine Sache gibt, die uns aus dem Dickicht des Alltags herauszuholen und gleichsam zu retten vermag: Humor. Wenn ich heute in meinen alten Ausgaben von „Jeremy James“ blättere, dann stelle ich erstaunt fest, dass manches davon zeitlos ist, anderes wieder altert weniger gut. Das ist in Ordnung. Auch gute Literatur hat zuweilen ein Ablaufdatum. Kinderwelten verändern sich. Aber für mich bleibt der Wert dieser Bücher bestehen. Das bedeutet nicht automatisch, dass die Generation meiner Kinder dasselbe in ihnen sehen muss wie ich. Meine Kinder haben ihre ganz eigenen Geschichten, die sie lieben und die sie geprägt haben. Das ist gut und richtig so. Nur dass wir, jede Generation für sich, solche Geschichten ein Leben lang mit uns herumtragen, das sollten wir nicht vergessen und schon gar nicht unterschätzen.

Natürlich las und lese ich noch dutzende andere Autorinnen und Autoren, die mich beeinflusst haben und noch immer formen. Jedes Lebensalter hat seine eigene

Literatur. Aber in dem Alter, in dem wir so wichtige Eigenschaften wie Empathiefähigkeit, Witz, Kreativität, Mut und Zivilcourage entwickeln, sind wir gut beraten, dies mit Freunden zu tun, die uns zwischen zwei Buchdeckeln davon etwas vorleben können. Kurz: Bücherfreunde sind Menschenfreunde, ein Leben lang und der Einfluss von Kinder- und Jugendliteratur weit größer, als wir es uns manchmal eingestehen wollen.

Was heißt das nun für uns Autorinnen und Autoren? Dass sich diese Bücherfreunde auf Lebenszeit auch in unserem Werk wiederfinden lassen, weil wir hier vielleicht zum ersten Mal (nicht analytisch, sondern intuitiv) begriffen haben, was eine glaubhafte Figur ausmacht, was eine gute Figurenführung bedeutet, wie Dramaturgie funktioniert, was ein kluger Dialog ist und wie ein gelungener Spannungsbogen aussieht. Weil wir Leserinnen und Leser waren und, irgendwo ganz tief in uns drinnen, auch damals schon Autorinnen und Autoren von morgen. Was wir lesen, schult uns, gleich ob gute oder misslungene Literatur. In den Büchern von morgen und übermorgen, geschrieben von Autorinnen und Autoren, die heute noch Kinder sind, wird also auch ein wenig Ritter Trenk drin stecken und ihre Schülerfiguren zuweilen eine entfernte Ähnlichkeit mit einem gewissen

Greg Heffley haben. Das ist von außen nicht immer gleich zu erkennen, aber die Autorinnen und Autoren selbst werden wissen, wem sie zu danken haben. So auch ich. Danke, David Henry Wilson! (6.1.2022)

SCHEITERN AUF HOHEM NIEVAU

Mir ist das unangenehm. Ich kann da nicht mithalten und mein ganzes Studium, mein ganzes Autorendasein ist in diesem Moment quasi für den Hugo. Wenn die Intellektuellen anfangen, mit Kanonen zu schießen, zieh ich mich ins Spatzennest zurück. Denn: Ich habe das alles nicht gelesen.

Fünfmal bin ich an den „Buddenbrooks“ gescheitert. *Fünfmal*! Ich bin Germanistin und komme auch noch aus Schleswig-Holstein. Verdammt, dieses Buch müsste mir doch etwas sagen! Tut es aber nicht. Dabei mag ich Thomas Mann – nur eben nicht die „Buddenbrooks“. Ich kann nur vermuten, dass ich damit nicht allein stehe, denn so ziemlich jede bzw. jeder hat sein ganz persönliches Buch des Scheiterns im Schrank stehen. Nur gibt man das bei Weltliteratur ja nicht so gerne zu. Sonst heißt es wieder: „Waaas? Das hast du nicht gelesen? Susanne, wie kannst du nur!“

Es sind ja nicht nur die ollen Buddenbrooks, es sind ja in Wahrheit noch viel mehr Bücher, mit denen ich nichts anfangen kann. Ich bin z.B. kein großer Fan überbordender Familienromane. Ich habe selbst eine riesige Familie. Wenn ich mit denen am Wochenende telefoniere, so reihum, dann habe ich schon mindestens einen Roman in der Länge eines mitteldicken Jonathan Franzen intus. Wozu also noch „Die Korrekturen“ lesen? Auch so ein Buch, an dem ich mehrfach gescheitert bin, es aber noch nicht ganz aufgegeben habe. Für manche Bücher braucht es erst das richtige Alter und die richtige Lebensphase. Vielleicht kommt die Zeit für Franzen und mich noch... vielleicht aber auch nicht.

Stattdessen habe ich in meinem Leben eine ganze Menge ziemlich mieser Bücher gelesen, die es garantiert auf keine Kanonliste schaffen. Vertane Zeit? Möglich. Spaß hatte ich trotzdem. Aber Lebenszeit ist nun einmal begrenzt und in der Zeit, in der sich andere durch die Großen der russischen Literatur durcharbeiteten, war ich wohl mit etwas anderem beschäftigt und man kann später nur bedingt nachholen bzw. nachlesen, was einem an Grundwissen fehlt.

Statt mich jetzt aber ständig für all das zu schämen, was ich nicht gelesen habe, bin ich dazu übergegangen, mich über alles zu freuen, was mir Neues aus der Kategorie „Das müsstest du aber eigentlich kennen!“ unterkommt. Da waren mir noch unbekannte Werke von Sándor Márai dabei, den ich wahnsinnig liebe, und auch mal ein sperriger Klassiker wie „Beowulf“. Muss man jetzt nicht unbedingt gelesen haben, hilft aber gegen all diejenigen anzustänkern, die meinen, mit „Herr der Ringe“ den Gipfel der Literatur erklommen zu haben. (Habe ich auch nie freiwillig gelesen und erst jetzt, als Vorleserin meiner Kinder, wirklich kennen gelernt.) Kein Tolkien ohne Beowulf! Den haben Sie auch nie gelesen? Machen Sie sich nichts draus. Wobei, wenn Sie Beowulf nicht kennen, können Sie unmöglich Tolkien richtig erfassen! Und ohne Tolkien ist J. K. Rowling ja quasi aufgeschmissen! Die hat da ja so ziemlich die Hälfte ihrer Ideen her… Harry Potter ohne Tolkien ohne Beowulf? Unmöglich!

Ich kann also auch klugscheißen! Oder einfach nur so tun, als ob. Nicht, dass das von Belang wäre… Literatur ist nämlich auch mal einfach nur zum genießen da und wenn Sie den ein oder anderen Klassiker der Literaturgeschichte ungenießbar finden, nun, dann sei’s drum. Schnappen Sie sich stattdessen Sándor Márais „Die Nacht vor der Scheidung“, legen sich aufs Sofa und tauchen Sie ab. Waaas? Sie kennen „Die Nacht vor der Scheidung“ nicht? Da kann ich nur sagen: Herzlichen Glückwunsch! Sie haben eines der großartigsten Lektüreerlebnisse Ihres Lebens noch vor sich! Genießen Sie es! (3.2.2022)

EIN PLATZ IN DER HÖLLE

Heinrich Heine hat eine Menge kluger Dinge über Bücher und ihre Leser gesagt. Mein Lieblingssatz ist dieser: „Die deutschen Censoren… Dummköpfe...“ In diesem Fall sind es keine deutschen, sondern amerikanische Zensoren/Dummköpfe. Allerdings ist deren Dummheit hier noch das geringste Problem. Hinter den jüngsten Auseinandersetzungen um sogenannte „book bans“, also der Verbannung von Büchern aus Schulbibliotheken, steht nämlich etwas gänzlich anderes, sehr viel Böseres.

Irgendjemandem passt immer irgendetwas nicht. Das ist normal. Man kann ja nicht alles immer allen recht machen. Doch zwischen Missfallen und Zensur ist ein himmelweiter Unterschied. Kritik muss jeder Autor, jede Autorin aushalten können, selbst dann, wenn diese nicht gerechtfertigt erscheint. Zensur dagegen steht auf einem gänzlich anderen Blatt. In seltenen Fällen wird gebannt, was Konsumentinnen und Konsumenten nicht mehr aushalten können oder sollen. Da geht es meist um stark verstörende Inhalte bzw. Hetzpropaganda oder um die Verletzung von Persönlichkeitsrechten. Zensur erfolgt immer und ausschließlich von staatlicher Seite aus, denn: Zensur durch Dritte ist in Deutschland, genauso wie in

den USA, verboten. Es gilt das Recht auf freie Meinungsäußerung.
Seit neuestem mehren sich aber in der Berichterstattung die Fälle, bei denen „besorgte“ US-amerikanische Eltern, oftmals unterstützt durch rechtskonservative Interessensvertreter, sich darüber beschweren, was man ihren Kindern literarisch so „zumutet“. Von Schimpfwörtern, über antireligiöse Inhalte oder Genderfragen, bis hin zu Analsexszenen ist da so ziemlich alles dabei, was das konservative Weltbild stört. Also wird in Komitees darauf hingewiesen und gefordert, diese Bücher mögen bitte aus den Schulbibliotheken entfernt werden. Das löste nicht nur Proteste von Schülerinnen und Schülern aus, sondern auch eine landesweite Debatte über Zensur. Aus den Bibliotheken verbannt würden nämlich vorwiegend solche Werke, die entweder von afroamerikanischen Autorinnen und Autoren stammten, für sexuelle Gleichberechtigung eintraten oder Minderheiten und ihre Verfolgung thematisierten. Prominentestes Beispiel war die Graphic Novel „Maus“ von Art Spiegelman, die auf eindringliche Art und Weise den Holocaust thematisiert und seit Jahrzehnten im Schulunterricht zu diesem Zweck eingesetzt wird. Die Darstellung nackter, toter Körper sowie die

Thematisierung von Suizid und die Verwendung von Schimpfwörtern sei zuviel für Kinderseelen. Dass dies nicht der wahre Grund für die Verbannung des Buches aus einigen amerikanischen Schulbibliotheken ist, erklärt sich nicht zuletzt durch die anschließende Debatte um die reichlich befremdlichen Äußerungen Whoopi Goldbergs zum Thema Rassismus: Die Wissenslücken über den Holocaust sind offensichtlich weit größer, als zu befürchten war und würden, ginge es nach dem Willen der Rechtskonservativen im Land, auch stetig anwachsen. Aussagen wie die des zuständigen Komitees in Tennessee zum vermeintlichen Kindeswohl sind klar als ein Wunsch nach Zensur zu werten. Das ist in mehrfacher Hinsicht problematisch: Erstens widerspricht es dem Gesetz, zweitens betrifft der „book ban“ hauptsächlich konservative Gemeinden, deren Mitglieder damit den Wunsch verfolgen, ein ihnen fremdes Weltbild zu negieren und drittens wird die Auswahl der Bücher, die man für potenziell gefährlich hält, von Menschen getroffen, deren Bildungshintergrund nicht über den einer Erdnuss hinausreicht. Überspitzt gesagt: Dumme, rassistische Menschen wollen gerne, dass ihre Kinder auch dumm und rassistisch werden.

Anlass zur Hoffnung geben die betroffenen Schülerinnen

und Schüler selbst, die in Protestaktionen darauf hinwiesen, dass sie sich zu Genderfragen, Rassismus, Antisemitismus und Sexualität ganz gerne selbst ein Bild machen würden. Man lasse sich schlicht nicht verbieten, sich zu bilden. Entsprechend schaffte es „Maus" erneut auf die Bestsellerlisten. Wer seinen Kindern also einen anständigen Aufklärungs-, Sozialkunde- oder Geschichtsunterricht verweigert, der darf gerne schon mal im Lager der politisch und religiös motivierten Zensoren anheuern. In deren Hölle ist bestimmt noch ein Platz frei. (17.2.2022)

LITERARISCHES HANDWERK

Es regnet nicht durch die Decke, da hängt kein Schirm und wir haben auch richtige Betten. Mein Leben ist kein Spitzweggemälde. Dennoch ist es nahezu unmöglich, von der Schreiberei zu leben. Dabei heißt es doch: Handwerk hat goldenen Boden. Nur begreifen die meisten Menschen das Schreiben eben nicht als Handwerk. Das ist ein Fehler.

Das Volk der Dichter und Denker ist als Phrase schon reichlich ausgewetzt, aber es ist etwas Wahres dran: Dichtkunst genießt ein relativ hohes Ansehen im deutschsprachigen Raum. Erzähle ich Menschen, welchem Beruf ich nachgehe, dann ernte ich regelmäßig anerkennende Blicke. Die verwandeln sich sofort wieder in Mitleid, wenn ich auf die Frage, ob man davon leben kann, ehrlich mit nein antworte und von meinem Brotberuf erzähle, den ich auch noch habe. Von irgendetwas muss man die Familie ja ernähren. Vom Schreiben geht das jedenfalls nicht, schon gar nicht bei einem durchschnittlichen Lohn von 1 Euro pro Stunde. (Habe ich als tatsächlichen Lohn für mein aktuelles Werk errechnet.)

Prestige und Realität klaffen hier also weit auseinander.

Schriftstellerin zu sein klingt erst einmal gut und wichtig, aber auch irgendwie unstet und am Hungertuch nagend. Das hat viel mit der Einstellung unserer Gesellschaft zu meinem Beruf zu tun und betrifft natürlich nicht nur die schreibende Zunft, sondern auch die darstellende und die bildnerische. Künstler, so die Annahme vieler, leben *für* die Kunst, nicht unbedingt *von* der Kunst. Das hat fatale Folgen für die Lebensrealität der Künstlerinnen und Künstler, von schlechter Entlohnung bis zu schwierigen Arbeitsbedingungen.

Zu meinem Beruf gehört ein hohes Maß an handwerklichem Können, was man ja nicht zuletzt auch in diversen Literaturinstituten erlernen kann. Ein überwiegender Teil meiner Zunft lernt als Auto(r)didakten oder studiert, so wie ich, Literaturwissenschaften, um sich das nötige Wissen anzueignen. Vom Handlungsaufbau, über Figurenführung, bis zu stilistischen Fragen kann man einer jungen Autorin, einem jungen Autor nahezu alles beibringen. Meiner persönlichen Einschätzung nach besteht ein gutes Buch aus 80 % Handwerk, 10 % Idee und 10 % Begabung der Autorin bzw. des Autors. Gute Ideen haben viele Leute. Bleiben die besagten 10 % Begabung, die man nicht erlernen kann und die einen sehr

guten Autor bzw. eine gute Autorin von einem, einer ganz passablen unterscheidet. Auf diesen 10 % basiert aber auch ein finanzielles Ungleichsystem, in dem Handwerkerinnen Haus und Hof ernähren können und Autoren, frei nach Spitzweg, in ihren Dachkammern verhungern dürfen. Gesellschaftlich höchst anerkannt, aber leider trotzdem tot.
Autorinnen und Autoren stellen ein sehr konkretes Produkt her. Auf uns fußt mit der Print- und Medienbranche ein ganzer Wirtschaftszweig. Der ist stark im Wandel begriffen, nicht zuletzt aufgrund fortschreitender Digitalisierung in Zeiten der Pandemie. Andererseits: Wer schreibt denn die ganzen Romane und die Drehbücher für Netflixserien, die die Menschheit ablenken und verhindern, dass nach zwei Jahren Corona alle komplett durchdrehen? Autorinnen und Autoren sind in der Pandemie vielleicht wichtiger als manch einer denkt.
Ich glaube, es ist an der Zeit, den Blickwinkel auf die Künstlerinnen und Künstler im deutschsprachigen Raum zu ändern. Mit romantischen Künstleridealen hat das nämlich alles herzlich wenig zu tun. Kunst ist Handwerk und Handwerk sollte als solches anerkannt werden. Das wäre mal der erste Schritt, bevor wir über eine bessere

Entlohnung für die schreibende Zunft diskutieren und wie diese zu bewerkstelligen wäre. Wenn Sie also das nächste Mal in die Buchhandlung gehen, dann denken Sie daran, dass Sie dort ein Qualitätsprodukt erwerben und Qualität hat nun einmal ihren Preis. Und der liegt deutlich über einem Euro als durchschnittlichem Stundenlohn. (3.5.2022)

DAS WAHRE UND DAS WAHRHAFTIGE

Sie verstehen es einfach nicht! Es ist zum Haareraufen. Warum nur kapieren so viele den Unterschied zwischen autobiografisch und authentisch nicht? Dass die Leserschaft es nicht immer versteht, ist das eine, dass die Kritik es nicht versteht, ist das andere. Und das andere ist ernüchternd.

Alles, was geschrieben steht, ist wahr. Muss ganz einfach wahr sein. Bei dem ausufernden Wahnwitz an autobiografischer Literatur, von der die Hälfte großartig und die andere schlichtweg zum Kübeln ist, muss irgendwo die Wahrheit dazwischen versteckt liegen. Irgendwo zwischen zwei Buchdeckeln, auf denen „Nach einer wahren Begebenheit" steht, hält sie sich bereit, lauernd, um uns bei erstbester Gelegenheit davon zu überzeugen, dass ein autobiografischer Roman, egal wie schlecht er auch sein mag, immer authentischer ist als jeder noch so gut erdachte fiktionale.

Dass kaum je irgendwo so viel gelogen wird wie in Autobiografien – geschenkt. Und wenn nicht gelogen, so wird doch wenigstens eine Menge weggelassen. Die Sollbruchstellen in den sonst so glatt polierten, oft literarisch verwursteten Promibiografien sind wohlkalkuliert. Ich zeig dir mein eines, wirklich schreckliches Kindheitserlebnis – und verschweige dafür den Rest. Trotzdem huldigen Leserschaft wie auch Kritik gerne dem Mut, den die Person an den Tag legt, um „ihre Geschichte zu erzählen“.

Na bravo, denke ich mir und verweise gerne auf den von mir weidlich beforschten Autor Hans Habe, der mit Hingabe Falschinformationen über seine Person entweder selbst in Umlauf brachte oder diese wenigstens nicht korrigierte, um vor der Welt besser dazustehen. So hält sich bis heute der Mythos, er sei mit 21 Jahren der jüngste Chefredakteur Europas gewesen. War er nicht. Er war 23 und es gab und gibt eigentlich keine Möglichkeit zu überprüfen, ob es nicht etwa zur selben Zeit, z.B. in Finnland, einen noch viel jüngeren Chefredakteur gegeben haben könnte. So strickt man Mythen, so funktioniert autobiografisches Schreiben. Authentisch, also wahr, ist daran leider gar nichts.

Authentizität bedeutet, dass ein Text wahrhaftig ist. Deswegen muss er noch lange nicht wahr sein oder auf wahren Ereignissen beruhen. Ich kann ein 80-jähriger Mann sein und dennoch einen Roman über eine zwanzigjährige Frau schreiben, welcher der Hauptfigur, dem Konflikt, der Sprache in so hohem Maße gerecht wird, dass die Leserschaft nicht anders kann, als ihn für besonders authentisch, also wahrhaftig, zu halten. Große Fiktion ist große Literatur. Dagegen kann ich mich noch so sehr an meinem eigenen Trauma abarbeiten – es kommt vielleicht ganz üble Schlüssellochliteratur dabei heraus. Die ist dann zwar in Teilen wahr, aber deswegen noch lange nicht gut. Denn wahr mit gut und fiktional mit minderwertig gleichzusetzen, ist ein fataler Irrtum. Genauso wie ich nicht ernste Literatur mit guter Literatur gleichsetzen sollte und Unterhaltung dagegen von vorneherein abwerte. Plastisch gesprochen: Nur weil ich die Nazivergangenheit meiner Vorfahren aufarbeite, kommt da noch lange nicht der Roman des Jahrhunderts bei heraus. Obwohl ihn die Kritik zwangsläufig der E-Literatur zuordnen wird, weil er von vornherein thematisch mit Bedeutsamkeit aufgeladen wurde.

Autorinnen und Autoren sind Lügner, allesamt. Wir können das gut. Davon leben wir. Also möge man uns bitte nicht dauernd danach fragen, was an unseren Büchern denn wahr sei. Im besten Fall ist nichts davon wahr. Aber im Idealfall ist alles daran wahrhaftig. Wer sich im Umkehrschluss darüber entrüstet, dass die Autobiografie nicht zum Buch passt, der hat Literatur nicht verstanden. (17.3.2022)

PROMINENT IGNORIERT

Da stehe ich nun in der Buchhandlung und weiß nicht recht weiter. Finde ich das nun gut? Schlecht? Bin ich solidarisch, denn… es sind ja auch irgendwie Kollegen? Oder ärgere ich mich, weil der „Platz an der Sonne“ so knapp bemessen ist und die mir hier die letzte Aussicht auf ein bisschen Wärme und Licht im Medienrummel verstellen?

Ein prominenter Name auf dem Cover reicht schon für den Verkaufserfolg, da ist der Inhalt oft egal. Könnte man meinen, denn nicht wenige Verlage handeln danach und widmen Promibüchern in ihren Programmen immer mehr Raum. Da wird dann über allerlei leidvolle Erfahrungen und deren Überwindung geschrieben, durchaus nicht immer schlecht und meistens findet sich nicht nur ein prominenter Name am Cover sondern auch das Foto der betreffenden Person. Schicksalsbücher sind so eine ganz eigene Sparte des Sachbuchs und da ich selbst gerne Biografien lese, kann ich gut damit leben, dass sich so etwas halt auch verkauft.

Problematischer wird es bei prominenten Menschen, die auch Belletristik schreiben, im Erstberuf aber zum Beispiel Schauspielerin oder Moderator sind. Belletristik ist mein Metier. Und wie das halt so ist: Die Konkurrenz ist hart. Es gibt hunderte deutschsprachige Neuerscheinungen am Markt, zweimal im Jahr, da ist es schwierig, die nötige Aufmerksamkeit fürs eigene Werk zu generieren und Autorinnen und Autoren sind ja generell eher Einzelkämpfer und begreifen sich nicht so sehr als Kollegschaft, auch wenn man sich meist gegenseitig leben lässt.

Aber nun sprießen die belletristischen Promiautoren wie Pilze aus dem Boden. Wer immer sein Gesicht regelmäßig in eine TV-Kamera hält, schreibt anscheinend auch einen Roman, ganz so, als gehöre das zum guten Ton. Mein Haus, mein Auto, mein Buch! Aber so wenig wie ich eine gute Tatortkommissarin abgeben würde, so wenig sind TV-Sternchen oft als Autorinnen und Autoren brauchbar. Ausnahmen, also Joachim Meyerhoff, bestätigen die Regel. Aber der ist ja auch nicht im Fernsehen und außerdem in jeder Hinsicht einer der ganz Großen.

Um es klar zu sagen: Es ist nicht die Schuld der schreibenden Schauspielerschaft, dass man sie druckt. Wäre ich in derselben Lage, ich würde es vermutlich auch so machen. Ist ja nicht so, dass man im Schauspielfach immer gut verdient, und ein Roman tut niemandem weh.

Denkt man. Und vergisst, dass Aufmerksamkeit begrenzt ist, dass Rezensentinnen und Rezensenten auch nur eine bestimmte Anzahl Bücher pro Printausgabe besprechen können, dürfen, wollen. Die Rezension fällt damit leider immer auf die prominent besetzte Butterseite der Autorenschaft. Die Rechnung geht nämlich so: Berühmte Person + Buch = Rezension (qualitätsunabhängig).

Wie gesagt, es liegt nicht an den Autorinnen und Autoren selbst. Es liegt an den Verlagen und es hängt am Feuilleton. Was sich einmal (spartenfremd) gut verkauft hat, verkauft sich auch wieder gut. Das ist leider der Grund, warum Medienkanäle zunehmend mit Promiliteratur verstopft werden. Sehr zum Leidwesen der Autorenschaft, die das tatsächlich als Hauptberuf betreibt.

Nun ist das mit der Mischkalkulation in den Verlagen aber so eine Sache: Verkauft sich das Promibuch gut, querfinanziert dies womöglich auch das Buch eines unbekannten Autors. Und so stehe ich da, in der Buchhandlung, ärgere mich und bin doch gleichzeitig solidarisch mit der Prominenz, spaziere schließlich hinaus aus dem Laden, um mich beim Gehen zu beruhigen und um meinen Platz im Licht besser in der realen Welt zu suchen. Ist ja schließlich Frühling, nicht nur

Bücherfrühling. Außerdem ist die Welt gerade schlimm genug. Und Neid ein denkbar mieses Gefühl. (31.3.2022)

DÜNN UND DICK

Es soll ja Menschen geben, die kaufen Bücher nach Gewicht: je dicker desto besser. Andere kriegen schon zu viel, wenn ein Buch an der 256-Seiten-Marke schrammt. Aber lässt sich Literatur an ihrem Gewicht messen?

An der Universität belegte ich einst ein Seminar beim legendären Professor Wendelin Schmidt-Dengler mit dem Titel „Schwere Literatur". Das Wort „schwere" bezog sich sowohl auf den Inhalt als auch auf den Umfang der besprochenen Bücher. Das war ein Seminar für echte Freaks und ich war gerne eine von denen, obwohl ich, ich gebe es zu, dicke Bücher eher selten gerne lese.

Mein Urteil über Bücher jenseits der 600 Seiten ist eigentlich durch nichts zu belegen und natürlich rein subjektiv, aber ich vertrete die Ansicht, dass alles, was mehr als 600 Seiten hat, Längen aufweist. Es ist reichlich schwer, einen Spannungsbogen so lange stabil aufrecht zu erhalten. Bei rund 600 Seiten (und die sind natürlich immer vom Druckbild abhängig) bricht er spätestens ein, auch bei großen Autorinnen und Autoren. Selbst Umberto Ecos „Der Name der Rose", in meiner Ausgabe ca. 800 Seiten umfassend, hat eindeutig Längen.

Trotzdem verbinde ich damit eines der schönsten Lektüreerlebnisse meines Lebens – und eine gewisse Übelkeit. (Ich habe das Buch auf dem Rücksitz eines Autos auf einer Dänemarkreise verschlungen und leider wird mir beim Lesen im Auto immer schlecht. Trotzdem – ich konnte das Buch nicht aus der Hand legen. Es war also ein ständiges Abwägen zwischen ungutem Gefühl in der Magengegend und absolutem Lesehunger.)

Natürlich gibt es auch das Gegenteil, nämlich die Erzählungen, die, zu Romanen aufgeblasen, plötzlich Bücher von 120 Seiten ergeben, obwohl das Manuskript ziemlich sicher keine 60 Seiten umfasst hat. So etwas zu verkaufen ist schwierig, die Leserschaft fühlt sich hier schnell betrogen. Man fordert da ganz gerne mehr Worte fürs Geld ein, oft nicht einmal zu Unrecht. Peter Handke und der Suhrkamp Verlag sind hier besondere Spezialisten an der sparsamen Wörterfront. Aber sagt das etwas über die Qualität des Werkes aus?

Ernest van der Kwasts „Fünf Viertelstunden bis zum Meer" ist eines meiner Lieblingsbücher und hat auch nur knappe 96 Seiten vorzuweisen. Nichts für Fans von dicken Historienschinken, aber großartige Literatur. Genauso wie Prousts ewiger Klassiker „Auf der Suche nach der verlorenen Zeit". Ist die Textlänge also egal?

Im Seminar zur schweren Literatur plagte ich mich mit den anspruchsvollen Werken genauso herum wie mit den dicken. Paul Celan wäre ohne fachkundige Anleitung des Professors für mich bis heute kaum zu entschlüsseln. Aber die Lust am Scheitern war trotzdem groß! Es ging nicht darum, sich gezielt zu frustrieren, sondern das eigene Unvermögen zu akzeptieren. Nicht verstanden? Macht nichts, wenigstens probiert. Nicht geschafft? Macht auch nichts, wenigstens 200 Seiten eines großen Werks gelesen, wenn auch nicht das ganze.

Dicke Bücher zu kaufen und zu lesen, hat etwas ungewohnt Sportliches. Sich an einem Kurztext über Wochen die Zähne auszubeißen auch. Qualität bemisst sich nicht am Umfang eines Werkes, sondern daran, ob es zu einem spricht. Die einen hören halt gerne länger zu als die anderen. Und wem wenige Worte reichen, um im Inneren etwas anzustoßen, dem sei „Fünf Viertelstunden bis zum Meer“ wärmstens empfohlen… (14.4.2022)

HAUKE UND ICH

Ich war schockverliebt, vom ersten Wort an. Mitten in den Alpen, irgendwo kurz vor der italienischen Grenze, auf der Rückbank unseres alten Mercedes, eroberte er mein Herz, dieser sture norddeutsche Charakter. Daran hat sich bis heute nichts mehr geändert. Hauke Haien und ich – é un grande amore!

Eigentlich war ich ja noch viel zu klein für Theodor Storms „Schimmelreiter", acht, evt. auch schon neun Jahre muss ich gewesen sein. Meine große Schwester, fünf Jahre älter als ich, hatte das Reclamheftchen voller Notizen, das schon leicht zerfleddert war, als Lektüre in die Ferien nach Lignano mitgenommen und mir in wenigen Worten den Inhalt geschildert. Ich war sofort Feuer und Flamme, wollte aber das Buch nicht selbst lesen (Übelkeit beim Autofahren, Faulheit, kleine Schrift…) und bat nun also meine Schwester, sie möge mir doch den „Schimmelreiter" vorlesen. Das tat sie – unter einer Bedingung: Ich müsse ihr den Rücken kraulen. Wann immer also in den folgenden Stunden mein Arm erlahmte, hörte sie auf zu lesen. Keinem meiner Kinder habe ich jemals später so lange am Stück den Rücken gekrault wie meiner lesenden Schwester,

einfach weil ich nicht genug von der Geschichte bekommen konnte!
Interessanterweise blieb für mich Hauke Haien nicht einfach nur eine literarische Figur. Ich kannte ja die Nordseeküste, den Hauke-Haien-Koog und hatte in der Schule gerade gelernt, wie man Deiche baut. (Sachkundeunterricht in Schleswig Holstein ist, das nur nebenbei bemerkt, wirklich eine ganz andere Nummer als in Österreich…) Hauke Haien war für mich vollkommen real. Hingegen glaubte ich schon länger nicht mehr ans Christkind, den Osterhasen, den Nikolo oder gar den Weihnachtsmann. Eben jene Schwester, die meine lebenslange Liebe zu Theodor Storm erweckte, hatte mich bereits im zarten Alter von vier Jahren beiseite genommen und mir erzählt, dass die allesamt erfunden waren. „Ich erzähle dir das nur, damit du dich nicht vor anderen Kindern blamierst!", hatte sie gesagt. Dabei war mir noch nicht einmal bewusst gewesen, dass ich die freundlichen Geschenkebringer überhaupt als real empfunden hatte. Und nun war es schon wieder vorbei. Tapfer murmelte ich: „Hab ich eh nie dran geglaubt."
Aber dann kam der Tag, an dem ich, inzwischen 20-jährig, an der Universität Rostock meine erste Germanistikvorlesung besuchte, Thema: Erzähltheorie

am Beispiel von Theodor Storms „Der Schimmelreiter". Super, dachte ich, kann ja gar nicht besser losgehen, das Studium. Der Professor betrat den Raum und fing gleich an zu dozieren. Sein erster Satz begann mit den Worten: „Die fiktive Figur des Hauke Haien…" Und in mir brach eine Welt zusammen. Hauke Haien war erfunden! Er war gar nicht echt! Aber ich hatte bis in mein Erwachsenenleben hinein felsenfest daran geglaubt und sah mich nun einer Illusion beraubt, deren Verlust mich mehr schmerzte als jeder geplatzte Traum vom Weihnachtsmann.

Zum Glück habe ich mich dann recht bald erholt von dem Schrecken. Was blieb, war die unbedingte Liebe zu Storms Texten, insbesondere die zum unbeugsamen Deichgrafen. Noch heute hole ich das alte Reclamheft mit Wehmut und Ehrfurcht aus dem Bücherschrank und höre im Kopf die wunderbare Stimme meiner Schwester, wie sie mir Seite um Seite vorliest, während die Eltern sich auf den Vordersitzen lautstark über die Reiseroute streiten. Ein kleines Stück Norden für unterwegs. (28.4.2022)

SEHNSUCHTSORTE

Italien? Natürlich. Ostsee? Selbstverständlich. Frankreich? Ja, ja und ja. Und Amerika? Auch dies ein Ort, an den in Gedanken zu reisen mit ewigem Sehnen verbunden bleiben wird. Lesen ist Reisen im Kopf, sagt man. Was ist dann erst das Schreiben?

Eigentlich wollte ich ja fernsehen, musste aber schon wieder um 20.15 Uhr ins Bett. Den Abendfilm bekam ich als Kind unter der Woche nicht zu sehen. Also stapfte ich wutentbrannt und unter viel Getöse die Treppe hinauf in mein Zimmer, legte mich ins Bett und schaltete das Kopfkino ein. Das funktioniert bis heute bestens: Langweile ich mich, fällt mir meistens rechtzeitig ein, dass ich die besten Kinofilme, die tollsten Geschichten und die größten Abenteuer in meinem eigenen, zugegeben merkwürdigen Schädel spazieren trage. So hätte aus mir auch leicht eine Drehbuchautorin werden können. Dass es bei Buchautorin endete, ist wahrscheinlich reiner Zufall.

Vor meinem inneren Auge spielten sich schon als Achtjährige ganze Serien ab, in denen ich eine Räuberbande in den britischen Wäldern anführte (als eine Art weiblicher Robin-Hood-Verschnitt), im alten Rom für das Recht auf Freiheit und gegen Sklaverei kämpfte und natürlich um die Welt reiste, bevorzugt an Bord riesiger Segelschiffe. Jede Reise im Kopf war dabei verbunden mit der Lust am Ausbruch aus bestehenden Verhältnissen und der Sehnsucht nach dem Unerreichbaren. In Gedanken durchs antike Italien zu spazieren war leicht und kostete nicht viel mehr, als ein paar ruhige Augenblicke vor dem Schlafengehen. Und selbstverständlich war ich, in vollkommen logischer Egomanie, immer die Hauptdarstellerin. Das konnte kein müder Fernsehfilm, keine TV-Serie je bieten.

Je eingeübter die Fantasie war, desto leichter fiel die Reise. War der Plot erst fertig gesponnen, konnte ich mich mühelos darin bewegen, neue Figuren hinzuerfinden oder die Handlung variieren. Ich war damit wohl schon Autorin, bevor ich je auch nur ein Buch gelesen, geschweige denn eines geschrieben hatte. Ganz so, wie Kinder dies eben tun. Sehnsüchte ließen sich in der Fantasie ausleben, bunt, detailreich und so oft wiederholt, bis alles perfekt passte. Noch heute schreibe ich so, wobei ich den Spielplatz in meinem Kopf heute den Figuren überlasse. Ich selbst trete nur noch äußerst selten ins Bild, bin aber, einer Regisseurin gleich, immer zugegen und zuweilen überrascht, wenn die Figuren die

vierte Wand durchbrechen und sich direkt an mich wenden. Meistens ist dann gerade irgendetwas schief gelaufen beim Schreiben und die Figuren fangen an zu meckern. Das kann mitunter wahnsinnig nervtötend sein und man bringt diese besser schnell wieder zum Schweigen, weil sonst der Sehnsuchtsort im Kopf zum Unort wird.
Schreiben war und ist Vergnügen. Es ist ausgelebte Vorstellungskraft, kaum limitiert, stets verfügbar, immer Rückhalt gebend. Findet es nicht statt, nimmt die wilde Bilderflut in mir manchmal überhand. Dann staut sich darin etwas, dass sich Luft verschaffen muss und notfalls an anderer Stelle nach außen dringt. Das kann in Verdruss umschlagen oder, weit besser, in Anfällen von kreativem Backwahn, mit diversen Kuchen, Torten oder Keksen als Endprodukten. Nur war die Küche nie ein Sehnsuchtsort für mich. Es musste immer weiter sein, heller, größer, geheimnisvoller und fremder. Schreibende sind Reisende, die gleichzeitig die Straßen bauen, auf denen sie sich vorwärtsbewegen. Und es gibt kein größeres Vergnügen, als sich kurz an den Straßenrand zu stellen und zu beobachten, wie uns andere auf demselben Weg folgen, an die gleichen Orte, getrieben von genau derselben Sehnsucht. (12.5.2022)

DIE VORLESER

Eigentlich sind die Kinder ja nun wirklich alt genug und könnten selbst zum Buch greifen. Aber wie das so ist – Handy und PC scheinen immer schneller zur Hand zu sein als ein gutes Buch. Damit beim Nachwuchs die Literatur nicht gar so abstinkt gegen Netflix und Konsorten, lesen wir also immer noch vor. Ob das klug ist?

Hilf mir, es selbst zu tun. Dieses Montessori-Motto hat uns als Eltern eine ganze Weile lang begleitet, von der Körperhygiene übers selbständige Essen bis hin zu den Hausübungen. Doch ausgerechnet beim Lesen haben wir's irgendwie verbockt. Dabei haben wir ihnen immer gern und viel vorgelesen, vom Herrn der Ringe (gesamt!) bis hin zu dicken Harry-Potter-Bänden. Aber aus irgendeinem Grund haben wir nie damit aufgehört. Die Aufforderung „Lies doch mal selber!" verhallte nämlich ungehört im Kinderzimmer.

Gut, dass Teenagerkind lässt sich nur mehr selten von den Eltern zutexten, aber das kleine Kind durchaus, aktuell mittels Cornelia Funkes „Drachenreiter", Teil 1. War ein Geschenk der Patenkusine und kommt bestens an, bei Mutter wie Kind. Und natürlich ist es auch gemütlich, wenn man so kuschelig zusammensitzt, Kekse futtert und liest… Aber selbstständig zu lesen wäre halt auch nicht schlecht für den Nachwuchs, aus diversen Gründen.

Die Konkurrenz ist heute einfach viel größer, als sie es zu meiner Kinderzeit je war. Drei Programme und ein Radio machten da den Kohl nicht fett. Die Alternativen hießen Sportschau oder Buch, da fiel die Wahl leicht. (Ich war noch nie Sportfan, weder passiv noch aktiv.) Aber heute? Handyspiele, PC-Spiele, Netflix, Amazon Prime, nicht zu vergessen YouTube: Man kann sich digital schon ziemlich weit in andere Welten versenken. Da braucht es Bücher nicht mehr so oft und ausgiebig wie früher. Doch will man das?

Zugegeben, das kleine Kind und ich hängen mit großer Hingabe auch gemeinsam vor dem Laptop ab und schauen unsere Lieblingsserie zum 100. Mal nacheinander, denn „Brooklyn 99" ist auch beim x-Mal schauen noch lustig. Zum Einschlafen darf es dann aber ein Kapitel der „Drachenreiter" sein. Literatur findet also immer statt, aber sie schafft es nur ins Nachtprogramm. Da ist sie in guter Gesellschaft, schließlich tummeln sich auch alle Literatursendungen im öffentlich-rechtlichen Fernsehen dort des nachts herum. Doch wie bekomme ich sie ins Hauptabendprogramm? Oder muss ich mich damit abfinden, dass die Zukunft der Literatur im Nischenprogramm steckt?

Die Welt meiner Kinder ist eine andere als die Welt meiner Kinderzeit. Nicht besser, vielleicht auch nicht schlechter, aber zweifellos anders. Wertigkeiten haben sich geändert, Unterhaltung hat sich geändert und die Möglichkeiten sowieso. Zwischen mir und den Meinen liegt mal eben eine digitale Revolution. Die kann sich ja nicht in Nichts auflösen. Also bleiben wir dran, am Ohr der Kinder und lesen und lesen und lesen… Immerhin ist der Weg vom Ohr zum Herzen immer noch derselbe. (26.5.2022)

EIN ABENDESSEN MIT…?

Es heißt nicht ohne Grund „Never meet your heroes!“. Man verehrt im Laufe seines Lebens ja so manche große Persönlichkeit und wünscht sich sogar, die eine oder den anderen persönlich zu treffen. Aber wehe, es geschieht dann tatsächlich!

Sie kennen bestimmt diese klassische Talkshowfrage: „Mit welchen drei Berühmtheiten würden Sie gerne einmal Abendessen?“ Dann lautet die ebenso klassische Gegenfrage: „Tot oder lebendig?“ Sprich: Sind die Berühmtheiten derzeit noch am Leben oder darf es auch Shakespeare sein? Die Toten einzubeziehen, finde ich, ganz ehrlich, unfair. Da endet es doch immer bei denselben Personen. Deutsche Schriftsteller wollen dann immer nur mit Goethe, Schiller und Konsorten essen. Würde ich ja auch wollen. Aber was tun, wenn es nur die Lebenden beträfe?

Daniel Kehlmann durfte ich einmal bei einer Veranstaltung treffen. Ich weiß jetzt, er mag Corned Beef und ist ein überaus freundlicher Zeitgenosse. Wer immer ihn an diesem Abend anquatschte, wurde mit ausgesuchter Höflichkeit behandelt. Ich habe mich dann nicht eingereiht in die Kehlmannverehrerschlange, obwohl ich seine Bücher mag, besonders den „Tyll". Und vorgestellt hat man uns einander leider auch nicht (da fand mich die Obrigkeit schlichtweg zu unwichtig), aber schweigend nebeneinanderstehend gegessen haben wir schon. Kehlmann wäre also eine Möglichkeit. Dann quatschen wir über Detlev-Buck-Filme und streiten uns über Karl Kraus, den ich nicht ausstehen kann.

Monika Helfers letzte drei Bücher fand ich großartig und mit entsprechend viel Wein mach ich dann womöglich auch mal den Mund auf, ohne mich gleich einschüchtern zu lassen. Muss ich nur noch ein paar Werke ihres Mannes lesen, denn der ist womöglich auch dabei. Wer Helfer sagt, der sagt auch Köhlmeier. Also, mit etwas Vorbereitung wäre Monika Helfer auch eine heiße Kandidatin.

Richtig lustig könnte ein Abend mit Elke Heidenreich werden, aber gegen diese Frau stinke ich selbst mit Doktortitel in Germanistik komplett ab, was die Lektüreliste anbelangt. Komm ich mir zu doof vor. Also besser nur aus der Ferne betrachten?

Schwierig ist das, äußerst schwierig. Und was tun, wenn die drei sich dann untereinander gar nicht ausstehen können? Oder einer immer nur schwadroniert und die anderen immer stiller und säuerlicher in ihr Glas schauen?

Nur weil alles Schriftstellerinnen und Schriftsteller sind, müssen die sich ja nicht zwangsläufig etwas zu sagen haben. Proust und Joyce hatten sich ja angeblich auch nichts zu sagen. Oder, noch schlimmer, alle drei haben sich etwas zu sagen, nur mit mir redet kein Mensch! Na gut, Daniel Kehlmann würde mich höflich fragen, was ich denn essen will. Immerhin. Aber was, wenn mir das passiert, was mir einst bei einer anderen Veranstaltung mit einer österreichischen Bestsellerautorin widerfahren ist? Ich spreche sie an, rede drei, vier Sätze mit ihr und sie dreht mir, während ich noch etwas sage, plötzlich den Rücken zu. Gespräch beendet. Einfach so. Pisskuh, olle.

Ganz ehrlich, ich glaube, ich schnapp mir lieber drei Freundinnen und mach mir einen netten Abend. Die besten Lebenden sind nämlich die, die dem eigenen Herzen am nächsten sind. Da braucht es auch kein Corned Beef. (9.6.2022)

STAATSBÜRGERLITERATUR

Ich bin deutsche Staatsbürgerin. Das ist nun einmal so. Daran könnte ich theoretisch etwas ändern und mich in meiner Wahlheimat Österreich einbürgern lassen. Die Chancen dazu stehen allerdings nicht gut, weil Österreich aktuell kaum Staatsbürgerschaften vergibt. Und es ändert auch nichts an der Tatsache, dass aus mir, rein äußerlich, so oder so keine österreichische Autorin mehr wird: Mein Akzent passt genau so wenig zur Alpenrepublik wie mein Reisepass. Ich bin ein Störfaktor in der Literaturlandschaft, die gerne diverser werden möchte, aber ganz sicher nicht einheitlicher. Also trennen wir weiterhin hübsch nach Herkunft, obwohl uns eigentlich mehr eint als trennt.

2023 wird Österreich Gastland der Leipziger Buchmesse sein, so diese denn wirklich stattfindet. Das ist schön und freut die österreichische Literaturlandschaft. Blöd nur, wenn man nicht so richtig dazugehört. Ich lebe in diesem Land schon länger, als ich je in Deutschland gelebt habe. Ich habe hier viele Wurzeln geschlagen, auch literarische. Meine letzten vier Bücher sind alle in einem österreichischen Verlag erschienen, meine Theaterstücke stehen bei einem österreichischen Theaterverlag unter

Vertrag. Ich habe in Wien studiert und promoviert, bin hier verheiratet, meine Kinder sind Doppelstaatsbürger. Und dennoch käme hier niemand auf die Idee, mich als österreichische Autorin zu bezeichnen, obwohl auch meine letzten Bücher größtenteils in Österreich spielen und mir Schnitzler längst näher ist als Brecht.

Solche wie mich gibt es eine ganze Menge: Deutsche Autorinnen und Autoren, die nicht ins Bild des ehemaligen K.u.K.-Vielvölkerstaates passen. Wir gehören keiner „Minderheit" an, wir sind nur einfach da, die bei weitem größte ausländische Bevölkerungsgruppe in Österreich, mit ca. 217.000 Personen gemessen an einer Gesamtbevölkerung von nicht ganz neun Millionen.

Bei den Planungen zu „Leipzig 2023" wurden wir schlicht und ergreifend nicht berücksichtigt. Das könnte man natürlich noch ändern, es sind noch einige Monate bis dahin und mir ist auch klar, dass man bei einem Österreichschwerpunkt vornehmlich mal auf österreichische Autorinnen und Autoren schaut. Nur: Was macht einen Autor, eine Autorin eigentlich explizit zu einem Österreicher oder einer Österreicherin?

Am Ende ist es immer wieder der Pass, der entscheidet. Da kann man noch so sehr Horvaths Werke an die Brust drücken oder sich zum Schreiben im Kaffeehaus

herumtreiben – wir gehören hier nicht dazu. Was ja nicht weiter tragisch wäre, würden wir wenigstens irgendwo anders dazugehören. Tun wir aber nicht.
Beantrage ich (sinnloserweise!) Stipendien, geht das nur in Österreich, weil hier mein alleiniger Wohnsitz ist. Da sind die deutschen Förderer heikel. Bekommen habe ich noch nie etwas, weil die Österreicher gerne viel und ausgiebig fördern, aber ganz sicher nicht die deutschen Autoren. Wokämmadenndahin? Und die Deutschen fördern nahezu ausschließlich nach deutscher Bundeslandzugehörigkeit. Da lebe ich aber nicht mehr, nirgendwo in Deutschland. Ich verliere demnächst sogar das Wahlrecht in der Bundesrepublik, weil ich schon zu lange im Ausland weile. Wo also gehöre ich hin?
Das Motto von „Leipzig 2023" lautet „meaoiswiamia", sprich „mehr als wir". Es soll u.a. die kulturelle Vielfalt Österreichs aufzeigen. Könnte man dann bitte einen kurzen Blick auf alles jenseits der Staatsbürgerliteratur werfen und auch genau diese Vielfalt abbilden? Andernfalls müssten sich Leipzig und Frankfurt bei den Gastländern mal etwas einfallen lassen, a la: „Diaspora. Deutsche Autorinnen und Autoren im Ausland". Da könnte ich mich wenigstens als Weltbürgerin fühlen, wenn ich schon sonst nirgendwo dazugehöre. (23.6.2022)

AB IN DIE FERIEN

Sie waren immer im Gepäck, die Taschenbücher für Strand und Regentage. Schwer schleppte ich sie von meinem Zuhause zum Ferienort und wieder retour. Und sie waren, bei aller Liebe zum geschriebenen Wort, stets ein Indikator dafür, wie schön der Urlaub wirklich war, denn: Die besten Ferien verbrachte ich ohne sie.

Nun schreit natürlich (zu Recht!) die halbe Welt auf und sagt: Ja, aber die Ferien sind doch die beste Zeit zum Lesen! Wann, wenn nicht jetzt? Die andere Hälfte hat schon mal prophylaktisch gar keine Bücher eingepackt, weil die den Koffer nur noch schwerer machen. Und ich? Sitze irgendwo dazwischen, ein Buch im Gepäck, aber das Meer vor mir und schalte einfach mal den Kopf aus, indem ich nichts mehr hineinlasse.

Als Teenager reiste ich oft zum Schüleraustausch nach Valencia. Hier verbrachte ich viele Tage bei derselben Familie, schloss sie ins Herz, aß viel, badete viel und erholte mich blendend. Stets im Gepäck: Unmengen Bücher, darunter, ich erinnere mich genau, so kuriose Mischungen wie Milan Kunderas „Die unerträgliche Leichtigkeit des Seins“ (beileibe kein Teenagerbuch), Margaret Mitchells „Vom Winde verweht“ und, warum auch immer, eine Stalinbiografie. Dreimal dürfen Sie raten, welches der drei ich wirklich gelesen habe… Für meine Gastfamilie war ich das freundliche Mädchen aus Deutschland mit den vielen Büchern, die sie stets umsonst mitschleppte.

Irgendwann kamen die Kinder und meine Bücher verschwanden aus dem Reisegepäck, abgelöst durch Windelpakete und Vorleseliteratur für den Nachwuchs. Ohne Pixis ging bei uns nichts mehr, kein Essen, keine Zugfahrt. Es wurde vorgelesen, was das Zeug hielt und wir besitzen immer noch eine ganze Umzugskiste voller Pixibücher, weil ich mich von ihnen nicht trennen kann. Es sind zu viele, schöne Erinnerungen mit ihnen verbunden.

Nach den Pixis kamen die dicken Vorlesebücher. Wir zogen Kinder aller Nationen an, als wir auf der Bademole Triests sitzend Harry Potter vorlasen. Dass wir es auf Deutsch taten, schien nicht so wichtig, Hauptsache es war ein Potter. Und weil Potter-Bände dick sind und schwer, erübrigte sich damit auch die Reiseliteratur der Eltern.

Jetzt ist es wieder Sommer und die Potter-Zeit ist vorbei. In der Öffentlichkeit vorzulesen ist seit neuestem peinlich (sagt der Nachwuchs) und ich könnte nun, nach vielen Jahren, endlich wieder Lesefutter für mich selbst einpacken. Allein, will ich denn wirklich etwas lesen, wenn ich doch auch schlicht aufs Wasser schauen kann (und muss, zwecks Kinderbeaufsichtigung)? Abends falle ich ohnehin todmüde um. Braucht es da noch ein Urlaubsbuch?

Ich habe ein Buch für die U-Bahn, ein Buch für heitere Stunden, ein anstrengendes Buch für den Kopf und eines zum Lernen (meist eine Biografie), die im Alltag alle ihren Platz finden und parallel von mir durchgelesen werden. Aber was nehme ich mit an die Ostsee? Was mit an die Adria? Haben Sie einen Tipp? (7.7.2022)

EMPATHISCH

Ich hatte glatt vergessen, wie witzig sie sein konnte. Virginia Woolf hatte wirklich enorm viel Humor. Der blitzt auch in ihrem großartigen Werk „A Room of One's Own" an allen Ecken und Enden durch. Wobei mir bei der Lektüre mehr als einmal zum Heulen ist. Hat sich in den letzten 93 Jahren eigentlich irgendetwas zum Besseren verändert?

Ich werde natürlich nicht aus irgendwelchen Bibliotheken geschmissen, nur weil ich eine Frau bin und ich ignoriere auch mit Hingabe „Betreten verboten"-Schilder, ohne dass mich wer vom Universitätsrasen stumpert. Aber beim neuerlichen Lesen von Virginia Woolfs Äußerungen zu schreibenden Frauen kamen mir doch große Zweifel, ob sich in den letzten Jahren da so wahnsinnig viel getan hat. Mit einer Ausnahme: Die schreibenden Männer, die, wie wir Autorinnen, jetzt auch mit dem Nachwuchs daheim sitzen und sich zersprargeln zwischen Schreibtisch und Kinderbettchen, stecken in derselben Klemme wie wir. Welcome to our world!

Woolf zeigt in „A Room of One's Own" enorm viel Empathie für die Lebensumstände von schreibenden Müttern. Dabei hatte sie selbst keine Kinder, konnte sich aber offensichtlich sehr gut in die Situation ihrer Kolleginnen einfühlen. Und steht damit nicht alleine da. Verständnis für literarisch ambitionierte Frauen mit Kindern zeigten und zeigen auch viele ihrer späteren Kolleginnen, ganz gleich, ob diese nun selbst Familie hatten oder nicht.

Empathiefähigkeit ist ja eine Grundvoraussetzung für gutes Schreiben. Wie sonst soll man sich in die Welt seiner Figuren hineindenken, ganz gleich welcher Lebenswelt diese entstammen? Alles immer und ausschließlich aus sich selbst heraus zu generieren, wie es autofiktionale Literatur tut, verlangt einem sicher eine Menge ab, aber Empathiefähigkeit gehört bestimmt nicht dazu. Die Fiktionalität erfordert diese aber sehr wohl. Weshalb Autorinnen und Autoren von fiktionalen Texten ein gerüttelt Maß an Verständnis für ihre Umwelt mit sich bringen müssten und das, gottlob, auch zuweilen tun, unabhängig von Geschlecht und Herkunft. Was wiederum Woolfs These unterstützt, wonach ein guter Autor, eine gute Autorin beide Geschlechter in sich vereinen muss, also außerhalb ihres eigenen Geschlechts denken und fühlen kann.

Ich fand diesen Gedanken, selbst gefangen in einem immer mehr ermüdenden Hamsterrad aus Kindern,

Brotjob und Schreiben, unglaublich tröstlich. Virginia Woolf, so schoss es mir durch den Kopf, hat dieses Dilemma schon vor 93 Jahren verstanden. Ein „Raum für sich allein“ und finanzielle Sicherheit – das bedarf es, um sich als schreibender Mensch frei entfalten zu können. Und das gänzlich unabhängig vom eigenen Geschlecht. Denn sehe ich mir meinen Autorenfreund T. an, wie er mit zwei kleinen Kindern als engagierter Vater versucht, alles unter einen Hut zu bringen, so finde ich mich darin selbst wieder und denke mir: Keiner von uns sollte in diesem Hamsterrad gefangen bleiben. Und sehe ungeahntes Potential in einer jungen Generation an Autorinnen und Autoren heranwachsen, die, klassische Geschlechterrollen längst über den Haufen werfend, einander besser verstehen lernen und sich gegenseitig unterstützen. Wenn das mal kein Grund zur Hoffnung ist! (21.7.2022)

SCHNELLDURCHLAUF

Früher war alles… langsamer. Sie hätten jetzt das Wort „besser“ erwartet, richtig? Nein, besser war es nicht, aber dass die Laufzeit von Büchern sich zunehmend verkürzt, ist in der Tat keine positive Entwicklung. Bücher sind ja eigentlich für eine (halbe) Ewigkeit gemacht. Tatsächlich aber werden sie schon nach rund drei bis vier Monaten wieder remittiert. Was läuft da falsch?

Zweimal im Jahr erscheinen die klassischen Verlagsprogramme, in der Regel ist das im Februar/März sowie im September der Fall. D.h. zweimal im Jahr wechselt das Sortiment in den Buchhandlungen, die Frühjahrstitel weichen also den Herbsttiteln. So war das wenigstens die längste Zeit. Allerdings fangen Buchhandlungen mittlerweile oft schon nach wesentlich kürzerer Zeit an, Bücher zurückzuschicken, um Platz zu machen für Neues. Denn neben den klassischen Herbst- und Frühjahrsprogrammen gibt es mittlerweile auch Sommer- und Winterbücher, die die Lücken füllen sollen, die es eigentlich gar nicht gibt.

Bücher haben also eine immer kürzere Laufzeit, es sei denn, es handelt sich um Longseller bzw. Bestseller. Die dürfen bleiben. Was dagegen immer seltener geschieht, ist, dass der Buchhandel Titel, von denen er alle vorab bestellten Exemplare verkauft hat, auch nachbestellt. Wozu auch, es kommt ja schon die neue Ware und der Platz in den Buchhandlungen ist nun einmal stark begrenzt. So setzen Verlage und Buchhandel einen unseligen Kreislauf in Gang, der Bücher zur Kurzzeitware macht. Wer nicht mitzieht, ist dagegen das Feuilleton und sind die Autorinnen und Autoren.

Buchbesprechungen erscheinen nach Möglichkeit gleich zum Veröffentlichungstermin des jeweiligen Werks und das gebündelt, um genügend Aufmerksamkeit zu generieren. Erstrecken sich die Besprechungen dagegen auf einen längeren Zeitraum, verpufft deren Wirkung im Handel meist. Und wird auch zunehmend sinnlos. Eine Rezension, die drei Monate nach Erscheinen des Werks herauskommt, erreicht leider niemanden mehr, weil das Werk da schon häufig nicht mehr in den Buchhandlungen aufliegt bzw. nur noch in Einzelexemplaren vorhanden ist. Und statt Bücher zu bestellen, nimmt die Leserschaft dann oft das mit, was vor Ort aufliegt. Das sind, sagen wir es deutlich, in der Regel die großen Spitzentitel aus den großen Verlagen. Also reduziert sich die Aufmerksamkeit, medial und auch bei den Konsumentinnen und Konsumenten, immer stärker auf

wenige Titel. Für Mundpropaganda bleibt keine Zeit. Titel können sich im Verkauf kaum bis gar nicht mehr entwickeln.
Ein Patentrezept dagegen gibt es nicht. Es liegt in der Verantwortung von Buchhandel und Verlagen, dem Schnelldurchlauf von Büchern entgegenzuwirken. Damit auch kleine Titel eine Chance bekommen. Bücher sind zwar Nahrung für die Seele, aber deshalb trotzdem länger verkäuflich als Supermarktkarotten. (18.8.2022)

ICH BIN ZU ALT FÜR DIESEN SCHEISS!

Gut, worum es hier geht, hat keinen Bezug zu „Leathal Weapon“, aber um das Alter dreht es sich dennoch. Ich bin definitiv zu alt, um noch in die Manga-Welle zu kippen, mein jüngstes Kind ist zu jung, um „Attack on Titan“ zu lesen. Aber ist eine Altersangabe für Bücher wirklich sinnvoll? Das Kind sagt „Nein!“, die Mutter sagt „Äh, doch, irgendwie…“ und hofft, dass sich das Problem von allein löst. Kinder werden schließlich älter.

Dass Filme FSK-Freigaben bekommen, ist gut und sinnvoll. Diese lassen Eltern wie Kinder allerdings oft ziemlich ratlos zurück. Warum etwa „Ant-Man and the Wasp“ eine Altersfreigabe ab 12 bekommen hat, ist mir ein Rätsel. Der Film geht locker auch für Achtjährige. Hingegen fand ich „Phantastische Tierwesen – Grindelwalds Verbrechen“ so arg, dass ich dafür eine Freigabe ab 16 empfohlen hätte. Tatsächlich ist dieser Film aber gleichfalls für Zwölfjährige. Altersfreigaben ergeben also durchaus nicht immer einen Sinn. Und wie ist das bei Büchern?

Prinzipiell bin ich der Überzeugung, dass Kinder immer alles lesen dürfen. Es mag nicht jedes Buch altersadäquat sein, aber es ist eben auch nur ein Buch. Wird es einem zu unheimlich, zu erotisch oder gar zu langweilig, dann kann man es zuklappen und wieder ins Regal stellen. Wirklichen Schaden nimmt man durch das Lesen nicht altersadäquater Texte eigentlich keinen. Anders sieht es mit allem aus, das bebildert ist. So ein Dämon, der dem besten Freund mal eben den Kopf abreißt und dann mit blutigen Zähnen die Eingeweide frisst, der ist definitiv nichts für Kinder unter… Also, eigentlich ist der für niemanden wirklich gut. Wer liest so etwas denn freiwillig? Aber genau das bieten Mangas bzw. Anime-Serien ihren Leserinnen und Zuschauern mitunter an.

Damit das klar ist: Es gibt großartige Mangas. Und es gibt totalen Schrott, so wie überall und in jeder Sparte Literatur. Der Unterschied ist nur, dass Bilder einfach länger im Kopf ihr dämonisches Unwesen treiben als jeder Text. Und da hier Bild und Text eine Verbindung eingehen, gibt es für Mangas nun einmal Altersbeschränkungen. Das muss einem nicht gefallen, ist aber sinnvoll. Und führt zu so skurrilen Diskussionen wie dem folgenden Dialog:

„Ich will das lesen, bittebittebitte!“

„Ja, aber die Bilder sind wirklich verstörend. Und da steht 15+ als Altersangabe! Du
bist erst zehn.“

„Und wenn ich nur den Text lese und nicht die Bilder anschaue?"
„Wie soll das denn funktionieren? Es ist ein Manga!"
„Du kannst mir ja den Text vorlesen!"
„Ich will dir den Text nicht vorlesen. Du sollst selber lesen!"
„Ja, aber du hast doch gerade gesagt, dass ich das Buch nicht lesen *darf*!"
„Ähm…"
So oder ähnlich wiederholen sich die Dialoge jeden Tag. Ich komme mir langsam dämlich vor. Da will das Kind endlich einmal von sich aus etwas lesen und dann verbiete ich es? Da stimmt doch etwas nicht…
Zum Glück gab es eine Alternative zu mordenden Dämonen und Titanen, nämlich ein Kätzchenmanga. Der war weniger harmlos, als Sie jetzt vielleicht denken, aber immerhin wurde darin niemand in blutige Stücke gerissen.
„Mama, das Blut in Mangas ist ohnehin schwarzweiß gezeichnet!"
Ich bin ganz kurz davor, aufzugeben… (1.9.2022)

ALLES HAT SEINE ZEIT

Allen Ernstes? Die Welt steht in Flammen (wortwörtlich), Krieg, Seuchen, Wassermangel, Flüchtlingskrise, Gaskrise – und Deutschland diskutiert über Winnetou? Es scheint, als wäre man in Zentraleuropa immer noch imstande, sich sein eigenes Sommerloch zu graben. Na gut, dann stürzen wir uns zum Abschluss dieses Sommers gleichfalls ins Loch hinein: Reden wir über Karl May.

Was ich Ihnen jetzt zu sagen habe, wird Sie nicht unbedingt erfreuen, aber ich muss Ihnen leider mitteilen, dass Sie gealtert sind. Daran ist primär mal nichts schlecht, das Alter hält mitunter ja auch Weisheit und Erkenntnis bereit und nicht nur kaputte Knie. Aber es bedeutet auch, dass das, was wir in unserer Jugend so groß und bedeutend fanden, mit uns altert – und das selten gut.

Wenn jetzt darüber diskutiert wird, ob Karl May sich rassistischer Klischees und einer bedenklichen Sprache bedient, dann lautet die Antwort schlicht ja. Hat er immer schon, ist uns früher nur dank mangelnder Sensibilisierung nicht so aufgefallen. Allerdings war Karl May vor allem ein Kind seiner Zeit und nicht explizit ein Rassist. Muss man Karl May deswegen jetzt in die

Giftkiste packen? Braucht es kommentierte Ausgaben? Soll man das Original belassen, wie es war oder soll man es sprachlich „säubern“, um es weiter publizieren zu können? Darauf gibt es nicht nur keine eindeutigen Antworten, es sind auch die falschen Fragen.

Jede Literatur hat ihre Zeit und die von Karl May scheint nun endgültig abgelaufen zu sein. Das ist weit weniger traurig, als man denken könnte. Schon ich habe Karl May nicht mehr wirklich gerne gelesen (im Gegensatz zur Generation meiner Eltern) und ich werde diesen Monat 46 Jahre alt. Meine Kinder interessiert Karl May nicht die Bohne. Die haben vollkommen andere Lektürebedürfnisse. Karl May wird mit meiner Generation (wahrscheinlich endgültig) zu Grabe getragen. Das ist in Ordnung. Und gilt auch für viele Werke anderer Autorinnen und Autoren, die schlecht altern. (Also die Werke selbst, nicht unbedingt die Autorinnen und Autoren…) Auch eine Pippi Langstrumpf hat ihre beste Zeit hinter sich. Es gibt andere literarische Vorbilder für die Kinder von heute. Kirsten Boies kleiner Ritter Trenk mit seiner kongenialen Partnerin Thekla ist sehr viel zeitgemäßer und fand bei meinen eigenen Kindern viel mehr Anklang als etwa Michel aus Lönneberga oder gar Winnetou. Auch der

Kanon an Kinderliteratur erneuert sich irgendwann und nur weil die Generation der heutigen Literaturkritiker noch mit Karl May aufgewachsen ist, muss das ja nicht mehr für alle nachkommenden Generationen so bleiben. Die dürfen sich ihre eigenen Vorbilder suchen und das muss kein Ureinwohner Nordamerikas sein, der in seiner Weltsicht weit mehr über uns Deutsche als über die echten Ureinwohner Nordamerikas aussagt.

Wenn Sie das stört, nun, dann haben Sie zwar mein volles Verständnis, aber ich werde Ihnen trotzdem jetzt sanft meine Hand auf die Schulter legen und sagen: Lassen Sie los! Es gibt wichtigere Probleme in der Welt, die es zu lösen gilt. Und, by the way, Karl-May-Spiele sind zwar schön und gut als Familienevent, aber auf Rügen gibt es schon seit vielen Jahren die Störtebeker-Festspiele – quasi dasselbe in Grün, nur ohne Cowboys und Indianer und taugt sicher auch zum Ersatz für Bad Segeberg. Sie müssen es nur zulassen. Glauben Sie mir, das ist gar nicht so schwer. (15.9.2022)

GLÜCK AUF VIER RÄDERN

Ich gebe zu, man hat es mir mit der Liebe zu Büchern wirklich leicht gemacht. Alle drei Wochen fuhr direkt vor unserem Haus der Bücherbus vor. Was das bedeutete? Ganz einfach: Glück auf vier Rädern!

Dass die Fahrbücherei tatsächlich vor meinem Elternhaus hielt, hatte seinen Grund. Erstens stand davor eine Laterne und das bot auch im dunklen norddeutschen Winter den Lesewilligen auf dem Dorf genügend Licht zum Ein- und Aussteigen. Und zweitens wohnte dort meine Mutter. Es gab und gibt wahrscheinlich keine treuere Kundin und Vielleserin für die Institution Fahrbücherei als meine eigene Mutter. Was lag also näher, als den Bus genau dort vorzufahren, wo ohnehin die meisten Bücher landen würden?

Es war ein bisschen wie einkaufen ohne Geld. Wenn sich die Türen öffneten, empfing einen der Geruch von Papier und Linoleum. Was immer man wollte, es war alles da, vom Bilderbuch bis zum neuesten Roman. Und wenn es nicht vorrätig war, meldete man seinen Wunsch an und bekam mit etwas Glück früher oder später den gewünschten Titel vor die Tür geliefert.

In Zeiten, in denen das Kulturgut Buch für viele kaum

noch erschwinglich scheint, sind Leihbüchereien ein wahrer Segen. In meiner Wahlheimat Wien gibt es allein 39 Zweigstellen der Wiener Büchereien. Für Kinder sind diese gratis zugänglich und bieten über großartige Bestände hinaus ein vielfältiges Kulturprogramm. Die Stadt lässt sich Literaturvermittlung etwas kosten und die Bevölkerung nimmt diese dankbar an. Darüber hinaus weist jede Schule vor Ort eine eigene Bibliothek auf, im Falle meines großen Kindes liegt die auch noch genau gegenüber des Klassenzimmers. So fängt man sogar Lesemuffel ein, wenn der Weg zum Buch derart barrierefrei zu beschreiten ist.

Was für Stadtkinder eine Selbstverständlichkeit scheint, bleibt für Landkinder noch immer etwas Besonderes. Leider gab es immer wieder Phasen, in denen die Institution Fahrbücherei von Einsparungen bedroht war. Derzeit ist das im Kreis Schleswig-Flensburg mal kein Thema. Man weiß um die Notwendigkeit solcher Kultureinrichtungen am Land. Was nicht heißt, dass sich das nicht jederzeit wieder ändern kann. Dabei ist der Wert dieses Service gar nicht hoch genug einzuschätzen. Ja, Bücher gab es viele in unserem Haushalt und Literatur war stets präsent, nicht zuletzt deshalb, weil uns viel vorgelesen wurde. Aber was war es für ein unglaublicher

Luxus, wenn die ganze Literaturwelt direkt zu mir nach Hause kam! Kein Wunder, dass dadurch meine Liebe zu Büchern geweckt wurde. Ich wäre wahrscheinlich weder Autorin noch Germanistin geworden ohne die literarische Sozialisation der Fahrbücherei. Den Bücherbus gibt es nun schon seit rund 60 Jahren. 1962 rollten die ersten Bücherbusse durch Schleswig-Holstein. Zeit, danke zu sagen, für viele, viele großartige Lesestunden! (29.9.2022)

SEUCHENLITERATUR

Ganz sicher nicht! Ich lese doch nicht Camus „Die Pest", während ich im Fieberwahn im Bett liege! „Die Liebe in den Zeiten der Cholera" von Márquez? Also bitte, wirklich, nein. Dann ein Historienschinken, z.B. „Der Medicus" von Noah Gordon? Am Ende klappe ich den Laptop auf und schlafe bei amerikanischer Comedy ein.

Nun hat die Seuche uns also auch ereilt. Hat ja lange genug gedauert. Ich hatte mich schon gewundert, warum alle Freunde und Familienmitglieder sie schon hatten, nur wir waren bislang verschont geblieben. Und nun das: Ich liege hustend und rotzend im Bett und mag nicht lesen. Dabei hatte ich mich so sehr auf Dörte Hansens „Zur See" gefreut. Das Buch liegt zwischen Halsschmerztabletten, Taschentüchern und Teebechern am Nachttischchen und bleibt unberührt. Mein Kopf will nicht mehr gefordert werden. Da geht nichts mehr außer Netflix.

Also sehe ich der „Kaiserin" Elisabeth von Österreich dabei zu, wie sie, aus mir nicht wirklich ersichtlichen Gründen, durch den Park vom Schloss Eremitage in Bayreuth geistert, wo sie doch eigentlich in Schönbrunn hätte sein sollen. Ich müsste meinen fiebrigen Kopf bloß weit aus dem Fenster strecken, dann könnte ich das echte Schönbrunn und seinen Park sehen und der sieht, nun, anders aus. Das ist doch absurd! Was hat sich die Produktionsfirma dabei denn gedacht? Und wo bitte kommt da ein Fluss her, in dem Sissi und ihr Kaiser nackig baden? Soll das allen Ernstes der ehemals unregulierte, dreckige Wienfluss sein??? Verarschen können die sich alleine.

Ich zappe mich im Fieberwahn durch diverse Serien und Comedy-Programme, lass es aber wieder bleiben. Lachen tut im Hals weh. Also schlafen. In meinen Träumen irrlichtern Prinzessinnen durch falsche Parklandschaften. Besser wieder aufwachen. Dörte Hansen schielt vom Nachttisch herüber. Drei Seiten, dann kann ich schon nicht mehr. Also wechsle ich von „Jane The Virgin" (saukomisch, kannte ich aber schon) zu YouTube (Bach, Mozart und ein wenig ABBA), um dann wieder einzuschlafen. Nun mischen sich barocke Klänge mit schrägen Telenovellaplots ab und bevor ich einen filmreifen Tod sterbe, wache ich lieber auf.

Nervennahrung? Schokolade zu essen ist irgendwie sinnlos, seit ich nichts mehr riechen kann und nur wenig schmecke. Nutella oder Schuhcreme? Merkwürdige Form der Diät. Ich probiere es mit Obst. Das geht. Der Kopf

erinnert sich immerhin daran, wie ein Apfel schmecken soll, also schmeckt er auch einen Apfel.
Vielleicht geht das ja auch mit Literatur, denke ich und greife zum Äußersten: Lyrik. Die braucht es nur in ganz argen Momenten, wenn nichts anderes mehr hilft. Und, siehe da, Rilke hilft. Wenigstens ein bisschen.

Man muss Geduld haben.
Mit dem Ungelösten im Herzen,
und versuchen, die Fragen selber lieb zu haben,
wie verschlossene Stuben,
und wie Bücher, die in einer sehr fremden Sprache geschrieben sind.

Ich lese nichts mehr. Nicht heute. Und ich frag mich auch besser nichts mehr. Das verschiebe ich auf hinterher. Die Welt wird an sich selbst verrückt. Oder ich an ihr. Nachrichten halte ich in diesem Zustand nämlich auch keine mehr aus. Fremde Sprachen. Vielleicht liegt es aber auch am Fieber. Das geht vorbei. Alles. Hoffentlich. (13.10.2022)

MUNDART

Dreiundzwanzig Jahre lebe ich jetzt in Wien, arbeite in Wien, schreibe in Wien und was tue ich? Verfasse einen Text auf Plattdeutsch. Soviel zum Thema „Was Heimweh mit Ihnen macht".

Natürlich übertreibe ich: Das Heimweh, das ich meine, ist kein durchgängig brennendes Verlangen nach dörflicher, norddeutscher Provinz mit schlechter öffentlicher Anbindung und überwiegend miesem Wetter. Und kommen Sie mir jetzt nicht mit dem Spruch über schlechte Kleidung. Aber dort stehen, am Strand, den Blick aufs Wasser, der Geruch nach Meer in der Nase, den Menschen zuhören, die so klingen wie ich…

Die Website heißt www.översetter.de und war eine echte Entdeckung. So wie alle Übersetzungsprogramme, die es online und umsonst gibt, hat es seine Schwächen, aber es hat mich sehr plötzlich und überraschend meinen sprachlichen Wurzeln wieder nähergebracht. Dabei habe ich nie Plattdeutsch gesprochen. Ich kann es verstehen, ich kann es lesen und mit sehr viel Aufwand und einem herzensguten Schwager, der mich lektoriert, kann ich auch einige Sätze schreiben. Doch warum zum Teufel fange ich nach dreiundzwanzig Jahren in Österreich plötzlich an, in Mundart zu texten? Wienerisch wäre naheliegend. Nur spricht in meinem gerade erst fertiggestellten Text keiner Wienerisch. Das wäre auch eher ungewöhnlich, spielt er doch in Norddeutschland. Und warum ist das der Fall, höre ich Sie fragen? Good point.

Früher habe ich mich stets dorthin geschrieben, wo ich hinwollte: Italien, die Vergangenheit oder auch eine harmonische Umgebung, die ich und nur ich kontrollieren konnte. (Privileg der Autorin: Alles hört auf mein Kommando!). Da gab es auch zwei Norddeutschlandbücher, in denen kein Mensch Plattdeutsch sprechen musste, damit ich mich den Figuren nahe fühlen konnte. Doch nun haben die Charaktere ein gewisses Eigenleben entwickelt (so viel zum Thema „*Keiner* hört auf mein Kommando.“) und ich brauche offensichtlich Mundart, um mich in meiner eigenen Sprache zu Hause zu fühlen.

Heimatdichter – das klang früher so unglaublich altbacken. Aber vielleicht fühlen sich Heimatpoeten auch einfach nur wirklich, wirklich wohl wo sie sind? Oder sie sind, im Gegenteil, wahnsinnig unglücklich und müssen sich dorthin zurückschreiben, wo sie eigentlich sein wollen? Und was sagt das jetzt über mich aus?

Ich bin gerne dort, wo ich bin, und das ist Wien. Aber was spricht dagegen, ab und zu mal den eigenen Wurzeln nachzuspüren? Eben, gar nichts. Also darf es auch mal Plattdeutsch sein. Es heißt ja nicht umsonst Mund-*art* im Sinne von *Kunst.* (27.10.2022)

EINE STADT, EIN BUCH

Who let the cats out? Durch Wien geistern diese Woche vermehrt schwarze Kater mit weißer Pfote. Der Grund: Wien startet wieder die Aktion „Eine Stadt. Ein Buch". Dieses Mal hat man Elke Heidenreichs „Nero Corleone" und „Nero Corleone kehrt zurück" ausgesucht. Miau! Einhunderttausend Exemplare des Doppelbandes bringt die Stadt, zeitlich passend zur Buchmesse BuchWien, dieses Jahr wieder unter die Wiener Bevölkerung. Und diesmal ist es ein Buch für jung und alt. Angesichts der Tatsache, dass es allein in Wien 250.000 Katzen gibt, wird das Buch reißenden Absatz finden.

Die Aktion hat bereits lange Tradition in Wien. Heuer wird zum 21. Mal Lesestoff umsonst verteilt. Vorgängerbücher waren etwa John Irvings „Die Bären sind los" oder auch Ruth Klügers „weiter leben". Ursprünglich stammt das Konzept zu der Buchaktion aus Chicago, heute finden sich neben Wien auch diverse andere Nachahmerstädte weltweit, die ihren Einwohnerinnen und Einwohnern Lesestunden schenken, ein Meet and Greet mit den Autorinnen und Autoren oft inklusive.

Als stolze Katzenbesitzerin (und meiner ist auch noch so

schön schwarz, wie der Nero aus dem Buch) freut mich die Aktion in diesem Jahr schon mal sehr. Darüber hinaus mag ich Elke Heidenreichs Bücher gern. Zu guter Letzt freut sich auch mein jüngstes Kind, wenn ich ihm aus dem aktuellen Buch vorlese (das darf ich seit Neuestem wieder). Also ein dreifaches Hoch auf die Stadt Wien, die damit in diesem Jahr einen echten Volltreffer gelandet haben dürfte. ABER: Die Versuchung, für das kommende Jahr möglichst unpassende Buchtitel vorzuschlagen ist natürlich groß, sprich irgendein Buch, das *nicht* jedermanns Geschmack trifft.

Mir stellen sich die boshaften Nackenhaare auf, wie sie es immer tun, wenn mir hinterlistige Witze einfallen und los geht's. Hier meine Hotlist der unpassenden Bücher für „Eine Stadt. Ein Buch":

„Conni in Wien": Alle hassen Conni und wenn der Tod ein Wiener ist, wird Conni, das Mädchen mit der Schleife im Haar und dem rotweißen Ringelpulli, in dieser Stadt sicher ihr vorzeitiges Ende finden. Ein echtes Schmankerl für alle Eltern!

Jonathan Franzen „Unschuld": Angesichts der politischen Entwicklungen in dieser Alpananenrepublik (und ja, das ist eine Zusammenführung der Worte Alpen- und Bananenrepublik) müsste Franzen aber noch einiges umschreiben. Doch immerhin heißt ein Kapitel schon mal „The Republic of Bad Taste“. Trifft es nach Ibiza, Chat-Affäre usw. doch ganz gut.

„Die Bibel“: Kein Scherz. Ich schlage hier als Agnostikerin (auf halbem Weg zur Atheistin) ernsthaft die „Bibel“ vor. Denn ein Land, dass Flüchtlinge bei eiskaltem Wetter in Zelte steckt, statt für anständige Unterkünfte zu sorgen, sollte vielleicht noch einmal seine angeblich so „christlichen Werte“ überdenken. Urteil: Durchgefallen. Setzen. Buch aufschlagen. Nachlesen.

Und zum Schluss ein Hörbuch, nämlich „Der Herr Karl“ von Helmut Qualtinger: Falls Sie wissen möchten, was die Wiener wirklich denken… Angesicht steigender Papierpreise ist ein Hörbuch eh eine gute Alternative fürs nächste Jahr, Download für jeden frei verfügbar.

So, muss jetzt Kater kraulen. Das geht ja zum Glück parallel zum Lesen. Es sei denn, das Tier legt sich schon wieder aufs Buch und schnurrt… Komm, Teddy, lass uns Conni lesen! (24.11.2022)

ALLES AUF ANFANG

Machen wir uns nichts vor: Allem Anfang wohnt das Scheitern inne. Ich habe nicht einmal versucht, dieses Jahr mit gesundem Essen zu beginnen, sondern gleich die restlichen Vanillekipferl vom Vorjahr zum Frühstück verputzt. Trotzdem starte ich 2023 frohgemut mit etwas Neuem. Und Sie werden mich dabei begleiten. Auf geht's!
Damit wir uns richtig verstehen: 2022 ging bei mir nicht gerade erfolgreich zu Ende. Warum auch immer das so viele glauben tun zu müssen, aber Projektabsagen kurz vor Weihnachten rauszuhauen ist ziemlich grausam. Die einen machen dabei reinen Tisch und die anderen liegen im Anschluss dank Kummerbesäufnis unter dem selbigen. Na gut, ich musste nicht unter dem Tisch liegen, jedenfalls nicht direkt. Ich hab gerade vier neue IKEA-Stühle angeschafft (und mühsam zusammengeschraubt – die Pest über die Designer von Nordviken, schwarz lackiert!). Auf diesen sitzend erkläre ich Ihnen jetzt meinen Plan für das neue Jahr.
Noch im Dezember hatte ich ein Konzept erstellt für mein nächstes Schreibprojekt. Das wird vermutlich ebenso schwer einen Verlag finden, wie das frühere, aber sei's drum. Mein letztes Langzeitprojekt war eine Novelle

und nachdem ich nun begriffen habe, wie die funktioniert (vom Schreibprozess her gesehen), habe ich Blut geleckt und sitze an der nächsten. Kurz zur Erklärung: Novellen sind nicht gerade Liebkind der Verlage. Zu kurz, zu schwer zu vermarkten. Und wer jetzt glaubt, Novellen sind so etwas wie kürzere Romane, der irrt leider auch, aber gewaltig.

Schreibe ich einen Roman, dann wechsele ich beständig zwischen Haupt- und Nebenhandlung hin und her. Komme ich also an einer Stelle der Handlung nicht recht weiter, kann ich mich beim Schreiben so lange auf den anderen Handlungsstrang konzentrieren, bis mir eingefallen ist, wie es weitergehen soll. Diese Technik fällt beim Novellenschreiben weg, denn Novellen haben keine Nebenhandlung. Man verbringt also eine ziemlich lange Zeit vorwiegend mit der eigenen Hauptfigur. Da ist es hilfreich, wenn man die Figur auch mag.

Ich stelle sie Ihnen kurz vor: Meine neue Hauptfigur ist ein Totengräber. Ich fand das ganz passend, weil… Ich glaube, das muss ich nicht erklären. Der Mann läuft 1918 namenlos über die verlassenen Schlachtfelder Verduns und begräbt Tote, die keiner begraben hat. Irgendwer muss das ja tun. Und währenddessen erzählen ihm diese Toten jeweils ihre Lebensgeschichten, in aller Kürze und einzelnen Episoden. Das ist das Konzept. Es ist also ein pazifistisches Antikriegsbuch.

Klingt nicht sonderlich lustig, denken Sie vielleicht? Mag sein, aber mir ist wohl dieser Tage nicht unbedingt nach lustig. Mal abgesehen davon, dass der Mann auch einen Komiker begraben wird. Jede Tragödie braucht auch einen Schuss Komödie drin, sonst funktioniert der Text nicht. Und da Sie nun schon einmal hier sind, dachte ich, Sie könnten mich in diesem Jahr beim Schreibprozess begleiten, quasi als Werkstatteinblick. Wenn Sie möchten. Keine Sorge: Wir machen uns das schon nett, Sie und ich. Darin bin ich nämlich gut, ich weiß, wie man es sich schön macht (und erinnere an dieser Stelle an die Vanillekipferln, von denen ich gerade noch eine weitere Schachtel unterm Küchentisch gefunden habe – jippie!). Sie werden sich also wohl fühlen, das verspreche ich Ihnen. Ich muss nur noch den Stapel Wäsche von meinem Schreibtisch aufs Sofa rüber schupfen und dem Kind sagen, dass es jetzt nicht Naruto in der 1.000.000sten Folge auf meinem Computer sehen kann, weil ich auf dem arbeiten muss. (Ganz ehrlich, wie viele Staffeln hat diese Serie eigentlich???). Dann bin ich quasi startklar.

Und Sie? Bereit für etwas Neues? (5.1.2023)

KONKURRENZ

Na, Holladiewaldfee! Ist das jetzt die große Konkurrenz aus dem Internet? Muss ich mir Sorgen um meinen Job machen? Werden Schriftstellerinnen wie ich demnächst nicht mehr benötigt? Oder ist ChatGPT kompletter Quatsch?

Natürlich war ich neugierig. Das sind ja wohl alle derzeit. Also habe ich das Programm mit den wichtigsten Angaben zu meinem aktuellen Werk gefüttert und das kam dabei heraus:

„In den verbrannten und zerstörten Landschaften von Verdun, nach dem Ende des Großen Krieges, war ein Mann zu sehen, der schweigend seiner Arbeit nachging. Er war der Totengräber des Dorfes, ein stiller Zeuge des Schmerzes und des Leids, das hier herrschte."

Das ist der Anfang meiner Totengräbergeschichte, wie ihn mir ChatGPT vorschlägt. Ich hatte extra um ein bisschen Flair a la Erich Maria Remarque gebeten. Wenn schon, denn schon, dachte ich. Dass die Hauptfigur schweigt und dass der Fokus auf die Einsamkeit der Figur in zerstörter Landschaft gelegt wird, war nicht Teil der Vorgabe. Da hat es mich dann schon mal ganz kurz aus den Socken gehauen. Aber eben nur kurz. Denn der Text selbst war dann doch so langweilig, dass ich mir getrost die Socken wieder anziehen und mich aufs Sofa hauen konnte, um dort weiter zu tippen. Zum Vergleich, das hier wäre der echte Anfang (nach derzeitigem Stand) meiner Novelle vom Totengräber:

„Sie tut nichts zur Sache, die Frage nach der Herkunft. Wir alle kommen von irgendwoher und wir alle gehen irgendwohin. Wem nützt es zu sagen, ich komme aus einem Dorf in… Ich wurde geboren im Jahre…? Dörfer gibt es viele und wir alle wurden geboren, irgendwann.

Dieser eine hier trägt keine Herkunft mit sich herum. Stattdessen geht er vorsichtig zwischen Gräbern – denen, die schon da sind und denen, die noch kommen werden.“

Also, ich glaube, da muss die KI dann doch noch ein bisschen mehr kreatives Potenzial entwickeln. Aber nichtsdestotrotz lag die Maschine zumindest bei der Hauptfigur nicht total daneben. Finde ich das nun gut oder schlecht? Bleibt es ein Spielzeug für schummelnde Schüler und Studentinnen oder wird es noch so richtig spannend in baldiger Zukunft? Ich kann das, ganz ehrlich, nicht abschätzen.

So, und nun muss ich ein paar wirklich fürchterliche Plots entwickeln und schauen, was die Maschine mir dazu anbietet. Grimms Märchen kann das Ding bestimmt auch. Ob bei der Geschichte von Hänsel und Gretel am Ende wohl ein Splatterkrimi herauskommt? Ich halte Sie auf dem Laufenden!

P.S.: Ich konnte es natürlich nicht lassen. Hänsel und Gretel als Splatterkrimi a la ChatGPT– voilà!

„Es waren einmal ein Bruder und eine Schwester, Hänsel und Gretel, die in einem kleinen Dorf lebten. Sie waren bekannt für ihre unersättliche Gier nach Blut und Tod. Eines Tages entführten sie ein kleines Mädchen, das sie in den tiefen, dunklen Wald brachten. Sie bauten ein kleines Haus aus Knochen und Fleisch, in dem sie ihr Opfer gefangen hielten. Nachts schliefen sie friedlich in ihrem Bett, während das Mädchen laut schrie und um Gnade flehte.“

Und das war erst der Anfang. Das wurde noch viel ärger… Lustig war nur, dass es mir Hänsel und Gretel nicht im Stile Bridgertons servieren wollte. Das sei verstörend, so ChatGPT. Aha, klar. Hätten wir das also auch geklärt. Erotik pfui, Morden hui. ChatGPT geht eindeutig auf einen amerikanischen Entwickler zurück…

(16.2.2023)

PURER NEID

Ich blättere Seite für Seite um, lese all die großen Namen und komme aus dem Staunen nicht mehr heraus. Wie gerne wäre auch ich dabei gewesen, damals in Jena, Ende der 1790er Jahre! Schiller, Schelling, Schlegel, Goethe, Novalis, Humboldt… The list goes on and on! Mich frisst der Neid.

Unglaublich: Die waren alle dort! Auf diesem winzigen Flecken Erde fanden sich die Geistesgrößen der Romantik alle auf einem Haufen zusammen und lebten für und von dem Austausch miteinander. Das entnehme ich jedenfalls dem wunderbaren Buch von Andrea Wulf „Fabelhafte Rebellen. Die frühen Romantiker und die Erfindung des Ich“. Alle zusammen in dem kleinen Kaff Jena haben mal eben im Handumdrehen die ganze Weltsicht auf den Kopf gestellt und waren sich dabei auch noch von Herzen uneins, während sie zudem andauernd alle querbeet ineinander verliebt waren. Einfach großartig!

Sollte man das in die Jetztzeit überführen, dann wäre das eventuell so, als ob man aus dem Messegelände der Frankfurter Buchmesse eine Dauersiedlung machen würde und alle zu Messezeiten dort vorhandenen

Geistesgrößen die nächsten drei Jahre miteinander leben und arbeiten müssten. Können Sie sich das vorstellen? Nein? Ich auch nicht. Das mit dem Durcheinandervögeln möglicherweise schon, da hat sich in den letzten 220 Jahren nicht so wahnsinnig viel verändert, aber friedlich miteinander arbeiten? Da ergibt sich doch die Frage: Wieso hat das damals eigentlich funktioniert? Und was machen wir heute falsch?

Lese ich z.B., dass sich Goethe andauernd Hilfe für das korrekte Versmaß hinzugeholt hat, werde ich ganz mieselsüchtig. Bei mir tritt in meinem aktuellen Text, an dem ich derzeit arbeite, der Geist eines Komikers auf und soll seinem Totengräber Witze erzählen. Im Ernst, originale Witze aus dem Ersten Weltkrieg sind sowas von gar nicht lustig nach heutigen Maßstäben, dass ich mir also wohl oder übel welche ausdenken muss. Schreiben Sie mal eine Art Kabarettprogramm, das man einerseits heute lustig findet, das aber andererseits historisch akkurat ist. Dio mio! Da könnte ich durchaus fachlich versierte Hilfe gebrauchen, jemand mit viel Witz und großem Bildungshintergrund zum Ersten Weltkrieg. Doch erstmal können vor Lachen…

Auch wenn sich der Jenaer Kreis recht bald wieder entzweite – es müssen ein paar sehr spannende, kurze

Jahre gewesen sein. Ein Haufen Wahnsinniger mit großen Egos und großem Bildungshintergrund verfasst und publiziert einen Geistesblitz nach dem nächsten. Ich finde, jeder Autorin, jedem Autor gebührt ein produktiver Nachmittag mit Goethe/Schiller/den Schlegels/den Schellings/Novalis/Hegel/Tieck oder Familie Humboldt… Doch da die alle nicht mehr sind, bleibt nur der Griff ins Bücherregal. Da kann man sich dann mit ihnen unterhalten, weil sie auch heute noch etwas zu sagen haben. Etwas einseitig, die Unterhaltung, aber immerhin… (2.3.2023)

NEUE TRÄUME

Was ist Erfolg? Die Antworten auf diese Frage sind so vielseitig wie die Menschheit selbst. Geld? Macht? Ruhm? Glück? Ein geflügeltes Pony? Da kommt es ganz auf die Perspektive an.

Kürzlich habe ich für die Podcastreihe der „Kaffeehausgespräche" die Autorin Susanne Kristek interviewt und wir waren uns beide einig, dass kommerzieller Erfolg als Autorin erstens selten und zweitens nicht alles sein kann. Soll heißen: Das Glück am Schreiben ist schon ein Teil des Erfolgs, die positive Resonanz auf das Publizierte macht dann den Erfolg so richtig spürbar. Aber ist das alles?

Ich wollte schon als Kind nicht einfach nur Schriftstellerin werden, nein, Bestsellerautorin sollte es sein. Daraus ist bislang nichts geworden und nun sitze ich da, nach acht Büchern und mit Mitte 40 und muss mir ernsthaft Gedanken darüber machen, ob ich entweder meine Kindheitsträume überdenken sollte oder ob ich gleich ein gänzlich neues Selbstverständnis von mir als Autorin brauche. Denn: Ich kann sie nicht beantworten, die Frage was für mich Erfolg wirklich bedeutet.

Geld ist durchaus eine Form von Anerkennung für

geleistete Arbeit. An der Höhe des Gehalts lässt sich gesellschaftliche Wertschätzung messen. Dass Autorinnen und Autoren diesbezüglich ganz weit unten auf der Hungerskala hocken ist nichts Neues, dass die meisten von ihnen vom großen (auch kommerziellen) Erfolg träumen ebenfalls nicht. Doch wie so oft hängt Erfolg nicht in erster Linie von einem selbst ab. Autorinnen und Autoren wollen beworben, gekauft und gelesen werden. Daran sind viel mehr Menschen beteiligt, als nur man selbst und es spielen viele Kräfte hinein, die man nicht beherrschen kann, etwa die Steigerung von Papierpreisen oder das veränderte Kaufverhalten von Leserinnen und Lesern aufgrund der hohen Inflation.

Die Abhängigkeit von anderen beim Thema kommerzieller Erfolg steht im krassen Missverhältnis zum Einzelkämpferdasein der Autorinnen und Autoren. Ich kann zwar ein großartiges Manuskript abliefern, aber ob dem Buchprojekt Erfolg beschieden sein wird, hängt nicht mehr von mir ab. Obgleich Verlage das gerne anders sehen: Misserfolge gehen immer auf das Konto der Schriftstellerinnen und Schriftsteller, Erfolge verbucht man dagegen als Ergebnis guter Verlagsarbeit. Man ist als Autorin eben immer nur so gut, sprich erfolgreich, wie das letzte Buch.

Ich habe die Wahl: Ich kann Verkaufszahlen ignorieren, mich vom kommerziellen Druck befreien und schreiben, worauf ich Lust habe, nicht wissend, ob ich dafür auch einen Verlag finden werde (was ich mit meiner Totengräbernovelle aktuell tatsächlich tue) oder ich versuche, mich dem Markt anzupassen, unter der Gefahr, mich als Autorin zu verbiegen und das, obwohl ich auf die Gegebenheiten letztlich kaum bis gar keinen Einfluss habe. So gesehen erscheint es plötzlich gar nicht mehr so unsinnig, Erfolg für sich abseits des Geldes zu definieren und sich auf das Kerngeschäft zu konzentrieren: das Schreiben. Das Loslassen von Kindheitsträumen ist eben nicht nur schmerzhaft, es schafft auch neue Räume, die sich mit dem füllen lassen, was tatsächlich machbar ist.

Ganz nebenbei bemerkt: Ich wollte auch mal ein Haus besitzen, in der Zeit zurückreisen, die Menschheit von Hunger und Elend befreien, blaue Haare haben, mit Tieren sprechen, silberne Glitzerschuhe tragen, einen Oscar gewinnen, mit einem Baguette durch Paris laufen, Chefverhandlerin mit Außerirdischen werden (so eine Art UN-im-All-Chefin a la Star Trek), Bauchreden lernen… Oh, halt! Bauchreden kann ich immer noch lernen! Ich glaube, ich fang mal damit an. Das mit den Zeitreisen wird eh überschätzt… (16.3.2023)

DÉFORMATION PROFESSIONELLE

Oh, nein! Ich habe ja immer befürchtet, dass dieser Tag irgendwann kommen wird, aber am Ende hat es mich dann doch kalt erwischt. Nun ist es erst einmal vorbei mit dem Lesegenuss, denn: Ich sehe ab sofort alles!

Da saß ich also, in meinem neuen Lesesessel, den ich zwar von meinem Geld gekauft hatte, der aber permanent von Kind, Kegel oder Katze besetzt wurde und der nun, welch himmlische Fügung, endlich frei war, neben mir einen Milchkaffee, vor mir ein Buch, und plötzlich war die Welt eine andere – allerdings nicht auf gute Art und Weise. Ich erkannte all die kleinen Tricks und Spielereien, die der Autor anwandte, um Schwächen in der Handlung zu kaschieren oder die Stellen, an denen er sich besonders genial vorgekommen war, wenn er einen Witz machte. Ich litt unter Déformation professionelle! Vorbei war es also mit dem unschuldigen Lesevergnügen.

Dass wir uns richtig verstehen: Ich arbeite seit Jahren als Lektorin, d.h. Schwächen in Büchern auszumachen ist schon mal nichts Neues für mich. Logikfehler, Tempusfehler, schlechter Stil – das habe ich zuvor auch schon alles bemerkt. Aber nun konnte ich wahrnehmen, was der Autor sich beim Schreiben eines Satzes gedacht hatte! Ich erkannte das Handwerkszeug, das er benutzte, einfach deshalb, weil es das gleiche Handwerkszeug war, das ich auf meine eigenen Texte anwandte.

Das Alphabet hat ja nur ein gewisse Anzahl Buchstaben und Schreiben ist daher keine Hexerei (heißt: Autoren kochen schließlich alle nur mit Wasser). Aber das kam mir dann doch seltsam vor. Ich kann schließlich nicht Hellsehen! Woher sollte ich also wissen, was der Autor sich beim Schreiben gedacht hatte? Für so etwas müssen Germanisten für gewöhnlich erst eine intensive Quellenanalyse betreiben, Briefe und Tagebücher auswerten und dann mühsam ein Puzzle zusammensetzen, das am Ende Auskunft über den Geisteszustand des Autors beim Schreiben gibt. Ach so, Germanistin bin ich übrigens auch noch – nicht unbedingt hilfreich, wenn man eine solche Déformation professionelle wieder loswerden will, weil man beim Lesen fremder Texte plötzlich das eigene Können oder, schlimmer, Nichtkönnen analysiert. Stellen Sie sich das so vor wie einen Koch, der nicht mehr gerne essen geht, weil er genau weiß, was sein Kollege in der Küche so treibt…

Was also tun? Ich wählte den Weg des geringsten Widerstandes: Fernsehen! Statt mich weiter mit Texten zu beschäftigen, zog ich mir einen Film nach dem anderen rein, alles, was ich in den letzten Wochen und Monaten so verpasst hatte: „Good Luck to You, Leo Grande“ (Hinreißend!!!), „Monsieur Claude und sein großes Fest“ (leider nicht so lustig wie Teil 1 und 2 der Reihe) und natürlich die ganze finale Staffel von „The Good Fight“ (überraschend skurril, aber gut und mit der besten Christine Baranski aller Zeiten). Das war zwar kurzweilig, aber mein Problem löste sich erst, als ich „Blithe Spirit“ (auf Deutsche „Da scheiden sich die Geister“) anschaute: Einem Schriftsteller fällt leider nichts mehr ein, weil er ohne seine verstorbene erste Ehefrau nicht schreiben kann (Stichwort Ghostwriter/Muse) und er erst wieder Erfolg hat, als durch widrige Umstände ihr Geist in sein Leben tritt. Nur setzt dieses geisterhafte Wesen eine Kette schrecklicher Umstände in Gang, die letztlich eine Menge Tod und Chaos bedeuten. Am Ende stellt sich heraus, dass alles ein Plagiat war. Und ich konnte plötzlich wieder beruhigt schlafen, denn: Ich war tatsächlich keine Hellseherin. Es ist nur so, dass alles schon mal dagewesen zu sein scheint. Kein Wunder, dass es beim Lesen hin und wieder zu Déjà-vus kommt… Puh, da bin ich aber beruhigt. Dann kann ich mich ja jetzt in meinen Lesesessel… nein, zu spät, da sitzen schon wieder Kind und Katze drin. (30.3.2023)

KEIN GLAS CHAMPAGNER UM HALB ZWÖLF

Fertig. Es ist halbzwölf, Kinder und Mann schlafen bereits tief, nur du sitzt noch da und tippst die letzten Worte in den Laptop, speicherst ab und lehnst dich zurück. Endlich, endlich fertig.

Es gibt Momente, die feiert man laut und ausgelassen, inmitten von Freunden, Verwandten und denjenigen, die du auch noch einladen musstest. Und dann gibt es diese stillen Augenblicke, nachts, am Schreibtisch, die nie einer mitbekommt, weil sie, nun ja, still und am Schreibtisch passieren.

Du sitzt da und freust dich, bist erleichtert und etwas ungläubig, dass es wieder passiert ist. Ein Text ist fertig, an dem du lange gesessen bist, über den du viel nachgedacht hast und den du, Hand aufs Herz, ganz sicher noch fünfmal umschreiben wirst müssen, aber für diesen Moment ist es gut, für diesen einen Augenblick darf die Welt kurz stehen bleiben, weil es sich anfühlt, wie es sich anfühlen soll, das Leben.

Es geschieht immer nachts, wenn niemand mehr wach ist und selbst der Kater nur ein halbes Auge aufmacht, wenn du ihm mitteilst, dass du mit einem Werk fertig geworden bist. Dann stromerst du in die Küche, leise, weil du niemanden wecken willst und suchst nach etwas, mit dem du auf dich anstoßen kannst. Unter dem Küchentisch steht noch eine Flasche Champagner, ein Weihnachtsgeschenk von deinem letzten Chef, die du für eine besondere Gelegenheit aufbewahrt hast. Du hast dir vorgestellt, sie zu öffnen, wenn die Zusage vom Verlag kommt. Die kommt aber nicht. Genauer gesagt kommt sie dann ganze 17 Mal nicht – still counting. Aber dazu später. Stattdessen findest du, es wäre Verschwendung, jetzt nachts den zimmerwarmen 70-Euro-Champagner aufzumachen und findest stattdessen die letzten Eierlikörеier von Ostern. Dann tun es eben die.

Da hockst du, in deiner blauen Küche, um halb zwölf, isst billige Schokolade und blickst auf deine Arbeit der letzten Monate zurück. Stolz bist du, dass du es geschafft hast und schiebst mal einen kurzen Augenblick von dir, was auf dich zukommen wird. Die Mails, in denen du um Absagen bettelst, damit überhaupt mal einer antwortet. Die wohlmeinenden Kommentare der Freunde, die sowas wie „Kopf hoch! Deine Zeit kommt noch!" sagen werden. Das ist jetzt alles nicht wichtig.

Du hättest dich jetzt gerne mit jemand anderem zusammen gefreut, gefeiert, ausgelassen und fröhlich.

Aber so ist es, wie es immer war. Deine Bücher werden meistens nachts fertig, still, am Tisch, ohne Begleitung. Du spürst kurz in dich hinein, ob das reicht. Ob es dir reicht. Und das tut es. Für diesen einen, ganz kurzen Augenblick ist alles im Einklang. Hier, nachts, in deiner blauen Küche, bei billiger Schokolade, ohne Champagner, bist du ganz du selbst, das Selbst, dass du immer sein wolltest. Das hat nichts Glamouröses an sich, nichts, dass sich wie überwältigender Erfolg anfühlt. Aber für diesen kurzen Augenblick deines Autorinnenlebens bist du – glücklich. (13.4.2023)

SEYCHELLEN

Man redet nicht schlecht über Kollegen, nie. Das ist für mich ein unumstößlicher Grundsatz. Man darf deren Bücher verreißen, aber wie im Fußball, so spielt man auch in der Literatur immer nur auf den Ball bzw. auf das Buch und nicht auf den Mann. Doch dann war da diese eine SMS…

Ich darf Ihnen kurz Lisa vorstellen. Lisa war von 2013 bis 2016 recht regelmäßig die Babysitterin unseres jüngsten Kindes und ohne Lisa gäbe es sicher weder mein Buch Nummer 3 noch Buch Nummer 4 und auch nicht gewisse Teile von Buch Nummer 5. Lisa war mein Fels in der Brandung und die wundervollste Babysitterin, die sich eine schreibende Mutter nur wünschen kann. Unser Kind hat sie sehr geliebt und sie unser Kind. Ohne Lisa keine Literatur.

Lisa ist kürzlich selbst Mutter geworden und in einem möglichen Anfall von Nostalgie und großem Verständnis hat sie mir eine SMS geschickt, die im Wesentlichen ironisch aufzählte, unter welchen unmöglichen Bedingungen und Entbehrungen Frauen für gewöhnlich schreiben, Zitat: „Brote schmieren, Kinderarzt, Eltern pflegen, Kita-Ausfall, Läuse, Wäsche waschen, Klo putzen, Wäsche aufhängen, kurz was schreiben, Essen kochen, Einkauf für die Nachbarin, bei den Hausaufgaben helfen, Kotze wegwischen." Im Gegensatz zu Männern, genauer gesagt einem Mann: Benjamin von Stuckrad-Barre. Zitat aus seinem SPIEGEL-Interview vom 19.4.23: „Sie haben sich zum Schreiben auf die Seychellen zurückgezogen." Antwort Stuckrad-Barre: „Ja, wenn es um Berlin geht, schreibt man besser am Strand." Als ich das las, bekam ich (und das ist nicht übertrieben) einen fünfminütigen, hysterischen Lachkrampf. Die deutsche Autorin Mareice Kaiser hat diesen Text in Umlauf gebracht, sie trifft damit einerseits voll ins Klischee und andererseits einen sehr wunden Punkt. Natürlich schreiben auch diverse Männer inmitten des Familienchaos'. Aber der Kontrast zwischen angekotzter Küche und den Seychellen als Arbeitsplatz beim Bücherschreiben ist einfach unschlagbar. Und wahr. Leider. Ich kann Ihnen versichern, ich wäre jetzt auch lieber auf den Seychellen, statt mit dem Teenager Leserbriefanalyse zu üben und verschütteten Orangensaft von der Wand zu wischen. (Hab ich selbst verschüttet. Es gibt so Tage…)

Lisa wusste das, denn sie hat mich in all diesen durch Alltagskram verhinderten, kreativen, verzweifelten

Momenten nicht nur gesehen, sondern unterstützt. Immer. Im Grunde brauchen alle schreibenden Eltern eine Lisa. Scheiß auf die Seychellen, ich würde bedenkenlos all mein Geld zusammenkratzen, wenn ich dafür nochmal für ein Jahr lang Lisa engagieren könnte. Doch die Zeiten sind vorbei und mein Mantra von damals gilt auch heute noch: Kinder werden groß und Bücher werden fertig. Aber weil das nun ohne Lisa gehen muss, darf ich dann bitte, bitte im Gegenzug auch mal Sätze sagen wie: „Ja, ich musste für die Arbeit an einem Buch über eine frustrierte Mutterfigur dringend Distanz zwischen mich und meine Familie bringen, also habe ich mich zum Schreiben auf die Seychellen zurückgezogen."??? Gibt es so etwas wie ausgleichende Gerechtigkeit überhaupt? Die einen geben Interviews und die anderen wischen Fluten von Orangensaft und Selbstmitleid von den Wänden… Ach, Lisa, du fehlst!

P.S.: Am Ende habe ich erfahren, dass Stuckrad-Barre auch ein Familienleben hat. Und plötzlich dämmert mir, dass auch er eine Lisa haben muss. Also war ich auf das Falsche neidisch. Nix da, Seychellen. Ich will Ihre Lisa, Herr Stuckrad-Barre! (27.4.2023)

MÄRCHENHAFT

Was liest man einem lieben Menschen mit Demenz vor? Die Tageszeitung? Zu aufregend. Das eigene Buch? Zu egomanisch. Märchen? Volltreffer, denn die vergisst man nie.

Ich hatte das Vergnügen, kürzlich ein Märchenbuch zu lektorieren und durfte feststellen, dass ich noch immer ziemlich sattelfest bei Grimm und Konsorten bin. Ich kannte sie tatsächlich alle und mir fiel immer auf, wenn irgendwo eine Szene fehlte. Zum Beispiel gibt es ja drei Mordanschläge auf die schöne Prinzessin mit dem Haar so schwarz wie Ebenholz, der Haut so weiß wie Schnee und den Lippen so rot wie Blut, nicht nur zwei: Band, Kamm, Apfel lautet die Reihenfolge. So steht es zumindest bei Grimm.

Also saß ich da, lektorierte und las Stellen vor, die ich für fraglich hielt. Konnte das so stimmen? Sagte der Esel bei Tischleindeckdich wirklich brickebrick? Kopfschütteln auf der anderen Seite des Tisches. „Das heißt anders." Und natürlich hatte er Recht, denn das Zauberwort, das den Esel Gold scheißen lässt, lautet bricklebritt.

Es gibt Texte, die begleiten einen ein Leben lang, ob laut am Bettrand vorgelesen, ob tausend und einmal auf

Kinderkassette abgespult oder, von der anderen Seite des Bettes den eigenen Kindern zitiert – Grimm geht immer. Wobei ich mich beim wiederholten Lesen dann schon mal gefragt habe, wie man eigentlich glücklich und zufrieden bis an sein Ende leben kann, wenn man gerade einen Menschen verbrannt oder zu Tode gefoltert hat. Genau das tun die Figuren in den Märchen nämlich ziemlich oft. Vergebung ist nicht gerade deren Stärke, stattdessen wird grundsätzlich Rache geübt. Kommt eigentlich irgendwo bei Hauff, Museäus, Grimm oder Bechstein mal ein Richter vor? Oder gibt es darin nur Henker? Lernen Kinder aus Märchen, dass es okay ist, die böse Stiefmutter bestialisch zu ermorden oder nehmen die eher mit, dass am Ende alles gut wird? Denn genau genommen gehen die Figuren ja mit einem ziemlichen Trauma ausgestattet ihrem glücklichen Ende entgegen, Hochzeit hin oder her…

Ich fand es als Kind übrigens besonders beunruhigend, dass sie, wenn sie nicht gestorben sind, noch heute irgendwo leben. Womöglich in der Nachbarschaft! Schreck lass nach – welcher üble Adlige, der seine Schwiegermutter in glühende Kohlen gesteckt hat und sich zu Tode tanzen ließ, taucht heute wieder in den einschlägigen Gazetten zum europäischen Adel auf?

Welche Großmutter aus der Nachbarschaft wurde vom Wolf verschluckt? Und wieso müssen immer, immer, immer die Tiere sterben? Das bring als Kind mal in deinem Kopf zusammen, dass du einerseits gefährdete Arten schützen sollst, während diese andererseits in Brunnen geworfen, aufgeschlitzt oder erschlagen werden. Wenn man die Namen seiner Kinder zwischendurch vergisst, aber den von Rumpelstilzchen noch weiß, dann ist das vielleicht traurig, aber man begegnet sich in Gedanken immerhin im Wald wieder, wo man gemeinsam, still hinter einem Busch verborgen, dem Geheimnis des bösen Männchens auf die Spur kommt und so das Kind der schönen Müllerstochter retten kann. Lesen ist immer noch Abenteuer im Kopf, auch wenn der Kopf manchmal nicht mehr richtig funktioniert. (11.5.2023)

BEWEGLICHE LETTERN

Kürzlich musste das kleine Kind in der Volksschule ein Referat über ein Herkunftsland seiner Familie halten. Er wählte Deutschland, weil ich, seine Mutter, nun einmal daher komme. Und, seien wir ehrlich, Niederösterreich wäre die zu naheliegende Wahl gewesen, geografisch gesehen. Vorstellen sollte er auch eine berühmte deutsche Persönlichkeit. Da fingen dann die Probleme an.

Natürlich gibt es viele berühmte Menschen in der deutschen Geschichte, die einem schon nach zehn Sekunden (oder auch 45 Minuten) einfallen, die historisch eher unbelastet sind, vorwiegend Künstler. Mehrheitlich Frauen. Also gut, Clara Schumann. Mir fiel erst einmal nur Clara Schumann ein. Haben Sie eine Ahnung, wie schwierig es ist, eine Person zu finden, die kein Antisemit, kein Sexist, kein halber Österreicher war? Beethoven können Sie gleich mal vergessen, den beanspruchen die Wiener für sich. Luther kommt in katholischen Landen nicht gar so gut an und hatte zudem eine sehr bedenkliche Einstellung gegenüber Frauen, also eher 15. Jahrhundert und nicht 21. Und Antisemiten kann Österreich selbst genügend aufbieten, denn abartige Dummheit ist kein deutsches Alleinstellungsmerkmal.

Meine Frage an das Kind, ob es denn etwas über Clara Schumann erzählen möchte, kam in etwa so gut an, wie wenn ich ihm angeboten hätte, Brokkoliauflauf auf einem Kindergeburtstag zu servieren. Theoretisch ist es Essen, aber… Dabei spielt das Kind sogar Klavier! Er schlug wiederum Angela Merkel vor, die würden die anderen Kinder wenigstens kennen. Da blutete kurz mein Soziherz, aber das ist Bluten ja gewohnt, also legte ich keinen Protest ein. Auf die Frage, wer denn eigentlich der oder die berühmteste Deutsche von allen sei, konnte ich ihm auch keine befriedigende Antwort geben. Goethe? Schiller? „Mama, die kennst nur du." Kurzer Ohnmachtsanfall bei der Mutter. „Der XXX hat gesagt, der bekannteste Deutsche sei Hitler." Hysterischer Anfall bei der Mutter und der kurze Verweis auf die geografische Verortung von Braunau am Inn. „Hat denn irgendein Deutscher mal was Gutes gemacht?"

Puh. Ein zehnminütiges Referat in der Volksschule kann eine mittelschwere Identitätskrise auslösen. Am Ende redeten wir gut eine Stunde über die Schrecken der Nazizeit. Danach war das Kind zwar über alles Wichtige im Bilde, aber hochgradig deprimiert. Schließlich schlug ich ihm Gutenberg vor.

Erklären Sie mal einem Kind des digitalen Zeitalters das

Bahnbrechende an der Erfindung des Buchdrucks mit beweglichen Lettern. Mich hat das eine weitere halbe Stunde gekostet. Dann hatte es das Kind verstanden und stellte richtigerweise fest, dass erstens die anderen Kinder großteils gar nicht gerne lesen und zweitens er keine halbe Stunde Zeit habe, um zu erklären, was bewegliche Lettern seien.

Die Lösung fiel uns schließlich beim Aufräumen vor die Füße, als ein überdimensioniertes Röntgenbild hinter dem Regal hervorkam, mein Knie zeigend. Also wurde es Wilhelm Conrad Röntgen, nach kurzer Diskussion mit seinem polnischen Freund David, der darauf hinwies, dass Marie Curie hier auch einiges zu dem Thema beigetragen hatte. Röntgenbild aufs Plakat geklebt, Ende der Diskussion. Aber die Identitätskrise dauert bis heute an… (25.5.2023)

FREIBAD = FREIBUCH

Ich liebe es! Mein Freibad ist alt, es ist nichts Besonderes, es gibt ein völlig überfülltes Schwimmerbecken, wo mir stets die Wiener Omas in die Quere kommen (oder ich ihnen) und im Nichtschwimmerbecken ist es oft so laut, dass man seine eigenen Schreie nicht versteht. Aber es gibt Holzliegen unter großen Bäumen und Pommes und – ein Bücherregal!

Manchmal muss man aus seiner Komfortzone heraus und in den Bikini vom Vorjahr. Ganz ehrlich, der passt untenrum nur noch mäßig gut. Es war ein langer Winter und zweimal Corona hat mich echt geschafft. So unfit war ich wahrscheinlich noch nie in meinem Leben und dass es hier Pommes gibt, hilft auch nicht weiter. Aber wenn man es sich erst einmal auf dem Holz gemütlich gemacht hat, die bleichen Füße in die Sonne streckt, den Rest im Schatten lässt und tief durchatmet, dann riecht man erstens Chlor und zweitens Sommer und letzterer tut der Seele gut.

Allerdings kann ich nur begrenzt den Trubel um mich herum ertragen und greife daher gerne zu Literatur ohne jeglichen Anspruch, die spritztauglich ist. Am besten holt man sich diese aus dem Bücherregal für alle. Darin stehen

in einem seltsamen Sammelsurium schlechte Krimis, Fantasybücher, Kinderliteratur und das eine Buch, das man dann doch lesen könnte. So findet man einen Freund für einen Nachmittag.
Freiwillig greife ich eigentlich nie zu so etwas wie Wolfgang, denn aus dem Alter bin ich raus. Aber im Freibad gelten andere Regeln. Nicht vom Beckenrand springen, nicht ins Wasser pinkeln, nicht über die Literatur beklagen. Ich könnte mir ja etwas von daheim mitbringen… Als ob! Man bringt sich ja auch nicht seine eigenen Pommes mit! So etwas mache ich nur im Kino, wo ich heimlich Süßigkeiten hineinschmuggle und zuweilen auch Chips, weil die vor Ort so schrecklich teuer sind.
Hat man eine Stunde in dem Buch abseits des persönlichen Geschmacks gelesen, weiß man erstens, dass Hohlbein (hab ihn doch genommen) ein besseres Lektorat braucht und zweitens stellt man die Bücher wieder dahin zurück, wo sie hergekommen sind. Oder: Man bringt beim nächsten Besuch doch sein eigenes Lesefutter mit und beglückt damit beim Hinausgehen das Hängeregal gegenüber der Schlüsselvergabe. Im Geiste stelle ich mir vor, wie irgendeine Hofratswitwe freudig in meinem alten Schmachtfetzen blättert, sich über den

schlechten Stil aufregt, eine Runde schwimmen geht und dann das Buch heimlich mit nach Hause nimmt. So geht Handtuch-zu-Handtuch-Propaganda! Freibad bedeutet immer auch Freibuch. Ich pack schon mal die Badetasche. (8.6.2023)

RESILIENZ

Da stapeln sie sich wieder in meinem digitalen Postfach: die Absagen. Ob Bewerbungen für Jobs oder Manuskripteinsendungen, derzeit gibt es mal wieder eine ganze Menge Rückmeldungen, die ich so nie wollte. Warum hab ich auch nur gefragt?

Meine Freundin S. ist Schauspielerin und sogar ziemlich erfolgreich. Dennoch bekommt sie Rollen nicht einfach so, sondern muss regelmäßig Castings über sich ergehen lassen. Dass man dabei nicht immer mit Samthandschuhen angefasst wird, ist Alltag und am Ende hat es sich sehr oft nicht gelohnt: Leider eine Absage, Rolle nicht bekommen, weil nicht jung genug, nicht alt genug, nicht blond genug, nicht Wienerisch genug, nicht groß genug, nicht klein genug – einfach nicht genug. „Mit so viel Ablehnung muss man auch erst einmal lernen umzugehen“, stellte sie mir gegenüber einmal fest, schleckte dabei zufrieden an ihrem Eis und wirkte alles in allem recht aufgeräumt. Ich war voll der Bewunderung, denn mir fehlt ihr Talent zur Resilienz. Dachte ich zumindest.

Die schlimmste Absage, die ich je bekommen habe, verdanke ich der Universität Wuppertal, bei der ich mich mal vor Jahren um eine Stelle am Institut für Germanistik beworben hatte. „Nicht nur persönliche Gründe waren ausschlaggebend, auch Ihre Bewerbung entsprach nicht unseren Erwartungen.“ Ich sollte vielleicht ergänzen, dass man mich nicht einmal zum Gespräch eingeladen hatte. Warum die mich aus persönlichen Gründen ablehnten, weiß ich bis heute nicht. Danach war ich etwa eine Stunde lang schwer deprimiert, bis mir endlich einfiel, dass ich sicher ums Verrecken nicht nach Wuppertal gewollt hätte. Was hatte ich mir bei dieser Bewerbung nur gedacht? Wuppertal! Ehrlich? Pfff! Die konnten mich kreuzweise!

Mittlerweile bewerbe ich mich nur noch auf Jobs, die ich wirklich will und nicht mehr auf die, von denen ich denke, dass ich dazu keine Alternative habe. Außerdem bin ich mittlerweile zu alt für doofe Assistentinnenjobs. Altersmäßig wäre eine Führungsposition wohl angemessener, das entspricht auch mehr meinem Ego, das sich nicht mehr unterordnen will. Eine Führungsposition ist allerdings nicht in Sicht. Entsprechend bin ich in meiner neuen Selbständigkeit derzeit gar nicht unglücklich. Wenn, ja, wenn nur die vielen Absagen nicht wären.

Im Grunde ist es meine Schuld. Was frag ich auch so

blöd?! Jede Einsendung an einen Verlag mit meinen Texten, die mit einer Absage beantwortet wird, schmerzt. Das hat ganz konkrete physische Ursachen, Ablehnung und Schmerz sind im selben Hirnareal verortet. Dagegen hilft oft nur ein respektvoller Umgang mit sich selbst. Ob mein Verfahren, pro Absage wenigstens eine neue Bewerbung rauszusenden, unbedingt zur Resilienz beiträgt, weiß ich nicht. Ich hab das bisher immer mit dem „Vom-Pferd-gefallen?-Zurück-in-den-Sattel!-Prinzip" gelöst. Das verursacht allerdings in letzter Konsequenz noch mehr Absagen, also entsprechend noch mehr Schmerzen.

Freundin S., die ja nicht nur mit ihren zu Papier gebrachten Gedanken vorstellig wird, sondern mit ihrem ganzen Körper, ihrer ganzen Persönlichkeit, setzt sich bei jedem Casting einem Ausmaß an Ablehnung aus, das einen zuweilen schon mal umhauen kann. Von wegen, Schauspielerinnen seien so übersensibel! Ich sehe ihr voller Bewunderung dabei zu, wie sie wieder aufsteht, wie sie Kritik wegsteckt, die ihr ganzes Selbst betrifft und es schafft, diese doch nicht persönlich zu nehmen. Meistens jedenfalls. Wenn wir Schauspielerinnen für etwas bewundern sollten, dann dafür! Also tippe ich die nächste Bewerbung und denke an S., genehmige mir auch ein Eis und hoffe einfach auf das Beste. Schlimmer als Wuppertal kann es auch nicht werden. (22.6.2023)

SOMMERFRISCHE

Sonnencreme eingepackt, Laptop geschultert, Fahrkarte gekauft: Der Sommer ist da! (Pass vom Kind vergessen zu erneuern, Ladekabel verlegt und, oh verdammt, wo ist jetzt wieder das große Badetuch?) Es wird Zeit, den Kopf auszuschalten, die Füße ins Wasser zu hängen und loszulassen.

Dieses Jahr ist der Grundlsee dran, mit bestem Dank an die Literar Mechana, die Autorinnen und Autoren zur Sommerfrische auch mal ins schöne Salzkammergut verschickt. Frische ist das Stichwort: Der Grundlsee ist relativ kalt und ich leide zudem an akuter Süßwasserskepsis, denn als Kind der Ostsee finde ich es nach wie vor merkwürdig, in Süßwasser zu baden, das nicht in Wannenform oder wenigstens als Freibad daherkommt. Kaltes Süßwasser! Wie absurd…

Nachdem der Totengräbertext fertig ist, stehe ich nun vor dem Luxusproblem zweier neuer Sommerprojekte. Einerseits würde ich gerne eine dritte Novelle schreiben, andererseits geistert in meinem Kopf seit acht Jahren eine Stückidee herum, die ich endlich umsetzen will. Wahrscheinlich mache ich beides parallel, weil ich super darin bin, mich selbst zu überfordern. Die Novelle dreht

sich um einen Garten Eden, wozu ich mich gerade in historische Gartengestaltung einlese (ich habe keine Ahnung vom Gärtnern, das macht es interessant), das Stück handelt dagegen von Schoolshootings (furchtbare Recherchearbeit!), weshalb ich zwischendurch dringend ein paar Stunden in einem imaginären Garten verbringen könnte, zur Entspannung. Manchmal muss man auch die eigene Vorstellungskraft auf Sommerfrische schicken.
In meinem Kopf spielt es generell schon einige Extrastückerln und ich muss mich nicht selten am Riemen reißen, bevor ich Dialoge aus meinen Texten im Supermarkt vor mich hinmurmle. Wobei in meinem Bezirk eine ganze Menge Irre herumlaufen, die das hauptberuflich machen, beim Billa vor sich hinmurmeln. Da passe ich mich ganz gut ein. Außerdem ist das Max Reinhardt Seminar um die Ecke und ich habe schon Schauspielschüler vor dem Käseregal halbe Stücke aufführen sehen… Da falle ich gar nicht weiter auf. Andererseits ist so eine Sommerfrische ja dazu gedacht, endlich mal abzuschalten und sich zu entspannen. Das fällt mir schwerer, als dem Pfefferkäse nicht etwas über die Pflege von Rosen zu erzählen…
Du kriegst die Schriftstellerin nicht so einfach aus mir raus. Schickt man mich als Person in den Urlaub, ist die

Autorin immer mit dabei. Das ist nun einmal kein Bürojob, den man nach zehn Tagen am Pool und bei entsprechend vielen Cocktails hinter sich lassen kann. Wobei das auf die Menge der Cocktails ankäme…

Wenn Sie einen Tipp haben, wie man das eine Ich daheim zurücklässt, während das andere Ich durch den Grundlsee schnorchelt, dann wäre ich ganz dankbar. Bis dahin suche ich mal nach dem großen Badetuch. Das muss irgendwo ganz hinten im Schrank verräumt sein. (6.7.2023)

FUNDSACHEN

Schlage ich ein Buch auf, finde ich darin eine neue Welt – und zuweilen auch alte Lottoscheine, Ansichtskarten oder vergilbte Blütenblätter. In einem Buch steckt also oft mehr als nur eine Geschichte.

Ein Buch aus der Bücherei auszuleihen ist immer ein kleines Abenteuer. Es sagt einem ja nicht selten, wer es vorher in den Fingern hatte. „Milch, Brot, Kleber, Äpfel, Zahnspange!!!", stand mal auf einem Zettel, den jemand in einem Liebesroman hinterlassen hatte. Ich vermute eine sorgenvolle Mutter mit Teenager dahinter, die das Kind zum Einkaufen und Abholen der Zahnspange geschickt hat. Der Text dieser Postkarte gab da schon mehr Rätsel auf: „Lieber Helmuth, der Gardasee ist traumhaft schön. A. hat gestern einen kleinen Unfall gehabt, aber es geht schon wieder. Grüße Hilde von uns, Deine Spatzens." Was mag A. wohl passiert sein? Wer sind Hilde und Helmuth und warum schickt Herr Spatz eine Karte vom Gardasee, wenn die Briefmarke eindeutig Österreich besagt? Zu spät abgeschickt? Keine Briefmarken mehr gehabt? Ist A. womöglich gar nicht einfach verunfallt, sondern Herr Spatz hat sie die Treppe heruntergeschubst und diese Karte sollte nun sein Alibi

untermauern? Und warum finde ich eine Karte aus den 1990ern in einem Buch, dass ich 2023 ausleihe???
Der Lottoschein, der mir neulich aus meinem eigenen Buch entgegen flatterte, brachte leider nur einen Gewinn von 1,10 Euro. Na ja, immerhin! Aber wieso hatte ich den als Lesezeichen benutzt? Und die vielen schönen Ginkoblätter, die sauber gepresst und getrocknet in einem alten Wörterbuch lagen, hat wohl schon jemand eine Generation zuvor dort hineingelegt und vergessen. Der Baum steht noch, das weiß ich, seine Blätter könnten ihn aber überdauern. Und diese Zeichnung meines großen Kindes ist schon ganz verblasst, lässt aber deutlich erkennen, dass es da in einer Dinosaurierphase steckte, als es das Blatt Papier mit grünem Buntstift bearbeitet hat. Manchmal sind solche vergessenen Erinnerungsgegenstände wertvoller, als das Buch selbst und in einer Bibliothek kann ein ganzes Leben enthalten sein, voller Erinnerungen an Urlaube, frühere und spätere Generationen sowie an die Familie Spatz, von der wir hoffen, dass auch A. heil und gesund aus dem Gardaseeurlaub zurückgekehrt sein möge… (20.7.2023)

INSPIRATION

Rodin nannte sie angeblich eine alte, romantische Idee ohne Sinn und Verstand, Tschaikowsky hatte Probleme sie zu finden und Alexandre Dumas der Jüngere war anscheinend so sehr mit Vögeln beschäftigt, dass ihn Frauen zwar angeblich en masse damit versorgten, ihn aber gleichzeitig davon abhielten, sie anzuwenden: Die Rede ist von der Inspiration.

Ich bin mir ziemlich sicher, dass Rodin und Tschaikowsky am Grundlsee gar nicht erst danach gesucht und Dumas sich ohnehin von vorneherein disqualifiziert hätte. Abgesehen davon wäre der sicher auch den ganzen Tag nur Baden gegangen, so wie ich.

Die Sommerfrische ist vorbei und wir sind zurück vom Grundlsee. Mir war, als hätte ich zwei Wochen in einer Postkarte existiert, so unfassbar schön ist diese Gegend. Es war quasi Urlaub wie damals, denn im Gegensatz zu anderen Seen im Salzkammergut gibt es hier nur sanften Tourismus, was heißt, der See gehört allen. Man kommt nahezu überall ans und vor allem ins Wasser, das, dies muss ich zugeben, zwar kalt ist aber immer noch ein bis zwei Grad wärmer als die Ostsee. Dazu erhebt sich eine wildromantische Bergkulisse im Hintergrund und

abgesehen von ein paar gelegentlichen Bremsenbissen gibt es nichts, was die Idylle trüben könnte. Kurz: Es war herrlich erholsam! Was es nicht war: inspirierend.
Meine Ideen für neue Texte hatte ich aus Wien mitgebracht. Aber was mir in Wien wirklich gut vorgekommen war, hatte vor dramatischen Berggipfeln und zwischen den Schlingpflanzen im See keinerlei Bestand mehr. Ich schrieb an meiner Gartennovelle, aber je mehr ich schrieb, desto deutlicher wurde mir klar, dass ich gar nicht an den Schreibtisch gehörte. Mein Platz war im Wasser, am Wasser und auf dem Wasser! Wasser und Laptops vertragen sich nicht gut, also blieb der Laptop zu, während ich mich der Erholung öffnete.
Ich dachte bislang immer, ich könnte eigentlich jederzeit und überall schreiben, aber dies hier war eine neue Erkenntnis: Ich konnte mich nicht gleichzeitig erholen und inspiriert fühlen. Da war in mir nur Platz für Ruhe und hin und wieder ein Eis. Eis am Stiel inspiriert leider zu nichts, außer dazu sich wirklich, richtig glücklich zu fühlen. Glücklich zu sein ist ein großartiger Zustand, der leider selten lange anhält. Umso wertvoller sind die Momente, in denen das Kind Fische fängt, die Sonne auf dem See glitzert und man vollkommen vergessen hat, welcher Wochentag heute ist. Sommer eben.

Nun bin ich zurück in der Stadt. Die ist heiß, laut, voller Baustellen, nerviger Wiener und noch nervigerer Touristen. Aber mir scheint, hinter jeder Ecke lauert ein Roman. Mein Kopf ist bereits zum Bersten voll, Inspiration muss man hier nicht suchen, die findet einen ganz von selbst. Dazu musste offenbar nur einmal etwas frische Bergluft durch den Schädel ziehen. Jetzt ist Platz. Für alles. (3.8.2023)

FILM AB!

Da steht sie, Lucy Honeychurch, im von Klatschmohn durchsetzten Kornfeld und küsst George Emerson, während sich im Hintergrund Kiri Te Kanawa mit „Chi bel sogno di Doretta“ (aus Puccinis *La Rondine*) die Seele aus dem Leib singt. Schöner kann ein Filmkuss nicht gelingen! Und schöner wurde auch nie ein Buch verfilmt als es James Ivory mit „Zimmer mit Aussicht“ von E. M. Forster gelungen ist.

Es gibt ja wahrlich schreckliche Literaturverfilmungen, die mir heute noch vor Scham die Tränen in die Augen treiben. „Die unendliche Geschichte“ ist so ein Fall: Was habe ich das Buch geliebt und wie leidenschaftlich habe ich dessen Verfilmung gehasst, inklusive der ultranervigen Hitsingle „Never Ending Story“ von Limahl. (Drei Takte genügen und ich verlasse den Raum… Suzie-Poo signing out!) Übrigens fand Michael Ende die Verfilmung auch schrecklich und das vollkommen zurecht! Und dann gibt es die selteneren Filmereignisse, bei denen der Film besser als die literarische Vorlage ist, z.B. „Casablanca“, einer meiner absoluten Lieblingsfilme, der auf dem mäßig erfolgreichen Stück „Everbody Comes to Rick‘s“ basiert.

Aber es kommt so gut wie nie vor, dass Roman und Film gleichermaßen verzaubern. James Ivory ist es mit „Zimmer mit Aussicht" gelungen. E.M. Forsters Buch, selbst schon ein Ereignis, ist in der Filmadaption eine so herzzerreißende Hommage an die Macht der Liebe und eine so unfassbar kitschige Liebeserklärung an das verklärte Italienbild eines längst untergegangenen gehobenen Bürgertums, dass es einem das Herz übergehen lässt. Ich liebe beides, Film und Buch. Kein Jahr vergeht ohne wenigstens einmal „Zimmer mit Aussicht" anzusehen…

Dass heute massenweise erfolgreiche Romane oder Bühnenstücke verfilmt werden, ist allerdings problematisch. Man traut sich dem ganz subjektiven Eindruck nach immer weniger, Originalstoffe auf die Leinwand zu bringen. Nun, da in Hollywood Autorinnen und Autoren sowie Schauspielerinnen und Schauspieler streiken, wird es eng mit gut erzählten Geschichten. Die Late Night Shows sind schon seit Monaten verstummt, Kinos und Streamingdienste werden bald folgen. Gute Geschichten sind eben ihren Preis wert und den sollten die Produktionsfirmen auch bezahlen. Ob nun mangels amerikanischer Produktionen der europäische Film in den Kinos in Übersee Auftrieb erhält? Gute Geschichten hat dieser Kontinent massenweise zu bieten, genau wie gute Bücher. Und wenn man einen Meister wie Ivory engagiert, dann werden auch fantastische Filme daraus… Wenn es dunkel wird, trommle ich wieder die Nachbarn zusammen und veranstalte im Hof einen Kinoabend. Dann strahlt dank Beamer an der Mauer über den Mülltonnen in Überlebensgröße ein Weizenfeld in der Nähe von Florenz eine ganz besondere Wärme bis nach Wien aus und wir heben unser Glas auf den leider kürzlich verstorbenen einzigartigen, wunderbaren, bezaubernden Julian Sands. Danke, Mr. Emerson, für alles! (17.8.2023)

MANIFESTO!

Als hätte ich es mir nur noch nicht genug gewünscht! Und überhaupt: Als wäre das Leben ein Wunschkonzert! „Du musst den Erfolg auch wollen, Susanne!“ Ach, echt? Manifestiert euch doch ins Knie…

Im Froschkönig der Brüder Grimm heißt es nicht von ungefähr: „In den alten Zeiten, wo das Wünschen noch geholfen hat…“ Dass man mittels Wünschen das Gewünschte quasi herbeisehnt und so Realität werden lässt, ist kein neuer Trend. Grimms Hausmärchen datieren immerhin in der Erstausgabe bis ins Jahr 1812 zurück. Das mit dem Manifestieren hat allerdings schon damals beim Frosch/Prinz nicht wirklich geklappt. Der musste erst noch gegen eine Zimmerwand geknallt werden, bis er alltagstauglich, sprich menschlich wurde.

Wir haben in Wien aktuell eine Hitzewelle, die meine Wohnung auf 30,5 Grad aufheizt, dauerhaft, Tag und Nacht. Ich fühle mich also ständig so, als wäre ich gerade mit Wucht gegen eine Wand geknallt worden, ganz ohne Prinz und Prinzessin. Allerdings mit Gummifröschen von Haribo ausgestattet, versteckt in der Küchenlade unter dem Herd, damit die Kinder sie nicht finden. Und egal wie sehr wir uns vorstellen (manifestieren!), dass wir ab sofort ganz schrecklich erfolgreich sind, es scheint nicht wirklich zu helfen. Außer natürlich denjenigen, die Selbsthilfebücher dazu anbieten. So tief bin ich allerdings noch nicht gesunken, dass ich einen solchen Mist zwischen zwei Buchdeckeln kaufen würde. Ich drücke Ihnen die Daumen, dass dieser Trend auch an Ihnen vorbeigehen möge.

Als ich Anfang zwanzig war, gab es ein Parfüm, dessen Produktion inzwischen längst eingestellt wurde, nämlich „Manifesto!“ von Isabella Rossellini. Damit habe ich eine ganze Menge manifestiert, nämlich mich – als gut duftende, fröhliche junge Frau in Ausgehstimmung. Parfüms können das, die machen in Sekundenschnelle aus einem eine andere Persönlichkeit oder, im besten Fall, legen sie verborgene Wesenszüge frei. Mit „Manifesto!“ war ich plötzlich klug und selbstbewusst – wie Rossellini eben. Vielleicht lag es auch am Alter. Mit Anfang 20 ist ja prinzipiell alles möglich. Dabei war ich die meiste Zeit unglücklich verliebt und habe ziemlich lange gebraucht, um mit mir selbst ins Reine zu kommen. Aber irgendwann klappte das dann, auch ohne Parfüm…

Egal wie sehr wir uns vorstellen, schön und erfolgreich zu sein, in einem großen Haus zu wohnen oder eine Million Euro zu besitzen: Allein durchs Wünschen wird da nichts draus. Und selbst mit sehr viel harter Arbeit und Herzblut kann es sein, dass wir in unserem kleinen Leben stecken bleiben. Und das ist in Ordnung. Denn ich bin mir ziemlich sicher, dass wir damit schon im nächsten Trend der Ratgeberbücher liegen, der zwangsläufig nach dem Manifestieren kommen muss: Sei glücklich mit dem, was du hast! Und, ganz ehrlich, wer eine Tüte Gummifrösche sein Eigen nennt, von der Nachkommenschaft unbemerkt, der kann so arm dran ja nicht sein… (31.8.2023)

GOODBYE, MURRAY!

Wenn man viel Glück hat, dann trifft man irgendwann im Leben vielleicht auf einen Lehrer oder eine Lehrerin, der oder die einen inspiriert, voranbringt und es vermag, einem eine ganz neue Welt zu eröffnen. Ein Mentor, eine Mentorin im allerbesten Sinne. Umso schwerer wiegt der Verlust, wenn diese Person plötzlich nicht mehr da ist. Ein Nachruf.

Die Buchforschung ist ein ganz eigenes Terrain in der Germanistik. Hier geht es nicht darum, schwierige Texte zu interpretieren oder Autorenbiografien nachzuzeichnen, sondern es geht um das Drumherum, um das Verlagswesen, um Bibliotheksgeschichte, kurz – das Ganze hat viel mehr mit Detektivarbeit denn mit Literaturwissenschaft zu tun. Wer veröffentlichte warum in welchem Verlag welche Erstfassung? Was wurde aus jüdischen Verlegern während der Nazizeit? Und wohin sind all die wertvollen Bücher aus enteigneten Bibliotheken verschwunden?

Einer, der das alles wusste, weil er sich sein ganzes Berufsleben mit diesen Fragen beschäftigte, war mein Doktorvater Murray G. Hall. Er brachte mir bei, dass es nicht egal ist, in welchen Verlagen Autoren publizierten, was aus den Verlegern wurde und wie man mit dem geistigen Erbe einer ganzen Nation umgeht. Seine zweibändige „Österreichische Verlagsgeschichte 1918–1938“ ist heute ein Standardwerk und zeugt von der Akribie, mit der Murray an seine Forschung ging. Daneben war er einerseits ein bekannter Radiojournalist und andererseits ein sehr beliebter Professor an der Universität Wien, betreute viele Studierende über lange Jahre hinweg mit großem Einfühlungsvermögen und stets offenem Ohr für alles und jeden. Mir ist in meiner ganzen Unilaufbahn kein Professor begegnet, der sich so sehr über den Erfolg seiner Studierenden freuen konnte, oft auch lange Jahre nach Abschluss des Studiums noch Kontakt hielt und gespannt die weitere Laufbahn seiner Schützlinge verfolgte. Kein anderer reagierte so verständnisvoll auf die Sorgen und Nöte einer studierenden Mutter, die mit Baby auf dem Arm und dunklen Augenringen in seiner Sprechstunde saß und hinterher das Gefühl hatte, dass sie ihre Dissertation vielleicht doch noch fertigbekommen würde. Und das tat sie!

Mit feiner Ironie kommentierte Murray den Zeitgeist in Österreich und wäre doch trotzdem manchmal im Angesicht der großen Dummheit daran fast verzweifelt.

Eben weil er ein empathischer, freundlicher, zugewandter Mensch war – ein Doktor*vater* im besten Sinne, wie es eine Studienfreundin von mir vor wenigen Tagen treffend formulierte. Murray hat uns allen, die bei ihm studierten, etwas gegeben, das nur die besten Lehrer hinbekommen: den unbedingten Glauben daran, das etwas Gutes aus dem entstehen kann, was wir tun.

Meine Lieblingsanekdote zu Murray ist die, bei der er aus Anlass meiner Promotionsfeier neben meiner Mutter zu sitzen kam. Sie wandte sich an ihn in der Hoffnung, mit ihm über meine Arbeit zu reden und eröffnete das Gespräch mit den Worten, dass sie meine Dissertation ja gelesen habe und… Murray fiel ihr ins Wort, grinste und sagte mit dem ihm eigenen, ganz zart durchklingenden kanadischen Akzent: „Ich auch!" Dann lachte er leise, warf den Kopf etwas nach hinten und schien sehr zufrieden mit seinem Witz.

Am 4. September 2023 ist Murray G. Hall nach kurzer schwerer Krankheit in Wien verstorben. Wir werden ihn schrecklich vermissen! (14.9.2023)

COVER IT UP!

Oh weh. Ich habe es getan! Heute habe ich tatsächlich ein Buch nur deshalb gekauft, weil mir das Cover so gut gefiel. Der Inhalt war völlig zweitrangig, Hauptsache es rankten sich dekorative Ornamente auf einer grünen Seidentapete um seltene Vogelarten. Und ja, ich gebe es zu: Ich bin offensichtlich total oberflächlich! Aber ist das denn wirklich so schlimm?

Das mit der Schönheit ist so eine Sache: Die wenigstens Leute können sich darauf einigen, was sie wirklich als schön empfinden, außer man bewegt sich im Kreise der Superlative: Venedig, zu jeder Tages- und Nachtzeit, ein perfekt gebackener Zwetschgenkuchen, Regé-Jean Page. Da gibt es nicht viel, was das noch übertreffen kann.

Ausgezeichnet wird von der Stiftung Buchkunst alljährlich das schönste Buch des Jahres. Dieses Jahr fiel die Wahl auf einen Fotoband mit dem Titel „Shell Reader“, ein Begleitband zu einer Kunstinstallation von Nina Canell, darin Abbildungen besonders schöner Muschelschalen. Hat was. Allerdings kauft man das Buch wohl kaum aufgrund des Covers, denn das ist schon grenzwertig langweilig gestaltet. Pures Understatement.

Ich mag schöne Dinge. Wer nicht? Die beste

Anschaffung dieses Jahres war eindeutig mein neuer Morgenkimono, weil er äußerst elegant, sehr bequem und nicht zuletzt ganz ungemein wichtig dafür ist, dekorativ am Schreibtisch sitzen zu können. (Man kann das Autorendasein auch mimen. Hilft zuweilen bei Schreibkrisen.) Das Buch, das ich heute kaufte, passt übrigens perfekt zum Kimonostoff. Ich kann jetzt also elegant angezogen Kolumnen tippen oder mein neues Buch lesen. Das darf man ruhig bescheuert finden, aber das ist mir, wie der Wiener so schön sagt, amal komplett wurscht! Dazu zitiere ich ganz weltfremd den nicht minder weltfremden Oscar Wilde: "Let me be surrounded by luxury, I can do without the necessities!" Das geht ohnehin immer nur so lange gut, bis ich das Radio anschalte, die Nachrichten anhöre und mich die Welt mit all ihrem Wahnsinn wieder auf den Boden der Tatsachen zurückholt. Es bedeutet ja nicht, dass man nicht genau diesen Boden mit schönen Dingen übersäen darf. Hauptsache, man schichtet nicht so viel Kram übereinander, dass man den Blick fürs Wesentliche verliert. Den verstellt im Idealfall auch kein schönes Cover. (28.9.2023)

WETTEN, DASS?!

Jedes Jahr versuche ich es und scheitere doch immer wieder daran. Noch nie habe ich eine Nobelpreiswette gewonnen. Wer auch immer den Nobelpreis für Literatur erhält – ich errate es ganz sicher nicht im Vorhinein. Wollen wir wetten?

Bei den Oscars bin ich ziemlich gut, dabei ist Film gar nicht mein Metier. Aber die Oscarverleihung ist keine große Geheimniskrämerei, es gibt Nominierte und Favoriten und ich gewinne mit schöner Regelmäßigkeit viele Tafeln Schokolade (unser bevorzugter Wetteinsatz). Wer immer von meinen Freunden die meisten richtigen Tipps abgegeben hat (wer gewinnt welchen Oscar wofür) bekommt alles! Bei fünf wettenden Filmfreaks macht das dann fünf Tafeln Schokolade – keine schlechte Ausbeute. Beim Nobelpreis für Literatur gibt es in jedem Jahr auch Favoriten (z.B. Salman Rushdie), aber die gewinnen selten bis nie. Stattdessen bekommen ihn entweder prominente Autorinnen und Autoren, die man eigentlich dann doch gar nicht so wirklich unbedingt mochte (ich oute mich jetzt mal als kein Peter Handke-Fan) oder Nonames, von denen die Welt noch nie gehört hat (Luise Glück???). Die Liste derer, die ihn verdient hätten und nicht bekamen, ist endlos, die Liste derer, die ihn bekamen, ohne ihn zu verdienen, nicht ganz so lang, aber durchaus existent. Ich sage nur zwei Worte: Bob Dylan. Letztes Jahr traf es Annie Ernaux, dann hätte es in diesem Jahr, der Nobelpreislogik folgend, auch mal wieder ein unbekannter Mann nicht europäischen Ursprungs sein können. In jedem Fall war es dringend an der Zeit, endlich wieder einen Dramatiker auszuzeichnen. Und, siehe da: In diesem Jahr ist es Jon Fosse! Da trifft es zur Abwechslung mal den Richtigen. Doch wenn Sie mich jetzt fragen, ob ich auf ihn gewettet hätte: Nein, leider nicht. Mein Favorit war Serhij Schadan. Aber Jon Fosse ist tatsächlich eine gute Wahl. Da musste ich mich nicht einmal über die Ungerechtigkeit des Nobelkomitees aufregen. Allerdings gibt es jetzt auch keinen Schokoladenwettsieger, denn niemand hatte auf Fosse gesetzt. Also schleiche ich still zur Küchenlade und futtere meinen eigenen Wetteinsatz auf. Auch nicht schlecht.

Übrigens: Die Nobelpreismedaille gibt es auch aus Schokolade. Sollte zufällig irgendjemand über ein Weihnachtsgeschenk für mich nachdenken… (12.10.2023)

MENSCHENFREUND UND MENSCHENFEIND

Sie sind sehr oft seltsame Gestalten. Sie suchen häufig die Einsamkeit. Doch die besten unter ihnen lieben und brauchen ihn trotzdem, den Menschen, einfach deshalb, weil es dazu gar keine Alternative gibt. Literatur ohne Menschenliebe ist wie ein Boot ohne Wasser: sinnlos.

Man kann kein guter Autor sein, ohne ein bisschen Menschenliebe in sich zu tragen. Die wenigsten von uns schreiben schließlich ihre Texte für die Eichhörnchen im Park. (Den Rest des Tages verbringe ich jetzt wahrscheinlich damit, Autorinnen und Autoren zu googeln, die Texte explizit für Eichhörnchen geschrieben haben. Ist Ihnen da etwas bekannt? Irgendein Roman der im Titel so klingt wie Walnüsse? Haselnüsse? So etwas wie „Auf der Suche nach der verlorenen Nuss" von Marcel Écureuil?) Wer Literatur mag, der mag auch Menschen. Es ist ein weit verbreiteter Irrglaube, dass Bücherwürmer und Leseratten nichts für Menschen übrighätten. Wobei das jetzt schon wieder etwas viele Tiervergleiche für eine einzelne Kolumne sind…

Trotzdem benehmen sich nicht wenige

Schriftstellerinnen und Schriftsteller mehr als nur ein bisschen daneben im Umgang mit ihren Mitmenschen. Dabei denken wir mal nicht an solche Irren wie Michel Houellebecq oder so mystische Wesen wie Thomas Pynchon und Elena Ferrante. (Letztere könnten ja auch ganz nett sein, weiß nur leider keiner, ersterer fällt definitiv in die Kategorie Menschenfeind.) Schriftsteller ziehen sich aus sehr nachvollziehbaren Gründen von der Menschheit etwas zurück, während sie arbeiten, weil man Romane nun einmal in der Regel besser in Ruhe schreibt und nicht mit quengelnden Kindern um sich herum, die jetzt aber sofort und auf der Stelle ein Nutellabrot wollen, Hausaufgabenbetreuung brauchen oder dringend mal wieder an die frische Luft gehören. Das rechte Maß an Rückzug im Ausgleich zu sozialem Umgang zu finden ist allerdings eine komplizierte Sache und gelingt den Wenigsten dauerhaft gut. Deshalb wirken viele von ihnen unfreundlich, eigenbrötlerisch oder arrogant, so als hätten sie den Umgang mit anderen menschlichen Lebewesen verlernt, als könnten sie die anderen nicht mehr lesen. Das Gegenteil zu leben ist leider auch nicht hilfreich. Literatur braucht auch Ruhe im Entstehen und man tippt mit Nutella an den Fingern eher schlecht. (Dafür gibt das Kind jetzt endlich einmal Ruhe.)

Wir können uns nur selbst verstehen lernen im Umgang mit anderen. Entsprechend können wir die anderen auch nur verstehen im Umgang mit uns selbst. Und ich kann als Autorin nur dann glaubhafte Dialoge schreiben, wenn ich hin und wieder auch mal mit Menschen rede. Es sei denn, ich brauche das alles nicht, schreibe bloß über Naturerscheinungen und blende dabei die Tatsache aus, dass es nicht nur einen Sonnenuntergang gibt, sondern so viele, wie Betrachter auf der weiten Welt existieren. Denn dann wird es ja auch erst interessant: Mein Sonnenuntergang ist sicher ein anderer als dein Sonnenuntergang und Literatur entsteht aus der Begegnung – mit uns selbst sowie mit anderen. Man muss Menschen schon mögen, um glaubhaft über sie schreiben zu können. Deshalb ist die Vorstellung vom weltentrückten Genie auch vollkommen falsch – ein Genie, also ein überaus kluger Mensch, würde sich nie dauerhaft von der Welt abwenden, weil er sie eben braucht. Und weil er sie liebt. Trotz allem. (26.10.2023)

INHALT

DANKSAGUNG

Rückblickend gab es in den letzten fünf Jahren eine ganze Menge Menschen, denen Dank und Anerkennung gebührt und ohne die es weder meine Kolumnen noch dieses Buch geben würde. Stellvertretend nenne ich jetzt allerdings nur die absolut Unentbehrlichen.

Allen voran genannt sei Barbara Hoppe, die Feuilletonscout ins Leben gerufen hat und ohne die es meine Kolumnen nicht ans Licht der Öffentlichkeit geschafft hätten. Barbara hat mir (völlig bedenkenlos und ohne zu zögern) ihre Plattform zur Verfügung gestellt, damit ich alle zwei Wochen über die Dinge schreiben konnte, die mir am Herzen liegen. Tausend Dank, liebe Barbara, für alles!

Meinen Kindern verdanke ich unendlich viele lustige und interessante Stunden voller Kunst, Musik und Literatur, die ich ohne sie nie erlebt hätte. Die beiden sind eine schier unendliche Quelle der Inspiration. Welch ein Geschenk, dass es euch gibt!

Meine Eltern, die mir so viel beigebracht haben.

Und natürlich N., mein großes Glück, jetzt und immer!

Printed in Poland
by Amazon Fulfillment
Poland Sp. z o.o., Wrocław

28167068R00213